10세기 인물 열전,

쇠유리부터 능창까지 후삼국 22인의 삶

10세기 인물 열전,

쇠유리부터 능창까지 후삼국 22인의 삶

부경역사연구소 지음

푸른역사

천년 전 새 천년을 기다린 사람들

새 천년을 맞이한다고 야단법석이던 일들이 엊그제 같은데 벌써 2년이란 세월이 흘렀다. 지난 천년, 즉 20세기의 마지막 무렵에 우리 나라는 독재 권력과 독점 재벌과의 결탁 속에서 경제적 고도 성장을 이루었지만, 그 결과 1997년 IMF 구제금융을 받는 위기 상황에 봉착했다. 기업은 부도로 도산하였고, 서민 대중들은 하루아침에 직장에서 쫓겨나 실업자 신세로 전락하였다. 부모가 자식을 버리고, 자식이 부모를 섬기지 않는 심각한 사회 문제가 표출되었다. 하지만 부유층은 그들의 경제적 기반을 그대로 유지하며 오히려 외환 위기를 즐기기까지 하였다.

그렇다면 천년 전의 새 천년은 어떠했던가.

천년 넘는 세월을 지배했던 신라가 국가적 통제력을 잃어가면서, 각 지역에서는 지방 호족 세력들이 새로운 국가의 탄생을 바라며 정치적 흥정을 하기 시작했다. 이러한 지배층의 대립과 갈등 속에서 기층 백성들은 가혹한 조세를 수취 당해야 했다.

이 책은 사단법인 부경역사연구소 중세 1연구부의 공동 작업 결과물이다. 처음 기획한 시점은 두 번째 천년, 곧 20세기가 끝날 무렵인 1999년이었다. 우리 역사 속에서 전환기나 격변기로 불리는 시기, 그중에서도 신라 말과 고려 초를 살았던 위인과 범인의 삶에 주목하였다. 구체적으로는 서기 850년~950년을 살다간 다양한 인물의 삶을 살펴보기 위해 각계 각층의 인물 중 스물두 명을 선정하였다.

이들의 면면은 최고 권력을 쥐었던 정치가부터 하루하루 끼니를 구하지 못해 몸을 팔아야 했던 하층민에 이르기까지 다양하다. 여기에는 탁월한 기량을 보여준 예술가도 있고, 사회적 변동기에 선택을 잘못하여 자신뿐만 아니라 가족까지도 죽임을 당한 무장도 들어 있다. 따라서 이제까지 역사책에서 다루지 못했던 다양한 계층의 삶을 처음으로 조명하였다는 측면에서 일정한 의의가 있다고 생각한다.

물론 여기에 서술된 인물들이 이 시기의 역사적 과정 속에서 각 계층을 대표한다고 말할 수는 없다. 인물의 선정이나 집필에서 공동 작업이 갖는 한계와 문제점이 아예 없었다고 할 수 없기 때문이다. 하지만 이 글을 통해 역사 교과서에서 다루지 못한 신라 말, 고려 초의 다양한 민의 존재 양상을 이해할 수 있으면 그것으로 위안을 삼고자 한다.

역사 연구를 업으로 삼는 사람들이 집필하였기 때문에 최근의 학문적 연구 성과를 포함시키는 것을 원칙으로 하고, 문헌 자료에 근거하지 않은 지나친 흥미 위주의 역사 서술은 배제하였다. 다만 각 주제와 관련한 사진과 그림 자료를 첨가하여 시각적인 흥미를 높이려고 노력하였다.

이 책이 나오기까지 기획과 교정에 참여한 중세 1연구부원의 집필자와 여러 가지 성가신 일을 담당한 중세 1연구부 간사 한정훈의 노고가 많았다. 그리고 어려운 여건 속에서도 출판을 허락하여 준 푸른역사 사장님에게도 감사의 뜻을 전한다.

2002년 2월
사단법인 부경역사연구소 중세 1연구부 일동

차 례

변방에 이는 바람 속의 인물, 쇠유리

1

遠聞金海西 有福林 忽別此山 言歸南界 及于達於進禮 暫以△躊 爰

有 進禮城諸軍事金律熙 慕道情深 聞風志切 候於境外 迎入城中 仍

葺精廬 諮留法軑 猶如孤兒之逢慈父 衆病之遇醫王

'진경대사 보월능공지탑비' 중 일부

얼마 후 김해의 서쪽에 복림(福林)이 있다는 말을 멀리서 듣고, 갑자기 이 산을 떠나 남쪽
으로 가겠다고 말하였다. 진례에 이르러 잠시 머뭇거리니, 이에 (중략) 진례성제군사(進
禮城諸軍事) 김율희(金律熙)가 도를 사모하는 정이 깊었으며 소문을 듣고 뜻이 간절하
여, 경계 밖에서 기다리고 있다가 성 안으로 맞아들였다. 그리고 절을 고쳐주며 법(法)의
수레에 머물도록 청하였는데 마치 고아가 자애로운 아버지를 만난 듯, 병든 많은 사람들
이 뛰어난 의원을 만난 듯하였다.

900년대 전후의 동아시아 상황

서기 900년을 전후한 시기는 우리 나라뿐만 아니라 흔히 만주라 부르는 중국 동북 지방 일대는 물론이거니와, 대륙 내부에서도 커다란 정치적·사회적 변동이 거침없이 일어난 때이다. 가히 세기적 전환이 일어난 격동기라 할 만하다. 세계 제일의 문명 국가를 자부하며 아시아를 호령하던 강력한 당(唐)제국이, 황소의 난(875~884) 이래로 여기저기서 터져 나오는 농민반란에 휘둘려 회복의 기맥을 가누지 못한 채 서서히 막을 내려가고 있었다.

군웅이 할거하는 내란의 물결 속에서 반란의 주역 주전충(朱全忠)이 가쁜 숨을 내쉬는 당제국의 마지막 호흡을 끊기는 했으나 (907), 그에게는 아직 대륙을 통일할 힘이 없었다. 이후 중국 대륙에서는 남과 북이 대립하는 가운데, 70년 동안 양쪽 모두를 합해 무려 15개의 왕조가 어지럽게 명멸을 거듭하였다. 북쪽에서 발흥한 송(宋)이 그 소용돌이를 잠재우고 통일 왕조를 수립하기까지, 이른바 5대10국의 시기(902~979)가 도래했던 것이다.

한편 만주 일대에서는 이곳의 패자로 해동성국이라 일컬어지던 발해의 힘이 점차 쇠약해지고, 그간 발해의 위세에 눌려 만주의 한 귀퉁이에서 숨죽이고 있던 거란족이 장차 동북아시아를 제압할 큰 힘을 몰래 키워가고 있었다. 이런 상황을 반영하여 역사 연표에서는 900년 직후의 발해 상황을 가리켜 국내에서 정치적 분열이 일어난 시기로 기록하고, 거란의 동향을 설명한 항목에서는 통합의 영주 야율아보기(耶律阿保機, 재위 907~926)가 발빠르게 강력한 정복 국가로 발돋움했다고 적고 있다.

이후 거란은 유목 민족 특유의 강력한 군사적 무장과 기동력을 바탕으로 발해를 멸망시키고(926), 남북으로 분열해 있던 대륙의 한족 국가를 압박하여 연운 16주로 일컬어지는 동북 지방의 광활한 영토를 넘겨받기에 이르렀다(936).

언제나 당제국을 향해 예민한 촉각을 곤두세우고 있던 신라도 이 무렵 만주와 중국 대륙에서 일어나는 강력한 정세 변동의 회오리를 느꼈던 것일까. 어느덧 한반도에도 글자 그대로 경천동지(驚天動地), 하늘이 떨리고 땅이 움직이는 거센 변화의 바람이 밀어닥치고 있었다. 당제국의 중앙집권력이 땅에 떨어진 무법천지의 상태에서, 해적이 들끓던 서해 일대를 평정하여 해상 왕국을 건설한 장보고의 발자취가 끊긴 것이 9세기 전반 끝무렵이었다(846).

이로부터 한 세대 남짓 지나 후삼국의 한 주역인 궁예가 군사를 일으킨 것은 중국을 뒤흔든 황소의 난이 진압된 지 10년도 채 지나지 않은 시점이었다(891). 그로부터 5년 후 왕건은 궁예에게 철원군 태수로 중용되어 뒷날 통일의 주역으로 성장하는 첫걸음을 내딛는다. 한편 견훤도 궁예가 기병한 이듬해에 군사를 몰아세워 독자적인 정권을 세운다(900).

그리고 마침내 고려 태조 왕건이 후백제와의 각축전을 마무리하고 우리 역사상 최초의 자주적 통일 정권인 고려 왕조를 세운다. 왕건은 얼마 후 멸망한 발해 유민을 이끌고 고려에 당도한 발해의 세자를 품안으로 따뜻하게 맞이하여 통일 정권의 기상을 한껏 드높인다.

이와 관련하여 왕건이 살아 생전에 강력히 추진했고, 사후에도 자손들에게 금과옥조처럼 지키라고 신신당부한 북진 정책이란 도대체 무엇일까? 그것은 사실 좁은 한반도에만 눈을 두지 말고, 이 무렵 동북아시아 전역에 불어닥친 정세 변동의 광풍에 적극적으로 대응하라는 하나의 지침이었다.

김해 지역의 새로운 실력자들

동북아시아 전역에 격동의 광풍이 몰아치던 이 시기, 한반도의 동남단 김해에는 과연 어떤 바람이 불고 있었을까? 후백제를 겨눈 고려 군대의 칼끝에 불고 있던 매서운 삭풍이 김해에서는 어떻게 스치고 지나갔을까?

여기서 우리는 쇠유리〔金律熙〕라는 바람 속의 한 인물을 만나게 된다. 쇠유리는 한국 통사 어느 한 귀퉁이에서도 얼른 찾아보기 힘든 생소한 인물이다. 하지만 당시 김해 지방에서 일어난 사회 변동의 중심에 서 있던 호족의 한 사람임이 분명하다. 쇠유리를 만나보기에 앞서, 이 무렵의 김해 상황에 대해서 살펴보자.

잘 알려져 있듯이 김해는 가야 연맹의 중심 국가인 금관가야(金官伽倻)가 있던 곳이다. 비록 오늘날 산업화의 먼지를 뒤집어쓰고 있지만, 이곳에는 아직도 옛 왕조의 도읍지로서의 정취가 어느 정도 남아 있다.

가야가 멸망한 뒤에도 가락국 시조 김수로(金首露)의 후예인 김유신이 삼국통일 전쟁을 마무리한 영웅으로 크게 활약하여, 가야 왕족인 김해 김씨는 신라 사회에서 진골에 버금가는 위상을 누릴 수 있었다. 신라가 통일 전쟁을 마무리한 후 지방 사회를 효과적으로 통치하기 위해 마련한 지방 제도에서도, 김해는 금관소경(金官小京)으로 편성되어 최상급의 위치에 놓였다. 통일신라 말기에 이르면 김해는 소경의 이름을 떼어버리고 부의 명칭을 덧붙인 김해부

(金海府)로 나타난다.

김유신이 죽은 후 가야 왕족의 후예 가운데 중앙 정치 무대에서 눈에 띄는 활약을 보여준 이가 드물었다. 이는 김해 김씨가 차츰 쇠락의 길을 걸었음을 보여준다. 그러나 수도 경주의 외항으로 번성한 울산의 위상에 견줄 수는 없겠으나, 통일신라가 동아시아를 뛰어넘어 멀리 아라비아까지 국제 교역망을 뻗쳐 무역하는 과정에서 김해가 지닌 대외 창구로서의 기능은 900년을 전후한 시기까지도 얼마간 유지되고 있었다.

쇠유리가 김해 지방의 실력자로 등장하기 전, 이곳을 장악하고 있던 사람은 김인광(金仁匡)이었다. 신라가 급격하게 쇠퇴한 진성여왕(眞聖女王, 재위 887~896) 말년부터 효공왕(孝恭王, 재위 897~911) 초년 무렵까지, 김인광은 김해의 실력자로 홀연히 등장하여 10년 남짓 이곳을 지배하였다.

김인광은 이후 자신의 밑에서 활동하다가 마침내 그를 제치고 이곳의 최고 권력을 거머쥔 쇠유리 형제의 힘에 떠밀려 결국 역사 기록에서 사라지고 만다. 김해 지방의 실력자로 활동할 당시 김인광의 직책에 대해서, 그에 관한 유일한 기록인 진경(眞鏡)대사 탑비문에서는 '지김해부진례성제군사명의장군(知金海府進禮城諸軍事明義將軍)'이라는 긴 직함을 기록해놓았다.

김인광의 직책에서 우리가 눈여겨볼 대목은 김해부와 함께 진례성(進禮城)이라는 지명이 나타나고, 거기에 장군이라는 명칭을 사용한다는 점이다. 이 시대 신라에 반항하는 주역으로 떠오른 각지의 호족들은 너나없이 성주나 장군으로 불렸다. 성주나 장군이라는 명칭이 군사적 위엄을 강조하기에 적합할 뿐만 아니라, 실제로 전란에 대비하여 성곽을 축조·경영하면서 그곳을 웅거지로 삼아 군

봉림사에 있다가 지금은 경복궁 안으로 옮겨진 '진경대사보월능 공지탑비'. 통일신라 후기의 승려인 진경대사의 사리탑으로 당시 김해의 실력자로 등장한 쇠유리에 대한 기록이 남아 있다.

사 활동을 비롯한 여러 활동을 펼쳤기 때문이다.

김인광과 쇠유리 형제

이 시기에 축조된 성곽은 현재 전국 여러 곳에서 발굴되고 있다. 김인광이 다스린 진례성은 해발 500미터 정상부에 계곡을 아우른 형태로 돌로 축조한 포곡식(包谷式) 산성으로, 현재에도 그 유적이 김해시와 창원시의 경계에 비교적 잘 남아 있다. 진례성은 진경대사가 창건한 신라말의 선종 9산문 가운데 하나인 봉림산문(鳳林山門)이 있던 곳과 같은 산줄기에 있다.

종래에는 김인광의 출신 성분을 김해 지역에 파견된 신라 관리이거나 김해 김씨의 후예, 말하자면 6두품 신분으로 보는 견해가 있었다. 그러나 진례성에서 발견한 석관(石棺)을 근거로 이와는 다른 견해를 제기한 학계의 보고문이 있다. 문제의 이 석관은 30여 년 전에 진례성 인근 마을에 사는 한 주민이 우연히 발견하여 현재 경북대 박물관에 수장되어 있는데, 조형 양식으로 보아 김인광의 것으로 추정된다.

이 석관에서 무엇보다 특징적인 것은 석관 몸체 밑 부분 네 면에 십이지(十二支) 동물상이 빙 둘러 양각되어 있다는 점이다. 김유신의 것을 제외하고, 신라 때 조성한 능묘에 이처럼 십이지상이 새겨진 것은 대개 왕릉이라는 사실에 비추어보면, 김인광의 신분을 신라 왕족으로 추정해볼 수 있다는 견해가 조심스럽게 제기되었다.

김인광이 김해의 통치자로 군림한 지 10여 년이 지난 효공왕 12년(908), 수도 경주를 떠나 바닷가를 따라 남녘으로 몸을 옮기고 있던 낭공(朗空)대사가 김해에 이르렀을 때, 대사를 따뜻하게 맞이하고 여기에 머물도록 청한 이곳의 실력자는 김인광이 아닌 소충자(蘇忠子)·소율희(蘇律熙) 형제였다. 이때 이미 형 소충자는 김인광의 뒤를 이어 이곳의 최고 실력자 지위에 올라 있었고, 동생인 소율희는 소충자 다음가는 실력자로 군사력을 장악한 인물로 그려져 있다. 그 사이에 아마 소충자 형제가 힘을 합해 김인광 세력을 제거했을 것이다.

그런데 이로부터 3년 후, 효공왕 15년(911)에 만들어진 진철(眞澈)대사 탑비문에는 소충자의 이름이 빠진 채 소율희만 나타난다. 게다가 얼른 눈에 띄는 사실은 소율희의 지위가 3년 전 형이 지니고 있던 바로 그 최고 실력자 직책이라는 점이다. 불과 3년 사이에 소충자에서 소율희로 최고 실력자가 교체된 것이다.

모름지기 권력이란 부자 간에도 나눠 가질 수 없다고 했던가. 만약 그 3년 사이에 소충자가 자연사했거나 다른 사람에게 죽임을 당하지 않았다면, 동생인 소율희가 권력을 쥐기 위해 형을 제거했다는 이야기가 된다. 이를 두고 역사의 수레바퀴에서 냉혹한 권력의 세계를 또 한 번 확인하는 것이라고 여긴다면 너무 냉정한 해석일까.

소율희 → 김율희 → 쇠유리

한편 진경대사 비문에는 이곳의 또 다른 실력자가 등장한다. '진례성제군사(進禮城諸軍事) 김율희(金律熙)'가 바로 그 인물인데, 같은 시기에 하나의 지역을 장악한 인물이 둘일 수 없다는 상식적 판단에 입각해 보면 결국 소율희와 김율희는 동일인으로 보인다.

다만 이렇게 해석했을 때, 소율희와 김율희라는 두 이름의 성씨가 다르다는 점이 문제로 남는다. 이 시기의 기록에서는 동일인을 동음이기(同音異記)의 다른 한자로 표현하는 경우는 쉽사리 찾을 수 있으나, 성을 달리하는 경우는 흔히 찾기 어렵다. 이런 사실을 감안하여 김율희와 소율희로 각각 다르게 표현되어 있는 인물의 실제 이름이 우리말로 '쇠유리'에 가까운 것이 아니었을까 생각한다. 소씨와 김씨가 '쇠'의 음과 훈에 해당하는 한자를 각각 옮겨 쓴 것일 수도 있다는 생각에서다.

견훤과 왕건의 각축전이 한참 무르익고 있던 신라 경명왕(景明王) 4년(920)에 견훤은 지금의 경남 합천에 있는 대야성(大耶城)을 함락시키고, 내친김에 진례성까지 병력을 이동시켜 신라로 들어가는 길목인 김해를 차지하려고 민첩하게 움직였다. 절박한 위기의식을 느낀 신라 경명왕은 왕건에게 사자를 보내 도움을 청하였고, 이에 왕건은 군사를 내어 견훤을 물러서게 했다.

이런 사태에 직면하여 진례성을 장악하고 있던 호족들이 어떠한 반응을 보였는지는 알 수 없다. 하지만 우리가 알 수 있는 것은 진례성에서 김해로 이어지는 루트가 지정학적으로 후백제에서 신라로 들어가는 주요한 요충지의 하나였다는 사실이다.

당시 급변하는 정세 속에서 김해 지역에서 세력을 떨치던 호족들은 쇠유리가 사라진 이후에도 상당 기간 동안 활동하고 있었다. 이 사실은 당시의 대외 관계 기록을 풍성하게 담고 있는 중국 사서 《책부원귀(冊府元龜)》의 한 모퉁이에서도 확인할 수 있다. 이 책에는 경순왕(敬順王) 원년(927)에 중국 교민과 신라 본국 사이에서 연락 사무를 담당한 이언모(李彥謨)라는 인물이 등장하는데, 이언모는 쇠유리 밑에서 군권을 담당하면서 성장한 인물이다.

경순왕 원년은 왕건이 후삼국을 통일하기 10년 전으로, 바야흐로 후백제와 고려의 각축전이 막바지에 이르던 무렵이다. 이 무렵까지 쇠유리를 정점으로 한 김해 지역의 호족 집단은 바다 건너 중국에서 외교 활동을 펼치고 있었다. 이언모가 중국 사신으로 건너갈 때의 기록에 김해와 가까운 진주 지역의 대호족인 왕봉규(王逢規)의 이름이 함께 올라 있는 것은 경남 해안 일대에 등장한 호족 세력의 해상 활동이 무척 활발했음을 웅변해주는 대표적 실례라 하겠다.

김수로왕 설화에 나타난 신·구 갈등

다음에 소개하는 설화 두 토막은 이 시기에 새로이 등장한 호족 세력과 김해의 터줏대감인 김해 김씨 사이에 벌어진 갈등 양상을 상징적으로 보여주는 것으로, 모두 《삼국유사(三國遺事)》에 전하는 것이다.

그 첫째 토막을 보자. 신라말에 잡간(匝干) 충지(忠至)가 금관성(金官城)를 무력으로 빼앗아 성주와 장군이 되자, 충지의 부하인 영

규(英規)라는 인물이 충지의 위세를 믿고 김수로왕의 제사를 가로
채 지내려고 했다. 그러던 어느 해 단옷날에, 영규는 사당에서 제사
를 지내다가 사당의 대들보가 무너지는 바람에 속절없이 거기에 깔
려 죽었다.

　실력자 충지는 이를 심상치 않게 여겼다. 그는 중국에서 생산한
고급 비단에 김수로왕의 진영(眞影)을 그려서 정중하게 제사를 받
들었다. 그런지 3일 후 진영의 두 눈에 한 말 가량의 피눈물이 고였
다. 이후 충지는 김수로왕의 직계 후손 김규림(金圭林)을 불러 김수
로왕의 제사를 경건히 모시도록 했다. 여기서 충지는 앞서 본 소율
희의 형인 소충자이고, 금관성은 곧 김해이고, 영규는《삼국유사》에
새로 등장하는 인물이다.

　이어서 둘째 토막을 보자. 오랫동안 제사를 받들던 김규림이 88
세의 나이로 죽은 후, 아들 김간원(金間元)이 대를 이어 김수로왕의
제사를 받들던 어느 해 단옷날의 일이다. 김수로왕 묘에서 제사를
지내고 있을 때, 영규의 아들 준필(俊必)이 갑자기 미친 사람처럼
뛰어들어 제물을 모조리 치워버리고 자신이 준비한 제물을 바삐 차
려놓고 아버지의 제사를 지내려 했다. 이는 필시 아버지의 억울한
죽음을 달래기 위해 감행한 마지막 몸부림이었을 것이다.

　이때의 상황을《삼국유사》는 김수로왕의 신비한 영험이 다시금
되살아난 듯 생생히 전한다. 준필은 미처 세 번째 술잔을 올리기도
전에 급작스러운 병을 얻어 집에 돌아가 죽고 만다. 인간적인 정리
로만 본다면, 이는 부자 2대에 걸쳐 되풀이된 악연으로 풀이할 수
있다. 그러나 정치적 관점에서 본다면, 이는 변동기에 흔히 볼 수
있는 신·구 세력 사이의 갈등을 설화의 형태로 전하는 것일 수 있다.

호족들의 정신 세계와 봉림산문

이제 쇠유리를 비롯한 김해 지역 호족들의 정신 세계에 대해서 알아보기로 하자. 당시 호족들의 사유 세계를 들여다보려면, 신라말 바다 건너 들어온 새로운 사조인 선종(禪宗)을 빼놓을 수 없을 터이다. 당에 건너간 유학승들이 신라로 되돌아와, 유력한 대호족의 물질적·사회적 지원을 바탕으로 전국 각지에 아홉 개의 산문을 개창한 사실은 이제는 중학교 국사 교과서에도 들어 있는 보편적 상식의 하나가 되었다.

신라말 고려초에 일어난 사상적 전환으로 일컬어지는 선종의 아홉 선문 가운데 김해와 가장 관련 깊은 것은 봉림산문이고, 봉림산문을 개창한 이는 진경대사이다. 진경대사(855~923)의 휘(諱)는 심희(審希)이고, 속성은 김해 김씨로, 현욱(玄昱)의 법맥을 이어 봉림산문을 개창하였다. 뒷날 신라 왕실과 밀접한 관계를 형성한 진경대사가 김해 지역에 이르러, 김인광이나 쇠유리 형제의 도움으로 봉림산문을 연 배경에 대사와 김인광 사이에 김해 김씨라는 세간에서나 통하는 혈연의 끈이 작용했다면 이는 너무 세속적인 해석일까.

혜목산(惠目山)에서 현욱의 제자가 된 진경은, 송계산(松溪山)과 설악산을 거쳐 다시 강릉의 탁산사(託山寺)로 옮겼다가, 마침내 김해에서 봉림산문을 개창함으로써 선풍을 진작할 수 있는 어엿한 터전을 마련하였다.

진경대사 비문에 따르면, 대사가 김해에 이르기도 전에 이미 효공왕은 대사에게 귀의했다고 한다. 진경대사는 효공왕의 부름에 선선히 응하여 경주까지 직접 가서 나라를 다스리고 백성을 편안하게 하는 방책을 조언하였다. 대사가 입적한 후 경명왕은 몸소 대사의 비문을 지었는데, 왕이 승려의 비문을 직접 짓는 경우는 매우 드물

진경대사가 김인광과 쇠유리 형제의 도움을 받아 개창한 봉림산문 터. 개창 당시 크게 번성했던 모습은 온데간데없고, 지금은 빈 터만 남아 있다. 최근 창원문화재연구소에서 발굴했다.

다는 점에서 진경대사가 경명왕을 비롯한 신라 왕실에 끼친 정신적 영향을 미루어 헤아릴 수 있다. 봉림산문은 진경대사 사후 신라가 쇠망하고, 산문의 든든한 후원 세력이던 쇠유리를 비롯한 호족 세력이 몰락하면서 함께 쇠잔해졌다.

진경대사를 기념하는 유물로는 이 시기 산문에서 많이 조성한 전형적인 양식인 2.9미터 높이의 8각원당형(八角圓堂型)의 부도(보물 362호)가 있고, 보물 363호로 지정된 전체 높이 3.37미터에 이르는 탑비가 있다.

대사의 숨결과 발자취를 보여주는 이 두 유물은 1919년 일제 강점기에 봉림사지에 있던 것을 경복궁으로 옮긴 것이다. 지금의 탑비는 언젠가 두 동강으로 잘린 것을 어설프게 복원한 것이고, 봉림사지는 현재 경남 창원시에 있는 창원대학교 뒷산 능선 산중턱에 그곳이 봉림산문이었음을 알려주는 비석만 남긴 채 빈 터로 남아 있다. 부도와 탑비는 서울로 옮겼으나, 같이 발견한 것으로 알려진 3층 석탑 1기는 봉림사지 인근의 상북초등학교 운동장 한 켠에 마치 잔칫집에 초대받지 않은 손님처럼 초라하게 서 있다.

김해 지역의 호족 세력과 연결되어 있던 불교계의 대표적 인물은 진경대사이지만, 이밖에도 앞서 언급한 낭공대사와 진철대사를 비롯하여 진공(眞空)대사나 충담(忠湛) 스님 같은 빼어난 선승들도 이 무렵 김해 지역에서 한동안 머물면서 선풍을 진작했다. 이들 모두가 이 시기 불교계를 대표하는 인물이라는 점은 한국사학계에서 두루 인정하는 사실이다.

따라서 이 무렵 김해 지역은 새로운 사상계의 힘찬 흐름을 오롯이 간직한 요람의 하나였다고 보아도 무방할 것이다. 쇠유리를 비롯한 호족들은 이 사상가들에게 경제·사회·정치적 지원을 통해 산문을 열 수 있는 터전을 마련해주고, 그 대가로 전란의 위급한 상황에서 마음의 중심을 다잡아주는 정신적 안식처를 제공받은 것이다.

김해는 쓰러져가는 옛 왕조인 신라에서 보면 가까운 곳이지만, 새로이 떠오르는 왕조 고려의 눈으로 보면 머나먼 동남쪽의 변방이다. 역사의 물줄기가 중심부에서 주변부로 서서히 전환하는 과정에서, 김해에는 필연적으로 두 종류의 바람이 불고 있었다. 옛 왕조의 낡은 건물이 쓰러질 때 풀썩 일어나는 한줄기 스산한 바람이 그 하나이고, 이 바람이 지나간 후 새롭게 일어난 건강한 변방의 바람이 두 번째 바람이었다. - 구산우

비문 글씨에 새긴 새롭고 힘찬 기운,

구족달의 두 작품

太相 檢校尚書 左僕射 前守兵部侍郎 知翰林院事 臣 崔彦撝 奉教
撰 沙粲 前守興文監卿 賜緋銀魚袋 臣 具足達 奉教書

'정토사 법경대사탑비' 서문

태상 검교상서 좌복야 전수병부시랑 지한림원사 신(臣) 최언위가 교(敎)를 받들어 짓고
사찬 전수흥문감경 비은어대를 하사받은 신(臣) 구족달이 교(敎)를 받들어 쓰다.

야생마처럼 힘찬 시대정신

신라말 고려초의 정신적 변화상을 압축해서 표현한다면 어떤 말이 가장 적절할까.

필자는 그것을 힘참, 굳셈, 강인함으로 표현하고 싶다. 이를 회화적으로 표현하자면, 화폭 전체를 꽉 채운 몇 마리의 야생마들이 갈기를 어지럽게 흔들며, 머리를 곧추세운 채 사방 여기저기로 줄달음질치는 그런 그림이 떠오른다.

현존하는 실물 자료 가운데 회화 자료는 거의 남아 있지 않아서 굳셈으로 표상되는 이 시대의 정신적 흐름을 회화 자료를 통해서 확인할 수는 없다. 그러나 글씨 방면에는 이 시대의 변화상이 담긴 자료가 지금까지 남아 있어 퍽 다행스런 일이라 하겠다.

사회 변동기에는 으레 그러하듯이, 중국 대륙과 한반도에 왕조의 흥망이라는 태풍이 몰아치던 이 시기에도 영웅들의 솟구침과 몰락, 신분 상승의 기회를 붙잡은 인간들이 나타났다. 그리고 대다수 민초들의 고단한 삶과 짝하여 사회 변동에 뒤따르는 정신적 변화와 그 정신적 변화를 반영한 예술적 움직임이 일어났다.

이 정신적, 예술적 변화에 대해서는 지금까지 역사학계가 축적한 연구 성과만으로도 이미 어느 정도 답을 찾을 수 있는데, 우리가 여기서 다루려고 하는 글씨의 경우도 여기에 속한다.

두 개의 비문으로 남은 구족달의 글씨

나말여초의 변동기를 살다간 인물 가운데 빼어난 글씨를 남긴 이가 몇 명 있다. 필자의 개인적 판단으로는 그 가운데 가장 돋보이는 사람이 구족달(具足達)이다. 구족달이 남긴 작품은 단 두 개로, 하나는 강원도 강릉시 명주군 성산면 보광리 보현사(普賢寺) 경내에 보존되어 있는 낭원(朗圓)대사 탑비이고, 다른 하나는 충청북도 중원군 동량면 하천리의 정토사지(淨土寺址)에 있는 법경대사(法鏡大師) 탑비이다. 두 비문의 글씨는 모두 해서(楷書)체이다.

낭원대사 탑비는 고려 태조 23년(940)에 세운 것으로 높이 188센티미터·너비 98센티미터·두께 20센티미터로, 여기에 새겨진 글씨 크기는 2센티미터이다. 태조 23년은 후삼국 통일전쟁이 마무리

940년에 건립된 낭원대사 탑비. 보물 192호이다. 당시 만들어진 탑비 가운데 가장 잘 보존된 유물로서, 구족달의 글씨로 비문을 새겼다.

된 지 5년이 지난 시점이다. 보물 192호로 지정된 이 탑비는 탑비를 구성하는 귀부(龜趺)·비신(碑身)·이수(螭首) 세 부분이 모두 완전히 남아 있는 드문 사례다.

법경대사 탑비는 낭원대사 탑비가 세워진 지 3년 후인 태조 26년(943)에 세워졌는데, 보물 17호로 지정된 탑비의 높이는 315센티미터, 너비 142센티미터·두께 31센티미터이고, 글자 크기는 2.4센티미터이다. 두 비문의 찬자(撰者, 지은이)는 둘 다 당시 학계를 대표하는 '3최' 가운데 한 사람으로 손꼽히는 최언위(崔彦撝, 868~944)이다.

낭원대사 탑비에서는 비문을 새긴 사람 이름을 그 음은 같으나, 글자가 다른 구족달(仇足達)이라 표기하였다. 이 무렵까지도 성씨를 가질 수 있는 사람은 신라의 왕성(王姓)이나 귀족 가문의 후예를 비롯한 특정 계층이었다는 점을 고려하면, 구족달의 구(具)나 구(仇)를 성씨로 보기는 어렵다. 그리고 이 무렵 사서에 음은 같으나 다른 글자로 이름을 표기한 인물, 즉 동음이인(同音異人)이 매우 흔한 것으로 보아 낭원대사 탑비의 글씨를 새긴 구족달은 법경대사 탑비를 쓴 사람과 같은 사람일 것이다.

《근역서화징》의 평가

근대 들어 우리는 우리 손으로 전근대의 문화유산을 체계적으로 정리하기 어려운 처지였다. 그 결과, 전근대와 근대 문화유산 사이에 존재하는 내적 연결 관계를 분명한 선으로 긋지 못하고 희미한 점의 형태로 남기고 말았다. 그 이유는 잘 알다시피 우리의 근대가 일제의 식민지로 귀결되어 자주적인 학문 연구를 원천적으로 차단당했기 때문이다.

이런 가운데 전통적인 구학문을 습득하거나, 아니면 일본으로 건너가 그곳에서 근대적 학문을 익혀 우리의 문화유산을 정리한 선구적인 업적이 전혀 없지는 않았다. 한국 미술사의 뼈대를 세운 고유섭(高裕燮)처럼, 1926년 서울에 세워진 경성제대를 졸업한 인물 가운데도 그런 이가 있었다.

우리 나라의 서예 역사를 체계적으로 정리한 오세창(吳世昌, 1864～1953)의 《근역서화징(槿域書畵徵)》은 전통적인 구학문으로 전근대의 문화유산을 정리한 업적 가운데 단연 손꼽히는 성과라 할 수 있다. 호가 위창(葦滄)인 오세창은, 개화기의 역관(譯官)으로 김옥균을 비롯한 초기 개화파 인물들을 길러낸 저 유명한 오경석(吳慶錫)의 장남이다. 오세창은 3·1운동 때 민족 대표 33인의 한 사람으로 활동했다.

오세창은 부친 때부터 수집한 풍부한 문헌과 서화를 토대로 《근역서화징》(1928년 啓明俱樂部 초간, 1998년 시공사 국역본 간행)을 저술하고, 뛰어난 글씨 작품을 많이 남겼다. 《근역서화징》은 삼국시대부터 근대에 이르기까지 우리의 서예 작품을 총망라하고, 방대한 문헌을 섭렵하여 그에 대한 당시까지의 평가를 집대성한, 아직까지도 연구서와 자료집으로서 고전적 가치가 매우 큰 책이다.

오세창이 옮겨놓은, 구족달의 두 작품에 대한 기존의 평가는 이러하다. 법경대사 탑비의 글씨는 "굳세고 날카롭다〔勁而犀利〕"고 하였고, 낭원대사 탑비의 글씨는 "북조(北朝)의 여운이 있어 필세가 기이하고 위대하다〔有北朝遺意 筆勢奇偉〕"고 했다. 전자는 조선 후기를 대표하는 실학자의 한 사람인 서유구(徐有榘, 1764～1845)의 《임원십육지(林園十六志)》에 실린 〈동국금석(東國金石)〉을 옮긴 것이고, 후자는 《서청(書鯖)》의 견해를 옮긴 것이다.

낭원대사 탑비를 평가한 글 속에 나오는 북조란 중국의 위진남북조 가운데 서위(西魏)를 비롯한 북방 왕조를 가리키는 것이고, 북조의 여운이란 이때 유행한 왕희지(王羲之) 등이 발전시킨 서법의 기운이 탑비에 남아 있음을 말한다.

《근역서화징》에는 구족달과 같은 시기에 활동한 이름난 서예가가 몇 사람 더 나오는데, 고려를 개창한 태조 왕건, 이환추(李奐樞), 장단열(張端說) 등이 그들이다. 이 가운데 태조 왕건의 글씨에 대한 평가를 보면 매우 흥미롭다.

최씨 무인정권 때의 집권자 최우(崔瑀)의 명령을 받들어 당시의 문호인 이규보(李奎報, 1168~1241)가 쓴 기록에 따르면 고려 당대의 군주 가운데 글씨를 잘 쓴 인물로 태조와 함께 인종, 명종을 꼽는데, 그중에서 지존의 작품은 품평할 수 없다고 하여 왕건의 글씨에 대해서는 구체적인 논평을 꺼렸다.

그러나 이규보에 이어 최자(崔滋)가 쓴 《보한집(補閑集)》에는 훨씬 더 자유로운 견해에서 평가하려는 적극적 자세가 나타난다. 최자는 "태조의 문장과 필법은 천연적으로 타고나서 능한 일이 많았다. 그러나 이것은 제왕가의 여가 일이니 족히 칭찬할 것은 못 된다"고 하여, 태조 왕건의 글씨를 한 뼘 깎아내리는 듯한, 왕조 체제 아래에서 쉽사리 찾아보기 어려운 과감한 견해를 내비쳤다.

사실 태조 왕건은 후삼국 전쟁을 마무리한 뛰어난 군사 전략가였지만, 후삼국 통일 후 후백제 영토이던 개태사(開泰寺)에서 연 법회에서 직접 소문(疏文)과 선사의 비문을 지을 만큼 실력 있는 문장가이기도 하다. 그러므로 태조의 글씨는 결코 과소 평가할 수 없는 수준이었다.

그럼에도 불구하고 최자가 어느 정도 확신에 찬 태도로, 이처럼 태조의 글씨를 과감하게 평가할 수 있었던 이유는 무엇일까? 혹시 최자가 이 글을 쓸 당시가 왕권의 권위가 땅에 떨어지고, 무인집권자의 권세가 왕위를 갈아치울 만큼 드높았던 시대였기 때문은 아닐까.

'도끼로 찍어낸 듯한' 글씨와 시대 분위기

구족달의 글씨는 구양순(歐陽詢, 557~641)체의 해서인데, 글씨 모양새에 나타난 굳셈과 모질기가 구양순의 글씨를 훨씬 능가한다. 붓의 놀림에서도 그 절도가 마치 도끼로 찍어낸 듯 예리하다고 평가받고 있다. 글씨체가 풍기는 이 같은 분위기는 보는 이에게 차라리 살벌한 느낌마저 던져준다. 여기서 구족달의 글씨에 나타난 특성을 당시의 시대 분위기와 관련지어 해석한 학계의 견해에 귀 기울일 필요가 있다.

고려가 후삼국 통일을 마무리한 직후에 세운 비문에 아로새겨진 구족달의 글씨가 이처럼 강건한 모양새를 하고 있는 것은, 전란의 신산고초를 극복하고 통일의 대업을 이룬 당시 사람들의 정신 자세와 연관 지어볼 수 있다. 미술사의 흐름에서 볼 때, 이는 이 시기에 조성한 많은 철불(鐵佛)의 모습이 흡사 늠름하고 당당한 무장 같은 풍채를 자랑하는 것과 맥을 같이한다.

철불뿐만 아니라, 신라말 고려초에 후백제와 고려의 각축장이 된 한반도 중부권 여기저기에 조성된 거대 석불(石佛)들도 크게 보면 마찬가지 맥락에서 파악할 수 있는 실물 자료들이다. 거대 석불의 얼굴은 곧 당시 지방 사회를 지배한, 무장 토호 세력가의 면모가 강하게 느껴지는 호족들의 자화상인 것이다.

후삼국을 통일한 고려 초기의 서예는 통일신라기의 전통을 계승하여 당 초기의 대가인 구양순체가 대종을 이루었다. 구양순은 우

법경대사 탑비 탁본. 정토사지에 있는 법경대사 탑비를 탁본한 것으로 전체적인 모습이나 자획, 결구가 날카롭고 예리하다.

세남(虞世南), 저수량(褚遂良)과 함께 당 초기의 3대 서예가로 일컬어지는 인물로서, 특히 통일신라기부터 우리 나라 서체에 많은 영향을 끼쳤다. 구양순체는 글자의 자획과 결구가 모두 방정하고 굳건하여, 특히 정중하고 경건해야 할 비문에 널리 쓰였다.

통일신라기에 조성된 비문에 나타난 글씨체는 크게 두 흐름으로 나뉜다. 이른바 북종선(北宗禪) 계통의 선사 비문에 즐겨 쓰이는 왕희지체와 남종선(南宗禪) 계통의 선사 비문에 흔히 보이는 구양순체가 바로 그것이다.

통일신라 초기에는 당 초기 3대가의 영향을 많이 받다가, 중기에는 이들의 필체를 따르지 않고 남조(南朝)의 서풍을 바탕으로 독자적 서풍을 마련한 인물이 출현했는데, 그 대표적 인물이 김생(金生, 711~?)이다.

김생은 당시 유행한 구양순 등의 서체를 따르지 않고, 왕희지를 비롯한 남조의 서체를 바탕으로 활발한 운필과 변화로운 필치를 특징으로 하는 개성 있는 서체를 완성, 우리 서예사에 한 획을 그었다. 그 시기는 북종선이 들어오는 시기와 일치한다.

9세기 후반 들어서는 황룡사 9층 탑지(塔誌)를 쓴 요극일(姚克一)이 일시 퇴조한 구양순체를 다시금 부활, 유행시켰다. 이후 구양순을 비롯한 당 초기 3대가의 서체가 이 무렵에 도입된 남종선 계통의 선사 비문에 많이 쓰였다. 고려 초기에 성행한 구양순체는 이런 사상·예술적 흐름을 이어받고 있다.

고려 초기는 가히 구양순체의 전성기라 해도 과언이 아니다. 이때 만들어진 여러 비문 가운데 구양순체 글씨로 새겨진 것은 구족달의 두 비문 이 외에도 몇 개가 더 있다. 이들 비문의 글씨는 비록 작자는 달라도 기본적인 글씨체가 모두 구양순체를 바탕으로 구양순 본래의 글씨체보다 더 장중하고 절도 있는 기품을 보여준다. 그중에서도 구족달의 글씨는 강건한 필력이나 글씨체의 예리함에서 구양순을 능가하는, 단연 발군의 작품으로 평가된다.

구족달은 신라말 고려초에 활동한 대표적인 문인 서예가이다. 여기서 구족달을 대표적 문인 서예가라 함은 이 시기 뛰어난 글씨를 남긴 서예가 가운데서도 문인적 기반이 약한 인물이 더러 있을 뿐만 아니라, 문인적 소양을 갖춘 서예가라 할지라도 구족달에 필적할 만한 인물을 달리 찾기 어렵기 때문에 붙인 이름이다.

낭원대사 탑비에 나타난 원봉성대조신(元鳳省待詔臣)이란 구족달의 직함도 이를 뒷받침해준다. 원봉성은 고려초에 설립된 문한(文翰)기구의 하나로서, 대조신(待詔臣)이란 바로 왕의 측근에 있으면서 조서를 작성하는 임무를 맡은 직책이었으니 구족달의 문인적 소양을 웅변해주는 대목이 아니겠는가.

비문의 찬자, 최언위

구족달이 남긴 두 비문을 지은 최언위 역시 문인으로서는 당시 어느 누구에게도 뒤지지 않는 빼어난 인물이었다. 최언위가 최치원, 최승우와 함께 이 시기 6두품 지식인을 대표하는 경주 최씨 가문의 출중한 세 사람 가운데 한 사람이었음은 앞서도 말했지만, 이 세 사람의 정치적 행보에는 당시의 시대 상황을 상징하고도 남는 그 무엇이 있다.

잘 알려져 있듯이 최치원은 당에서 귀국해 진성여왕에게 개혁책을 진언했으나, 진골 귀족들의 강한 반발에 부딪혀 개혁책이 받아들여지지 않자 가야산으로 들어가 해인사 승려와 교유하면서 사산비명(四山碑銘, 최치원이 지은 4개 비문)으로 일컬어지는 선승의 비문을 짓고, 이후 산신으로 일생을 마쳤다고 전한다. 최승우는 후백제 견훤에 귀부해 견훤과 영욕을 같이했으며, 최언위는 왕건이 이끄는 고려에 몸을 실었다.

후삼국이 통일된 후 최언위가 죽을 때까지 만들어진 탑비는 모두 아홉 기인데, 그 가운데 태조가 친히 지은 한 기를 뺀 여덟 기의 탑비 비문을 모두 최언위가 썼다고 한다. 말하자면 그는 고려 초기의 대문호였던 것이다.

이런 대문호의 비문을 새긴 구족달의 글씨 역시 그 굳셈에서 그가 본받은 구양순체를 뛰어넘는 탁월한 작품이다. 이를 회화적으로 말하면 갈기를 거세게 휘날리는 야생마 그림 같다고나 할까.

예술이 시대정신을 반영하는 거울이듯, 신라말 고려초의 불상에는 당시의 역동적인 시대정신이 반영되어 있다. 그리고 이러한 시대정신을 글씨에서 찾는다면, 그것은 마땅히 구족달의 글씨가 되어야 할 것이다. - 구산우

신라인 통역 가이드, 김정남 3

開成三年 十二月十八日 未時 新羅譯語 金正南 爲定諸使 歸國之船
向楚州發去. 申時 勾當王 友眞 來云. 大使尋以今月三日到京都了.
近日相隨大使入京. 勾當書帖奉達州御. 又 沙彌 等 受戒之事. 相公
不許. 此年有勅. 亦不令受戒. 非勅許未可 允許云.

《입당구법순례행기》 권1

오후 2시경에 산라인 통역인〔譯官〕 김정남(金正南)이 사신들의 귀국 배편을 알아
보기 위해 초주(楚州)로 떠났다. 오후 4시경에 일본 사신의 접대 담당자인 왕우진이
와서 말하기를, "대사는 이미 이달 3일에 장안에 도착하였으며 자신도 대사를 따라
장안으로 들어간다고 하면서, 여권(旅券) 관계의 공문은 주(州)의 아문(衙門)에 잘
전달되었다고 하였다. 또한 사미(沙彌)들의 수계(受戒)에 관한 문제는 상공의 허락
을 받지 못했는데, 그 이유인즉 근년(近年)에 수계를 금지하는 칙령이 있어서 다시
칙령으로 허락되지 않는 한 수계는 불가능하기 때문이라고 했다.

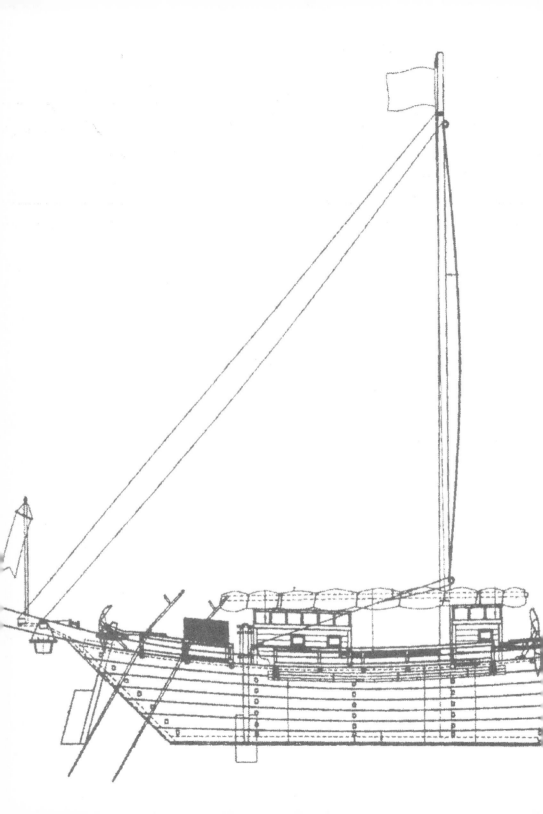

옛사람들의 길

지금도 폭설이 내리면 뱃길도 도로도 항공편도 모두 끊긴다. 비행기는 폭우가 내리면 정상 운행을 할 수 있지만, 태풍이 불거나 폭설이 내릴 때에는 꼼짝없이 발이 묶인다. 배편 역시 풍향과 풍속에 민감한 교통 수단이어서 요즘도 바닷길로 도서 지역을 오갈 때면 파고나 기상 조건에 신경을 곤두세워야 한다.

뱃길이나 항공편에 비해 상대적으로 기후에 덜 민감한 것이 도로이다. 오늘날 우리가 접하는 도로는 산이나 강쯤은 터널이나 교량을 이용해 멈추지 않고 통과할 수 있다. 그러나 지금으로부터 1,000여 년 전에는 길을 만드는 기술 수준도 미비했고, 길 폭도 좁아 소나 말이 겨우 다닐 수 있을 정도였으며, 가마가 운송 수단의 거의 전부였다.

도로 사정이 이와 같았기 때문에 많은 물건이나 사람을 수송할 때에는 다소 위험 부담이 있더라도 뱃길을 더 많이 이용했다. 더욱이 국가 간 교역시에는 항상 대량의 물건을 수송해야 했으므로 뱃길이 더욱 중시되었다고 할 수 있다.

일본 배에 올라 당나라로 출발

1,200여 년 전 일본의 작은 항구 하카다[博多] 항에 조공차 당나라로 떠날 채비를 마친 일본 배 아홉 척이 순풍을 기다리고 있었다. 아홉 척의 견당선(遣唐船)에는 일본 선박이 파선할 경우를 대비해

예비용 신라 선박도 포함되어 있었다.

견당선에는 당나라에 천태종을 배우러 떠나는 일본 승려 엔닌과 그의 제자들, 현지에서 길잡이를 할 신라인 통역 가이드 김정남(金正南)과 동료 통역인, 숱한 사연을 가슴에 담은 뱃사람들이 함께 타고 있었다.

김정남과 함께 일본 배를 탄 신라인들이 누구였는지 알 수 있는 기록은 없다. 단지 일본 시모스케〔下野〕국 쓰가〔都賀〕군 출신의 엔닌(794~864)이 838년 천태종의 본산인 당나라에 구법승으로 파견되었는데, 당시 여행한 내용을 기록한 《입당구법순례기(入唐求法巡禮記)》에 관련 기록이 몇 줄 남아 있을 뿐이다.

순례기에는 당에서 만난 신라인들은 말할 것도 없고, 통역 가이드 김정남의 생몰연대와 출신 지역, 가계에 대한 기록이 전혀 없어 그가 누구인지 파악할 길이 없다. 하지만 일기 형식을 빌어 쓴 이 순례기를 통해서 우리는 당에 건너가 살았던 신라인들의 생활을 읽을 수 있고, 김정남 같은 신라인 통역 가이드의 존재를 확인할 수 있다.

이제 김정남과 함께 당나라로 떠나보자.

838년 6월 13일 정오 무렵, 사신들이 탄 배가 하카다 항을 떠나려 했으나 바람이 일지 않아 출발이 지연되었다. 이로부터 열흘 뒤인 6월 23일 오후 6시, 드디어 엔닌이 탄 두 척의 견당선이 남중국을 향해 출항했다.

일본 근해를 떠난 이들은 멀고도 험한 원양 항해로 접어들어 미지의 세계에 온몸을 맡겨야 했다. 칠흑 같은 어둠 속에서 혹시 발생할지도 모르는 배들끼리의 충돌에 대비해 등불로 교신하면서, 이들을 태운 배는 동북풍을 놓칠 새라 어둠을 뚫고 전진 또 전진해나갔다. 그러나 이틀 뒤 새벽녘, 풍향은 완전히 뒤바뀌어 동남풍으로 변했다.

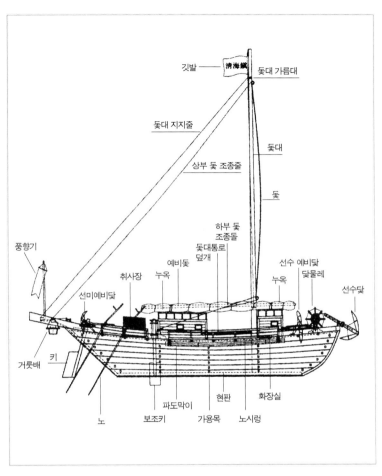

깃발 ── 淸海鎭
돛대 가름대
돛대 지지줄
돛대
상부 돛 조종줄
돛
하부 돛 조종줄
돛대통로 덮개
예비돛
선수 예비닻
닻물레
풍향기
취사장
누옥
누옥
선수닻
선미예비닻
거룻배
키
노
보조키
파도막이
가용목
현판
노시렁
화장실

장보고 시대의 무역선을 가상으로 추정하여 복원한 그림.

동북풍이 부는 가을에 출발했어야 했나……. 배 안 사람들은 바람의 행로가 동남풍으로 돌변한 것이 내심 초조했지만 크게 술렁이진 않았다. 이윽고 돛을 능숙하게 다루는 선장 덕에 배는 곧 안정 궤도를 찾았다.

견당선에는 순풍과 역풍에서 자유자재로 항해할 수 있도록 만든 세로로 단 돛〔綜帆〕이 장착돼 있었고, 게다가 돛을 만드는 재료인 범포(帆布)를 아랍 열국에까지 수출할 정도로 뛰어난 기술력을 자랑하는 신라 배까지 함께 있지 않은가.

포효하는 바다와 사투를 벌이다

통일신라시대에는 계절풍과 풍력을 이용한 운항법이 크게 발전했다. 한반도 서해에는 가을과 겨울철이면 중국 대륙에서 매서운 북서풍이 휘몰아치고, 봄과 여름에는 남서풍이 분다. 그래서 신라 사람들은 대개 가을철에 당으로 떠났다가 늦봄이나 여름에 귀국했다. 당나라 사람 가탐(賈耽)이 저술한 《도리기(道里記)》에는 중국 산동반도 등주에서 동북쪽 발해만의 노철산 하구와 대련만 동쪽 압록강 하구를 지나, 한반도 서해안을 따라 남하하여 대동강 하구와 초도, 옹진만과 강화도 덕적도를 거쳐 남항만에 이르는 뱃길을 상세히 기록하고 있다. 이 북방 항로는 순풍을 따라 근해 연안과 섬에 바짝 붙어 항해하기 때문에 비교적 안전한 반면, 항해 거리가 멀고 시간이 많이 걸리는 단점이 있었다.

산동반도에서 직선으로 황해를 가로질러 예성강 당은포에 이르는 해로인 '황해 횡단 항로' 역시 비교적 일찍부터 개척되었다. 이 항로는 섬을 따라 우회하지 않고 직선으로 항해하기 때문에 항해 시간은 단축할 수 있었지만, 위험 부담이 상대적으로 컸다. 따라서 숙

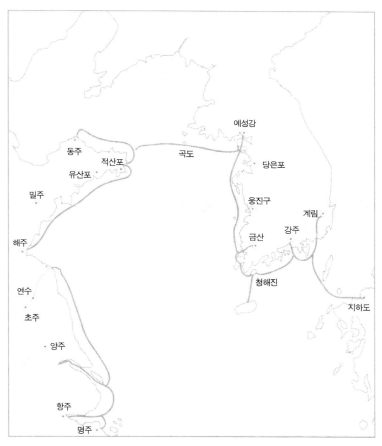

엔닌 일행이 항해한 통일신라시대의 황해 항로.

련된 항해술과 튼튼한 구조를 갖춘 선박이라야만 이용할 수 있었
다. 엔닌이 탄 일본 견당선도 역풍을 따라 시간이 덜 걸리는 이 황
해 횡단로를 택했던 모양이다.

　선장이 역경을 극복할 수 있는 뛰어난 항해술을 가졌다 해도 가도
가도 끝없는 시커먼 바닷길은 고생길일 수밖에 없었다. 게다가 벌

써 며칠째 계속된 파도로 배 안은 온통 구토물과 신음 소리로 가득
했다. 상황은 더욱 절박하게 급변하여 비상식량과 식수까지 바닥났
고, 급기야 고통을 견디지 못한 선장 가네가리가 죽고 만다. 여기에
전염병까지 돌아 성한 자의 목숨을 부지하기 위해서 병에 걸려 간
신히 생명을 지탱하고 있는 사람들을 갈대 숲에 던져 생매장할 수
밖에 없었다.

그러나 항해는 중단되지 않았다. 그런 극한 상황 속에서도 엔닌
일행이 뱃머리를 돌리지 않고 머나먼 이국 땅을 향해 일심으로 전
진할 수 있었던 것은 구법(求法)에 대한 신념과 함께 믿음직한 길잡
이가 있었기 때문이리라.

포효하는 바다의 어느 지점을 지나면 어떤 지역이 기다리고 있다
는 정보를 정확히 꿰뚫고 있는 신라인 통역 가이드 김정남이 바로
그 사람이었다. 엔닌 일행을 실은 견당선이 좌초할 위기에 처했을
때, 김정남은 물빛이 연녹색인 것만을 보고 "여기가 중국 양주의 대
운하인 것 같다"고 외쳤다. 그 소리는 절망하고 있는 사람들에게 구
원의 메시지를 던져주었다.

표류 일보 직전에서 사투를 벌인 지 몇 시간이나 흘렀을까. 어스
름한 저녁에 배가 갑자기 모래톱 위로 올라갔다. 그 충격으로 돛대
가 댕강 부러졌고 배에 탄 사람들은 우왕좌왕 어쩔 줄을 몰라하며
부처님을 찾았다. 뭍에 당도한 것이다.

때마침 근해 바닷가를 순찰 중이던 당나라 순찰병이 산산조각 난
엔닌 일행의 배를 발견하고 다가왔다. 순찰병은 이것저것 물었지만
일행 중 대답할 수 있는 사람은 아무도 없었다. 사람들은 모두 김정
남의 바짝 마른 입술만 바라보고 있었다. 김정남은 당나라 순찰병
에게 여차여차한 표류 정황을 일러주었고, 그 덕에 엔닌 일행은 당

나라 배에 옮겨 타고 일본에서 가져온 조공품을 무사히 싣고 갈 수 있었다.

오늘날의 통역 가이드가 외국인에게 자국의 문화유산을 전달해주는 전령사라면 1,000여 년 통역관은 외교관, 아니 국제 변호사쯤의 지위를 누렸다고 하겠다. 더욱이 엔닌 일행과 동행한 김정남은 중국어에 생소하고 당나라에서 천시 받던 일본인들에게 길잡이 이상의 안내인이었을 것이다.

일본 정부가 당에 바치는 조공품을 무사히 전달한 김정남은 안도의 숨을 내쉬었다. 양자강 유역의 수려한 경치도 그제서야 눈에 들어왔다. 김정남이 탄 배가 양자강구 동량풍촌(東梁豊村)에 도착한 때는 서기 838년 7월 2일. 그로부터 9년 후 배가 산동의 적산(赤山)에 도달할 때까지 김정남 일행은 수많은 신라인을 만났다. 그들은 당나라 수도 장안을 제외한 대운하 회수 유역 내륙과 중국 연해안을 남북으로 연결하는 연해안 일대에 집단으로 거주하고 있었다.

여행지에서 만난 신라인들

신라인들이 중국 연해안에 집단으로 거주한 것은 최근 우리 나라에 불어닥친 이민 열풍과 그 성격이 유사했다고 할 수 있다. 신라 하대의 백성들은 지속적인 정권 다툼과 민중의 고혈을 짜내는 과도한 부세 징수, 유래 없는 대기근 속에서 자활의 길을 찾아야 했다.

이렇게 신라 사회가 진통을 겪고 있는 동안, 당나라 역시 천보(天寶) 14년(755)에 안록산이 반란을 일으켰고, 그 사건을 분기점으로 당의 변방 체제가 붕괴되고 내륙 각지에서 번진(藩鎭) 세력이 성장하는 격변이 일어난다.

번진 가운데 당나라 대종 영봉 원년(765)부터 헌종 원화 14년

(819)까지 산동성 전역을 점유하고 중앙정부와 대립한 평로순청번진이 있는데, 이 번진은 고구려계 유민 이정기 일가가 도당 신라인들과 합세해 세력을 키운 곳이다. 이곳은 819년 당의 관군인 무령군에 속해 있던 장보고의 토벌 작전으로 소탕되었다.

산동성 전역에 퍼져 있던 신라인 거주 지역에는 비단 신라인뿐만 아니라 당나라에 강제로 또는 자의로 이주한 구 고구려계 · 백제 · 신라 유민이 모두 잡거(雜居)했다. 이들은 신라인 자치 구역이라는 이름 아래 동족 집단을 이루어 중국 각지에서 신라방을 형성해 살았다.

한편 김정남과 동행한 엔닌 일행은 양주부 동량풍촌에서 신라인이란 오인을 받고 그 덕에 이곳을 수월히 통과하기도 했다. 신라인 김정남으로서는 어깨가 으쓱해지는 일이 아닐 수 없었다.

이들이 탄 배가 유유히 흐르는 양자강을 따라 남쪽 갈대 숲을 지나고 있을 때, 어귀에 여고진이라는 조그만 마을이 나타났다. 작은 집채들이 옹기종기 모여 있고, 찻집 같아 보이는 가게 건물도 자주 눈에 띄었다. 양자강 어귀 연해향 연해촌 강변에는 소금을 실은 네댓 척의 배가 줄지어 달빛을 받고 있었다.

이 광경을 바라보는 김정남의 감회는 남달랐다. 저 배 안에는 내 고향 사람 신라인들이 타고 있겠구나……. 고향에 두고 온 아내와 자식 생각에 흘러내리는 눈물을 어찌할 수 없었다.

배가 양주에 정박해 있는 동안 신라인 왕청(王請)이 안부차 김정남을 방문했다. 왕청은 20여 년 전 일본 혼수의 서북쪽 지방(出州國)에 표류한 당나라 사람 장각제(張覺制)와 같은 배를 탔던 사람으로, 이때 당나라와 일본을 활발히 왕래하며 대일 무역상으로 활동하고 있었다. 그가 일본어에 능숙한 것은 당연했다. 왕청이 구사하는 일본어는 상업용이어서, 체계적으로 외국어를 학습한 김정남에 비해 저급한 수준이었지만 일본과 당나라, 신라를 내왕하면서 쌓은 견문이나 재산은 김정남에 버금갔다.

그 즈음 일본은 815년경 대마도에 신라어 통역관까지 설치하고, 774년에는 신라인이 표착했을 때 배를 수리 받을 수 있도록 하는 표류민 규정까지 만드는 등 신라 상인의 왕래를 적극 장려하고 있었다. 768년 무렵에는 쇼우토쿠 천왕이 고위 관료와 황족에게 신라 상인을 상대로 교역을 할 수 있도록 허락해주었다. 이때 일본 다이자이후(大宰部) 부근에 자연스레 신라 상인층이 중심이 된 상권이 형성되었다.

신라의 대일 무역상들은 헤이안쿄우(平安京)의 귀족을 포함해 재지 유력 농민, 지방관과 교역했다. 일본 귀족이나 부호들과 교역한 신라 상인 중에는 대일 무역의 이윤으로 세계 굴지의 화가 작품이나 백거이의 시문을 거의 다 수집할 정도로 부를 축적한 이들이 많았다. 김정남을 찾아온 왕청 역시 중국산 향료와 약재, 서적이나 페르시아, 아랍에서 건너오는 물건을 일본 귀족에게 팔아 부자가 된 사람이었을 것이다.

일본 사신의 배에 승선한 엔닌 일행과 김정남의 여행은 그럭저럭 반년을 넘겨 새해가 되었다. 이제 일본으로 돌아가야 할 시간이었다. 그간 엔닌 일행은 천태산 순례를 목적으로 통행증을 발급 받기 위해 무척 애썼지만 관의 허락이 쉬이 떨어지지 않아 개원사에서 불화를 그리면서 체류하고 있었다. 김정남은 일본 사신의 귀국 배편을 알아보기 위해 초주(楚州)를 여러 차례 돌아다녔다.

839년 정월, 드디어 김정남의 요청으로 배가 마련되었다. 김정남은 초주에서 여행에 필요한 물건을 사서 싣고, 아홉 척의 배에 관인을 나누어 태우는 한편, 뱃길을 잘 아는 신라인 60여 명을 고용해 각 배에 5~7명씩 나누어 배치하는 등 출발 준비를 했다. 조공사 일행은 파선되기 쉬운 일본 선박 대신 귀국 배편으로 신라선을 선택했던 것이다.

회하 하류에 위치한 초주는 대운하와 회하를 이어주는 경제적 · 전략적 요지였다. 또한 하천이 교차해서 흐르는 운송의 중심지이기도 했다. 이곳에서 남으로 양주를 지나 양자강으로 흘러들면 소주 · 항주 · 명주 등의 무역항이 줄지어 있고, 서쪽으로는 중원으로 진출할 수 있었다. 배가 입출항하는 유통의 요충지였기 때문에 초주에 거주하는 신라인들은 자연히 배와 관련한 일을 주로 했다고 할 수 있다.

초주에 거류하는 신라인 중에는 선원 외에 기술자인 초공(梢工), 선주(船主)들도 있었기 때문에 김정남의 요청에 따라 구입한 배도 그 주인이 신라인이었을 가능성이 있다. 김정남이 선박 매매에 관여하면서 어느 정도의 중개 알선료를 떼었는지는 정확히 예측할 수 없지만, 오늘날 부동산 중개인들이 챙기는 중간 이익금을 생각하면 그 액수를 대강 짐작할 수 있겠다.

다방면으로 활약한 김정남

당시 동양의 지배층에게는 당나라를 중심으로 한 동북아시아가 '세계'의 전부였다. 이 시기의 세계 질서는 당과 그 주변 국가들이 조공과 책봉이라는 형식을 통해 주종 관계를 맺는 방식으로 유지되었다. 이는 중국이 주왕조 시대부터 내지의 봉건 제후들과 맺은 관계를 이민족에게까지 확대 · 적용한 것이었다. 일본이나 신라는 당에게 연호를 받고 물품을 바침으로써 당을 중심으로 한 세계 질서에 편입하려고 했다. 특히 일본은 당나라에게서 국가라는 인정도 받지 못한 상태였다.

《일본서기》 657년조를 보면, 일본 사절이 당에 파견할 학문승을 데리고 와 신라에서 파견하는 사절에 넣어달라고 청탁했으나 신라가 이를 허락하지 않아 이 학문승이 그대로 일본으로 돌아간 일이 있다고 했다. 당시에는 일본 사신이 신라 사신 행세를 하면 중국 내지의 통행 허가증도 쉽게 발급 받을 수 있었다고 한다. 일본 정부의 견당선에 신라인 통역관과 뱃사람이 승선할 수 있었던 것도 이들 신라인들이 당과의 관계 개선에 기여할 것이라는 일본 측의 기대가 있었기 때문일 것이다.

요즈음 박물관이나 유적지에 가면 외국인을 상대로 우리의 문화유산을 설명해주는 통역 가이드를 흔히 볼 수 있다. 이때 우리의 문화유산을 설명할 적당한 외국어를 찾지 못해 중국이나 일본에 빗대어서 설명하는 것을 들으면 속이 상한다. 제대로 된 통역 가이드라면 우리 나라의 문화유산이 갖는 특수성과 그 단어 하나하나가 갖는 뉘앙스의 차이까지 분명히 전달해줄 수 있어야 하지 않을까.

이런 면에서 1,000여 년 전 중국과 일본, 신라를 무대로 종횡무진 활약한 김정남은 단순한 역관의 역할을 뛰어넘어 상품 매매 중개인, 문화 전달자까지 여러 가지 역할을 해낸 진정한 통역 가이드가 아니었나 한다. - 정은정

패서 호족 박수경, 권모와 지략으로 입신하다

4

朴守卿 平州人 父大匡尉遲胤 守卿性勇烈多權智 事太祖爲元尹 百
濟數侵新羅 太祖命守卿爲將軍 往鎭之 値甄萱再至 守卿輒以奇計敗
之 曹物郡之戰 太祖部分三軍 以大相帝弓爲上軍 元尹王忠爲中軍
守卿殷寧爲下軍 及戰上軍中軍失利 守卿等獨戰勝 太祖喜 陞元甫
守卿曰 臣兄守文 見爲元尹 而臣位其上 寧不自愧 遂幷爲元甫 勃城
之役 太祖被圍 賴守卿力戰得出 又從太祖討神劒 從定役分田 視人
性行善惡 功勞大小 給之有差 特賜守卿田二百結 定宗初卽位 削平
內難 守卿功居多 尋轉大匡

《고려사》 권92, 열전5, 박수경

박수경은 평주 사람이니 아버지는 대광위(大匡尉) 지윤(遲胤)이다. 박수경은 성품이 용
감하고 강하며, 권모와 지략이 풍부하였다. 태조를 섬겨 원윤(元尹)이 되었다. (후)백제
가 누차 신라를 침공하므로 태조가 박수경을 명하여 장군으로 삼고 나가서 지키게 하였
다. 때마침 견훤이 재차 공격하여 왔으나 박수경은 곧 기묘한 계책으로써 격파하였다. 조
물군(曹物郡) 전투에서 태조는 군대를 3군으로 나누어 대상(大相) 제궁(帝弓)을 상군(上
軍)으로 삼고, 원윤(元尹) 왕충(王忠)을 중군(中軍)으로 삼고, 박수경과 은녕(殷寧)을 하
군(下軍)으로 삼았다. 전투에서 상군과 중군은 졌으나, 다만 박수경 등만이 승리하였으므
로 태조가 기뻐서 그를 원보(元甫)로 승진시켰다. 박수경이 아뢰기를 "신(臣)의 형 수문
(守文)이 현재 원윤으로 있는데 저의 품위가 형보다 올라가면 어찌 스스로 부끄럽지 않겠
습니까"라고 하니 왕은 드디어 다 같이 원보로 삼았다. 발성(勃城) 전투에서 태조가 적에
게 포위를 당했을 때 박수경이 힘을 다해 싸운 데 힘입어 벗어날 수 있었고, 또 태조를 따
라 신검(神劒)을 토벌하였다. 후일 역분전(役分田) 제도를 정할 때 사람들의 성행(性行)
의 선악(善惡)과 공로의 많고 적음을 보고 차등 있게 주었는데, 박수경에게는 특별히 토
지 200결을 하사하였다. 정종의 즉위 초에 내란을 평정할 때 박수경의 공로가 많았으므
로 곧 대광(大匡)으로 전임(轉任)되었다.

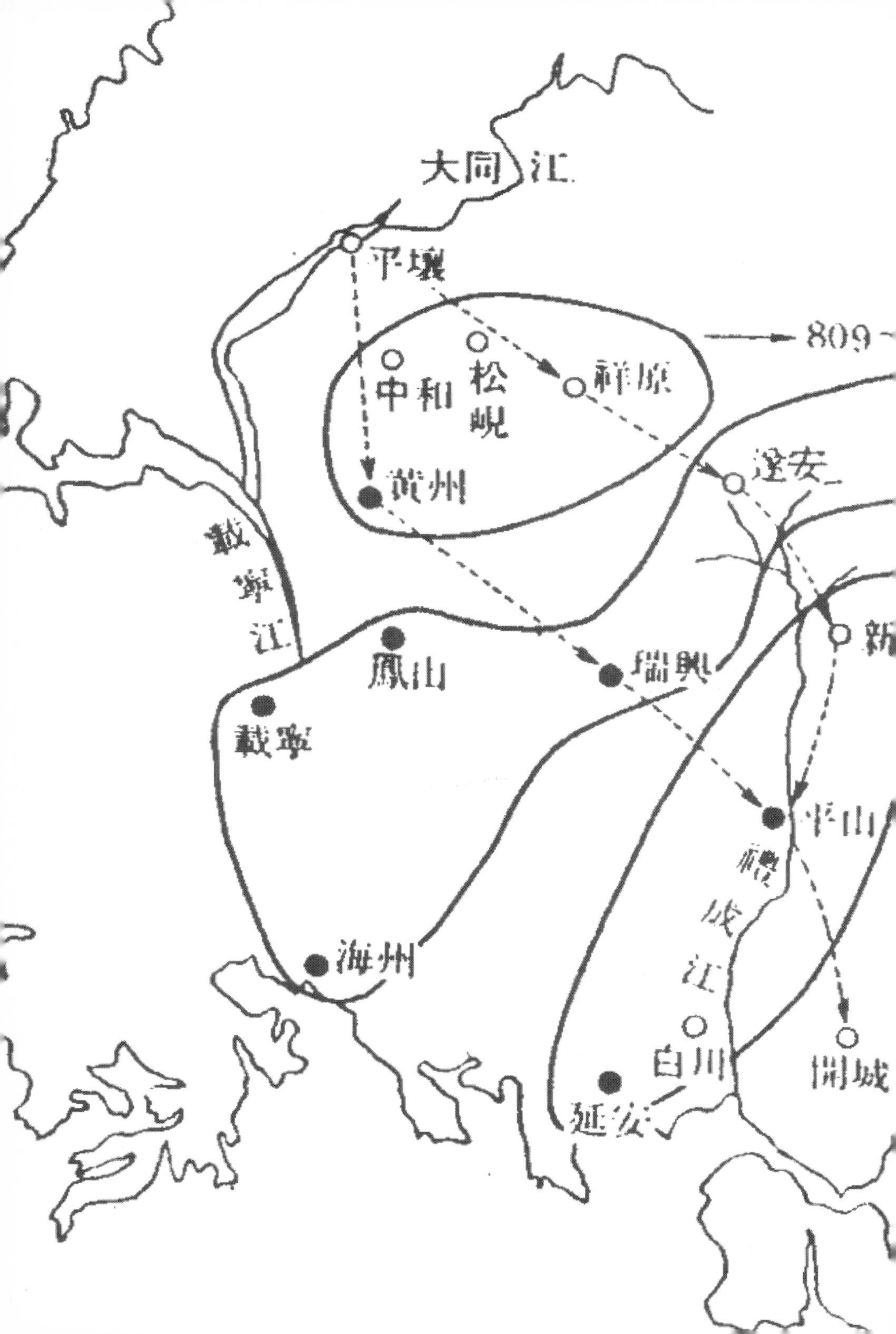
大同江
平壤
中和
松峴
祥原
809
黃州
遂安
載寧江
鳳山
瑞興
新
載寧
平山
禮成江
海州
白川
延安
開城

고려 전기의 대표적인 문벌 귀족

격변하는 사회 속에서는 시대와 지역을 막론하고 인물들의 부침이 심하기 마련이다. 안정된 사회에서는 대체로 정해진 질서에 따라 사람들의 운명이 결정되는 경우가 많지만, 변동이 심한 사회일수록 어떠한 선택을 하느냐에 따라 자신은 물론 후손들의 운명까지도 바꿀 수 있는 순간을 많이 만나기 때문이다. 권력의 향배를 좇아 다양하게 대응하는 숱한 인간 군상을 만날 수 있는 것도 바로 이러한 시기이다.

박수경(朴守卿, ?~964)은 신라말 고려초라는 변동기에 타고난 용맹성과 지모를 바탕으로 기회를 잡고, 자신은 물론 자기 가문을 문벌 귀족의 반열에 올려놓는 데 초석을 다진 인물이다. 박수경과 그의 가문이 궁예와 왕건, 혜종, 정종, 광종으로 이어지는 권력의 변동기에 보여준 모습은 무인의 처세라기보다는 뛰어난 권모와 지략, 탁월한 정치적 판단력으로 승부한 정치인의 그것이었다.

박수경은 패서(浿西), 곧 지금의 경기 북부와 황해도 지방의 호족이었다. 패서 호족은 신라말의 사회 변동기에 새로운 정치 세력으로 성장하여 당시 중부 지방에서 새로이 부상하고 있던 궁예와 왕건 등에 정치적으로 협력, 고려 왕조 초기의 정치사에서 강력한 힘을 발휘하였다. 박수경의 평산 박씨(平山朴氏) 가문 역시 이와 같은 과정에서 성장하여 고려 초기의 왕권강화책으로 잠시 주춤하기는 했지만, 과거 관료로 진출한 후손들이 다시 학문적 · 정치적 역량을 발휘한 덕에 고려 전기의 대표적인 문벌로 자리잡았다.

그러나 고려 중기 이후, 평산 박씨 가문은 고려의 문벌 귀족 체제의 변질과 함께 쇠퇴했다. 이런 점에서 박수경의 평산 박씨 가문이야말로 고려 왕조 체제가 확립하고 변화한 과정에서 지배 세력의 부침을 보여주는 대표적인 사례라 할 수 있다.

경주에서 가장 멀리 떨어진 지리적 이점

신라말에 새로운 정치 세력으로 부상한 지방 호족은 그 유형을 대체로 중앙에서 낙향한 귀족 출신, 군진 세력 출신, 해상 세력 출신, 촌주 출신으로 나눌 수 있다. 이중 낙향 귀족 출신 지방 호족은 다시 신라 중대 이후 신라의 영토가 확대하면서 지방으로 사민(徙民)되거나 지방관으로 나갔다가 정착한 경우와, 신라 하대의 정권 쟁탈전에서 패배하여 자신의 연고지로 낙향한 경우로 나누기도 한다. 평산 박씨 가문은 중앙 귀족 출신으로 패서 지방의 지방관으로 내려갔다가 패강진이라는 군진을 토대로 성장한 유형이다.

박수경이라는 인물을 거론하기에 앞서 패강진을 중심으로 한 패서 지역의 역사에 대해 알아보자.

패서 지역은 대동강 이남, 예성강 이북 지역을 가리키는 말로, 신라 경덕왕 7년(748)부터 개척하기 시작하여 헌덕왕 18년(826)에 개척이 완료된 지역이다. 이 지역에 패강진이 설치된 것은 선덕왕 3년(782)으로 이후 이곳은 북변 수비의 본영이자 사실상 패서 지역의 중심이었다. 패강진은 박수경 가문의 근거지인 평산 지역으로 추정된다.

이 지역이 신라의 다른 지역과 달리 늦게 개척된 것은 삼국통일 이후 당과의 관계 때문이었다. 원래 당태종은 김춘추에게 나당 연

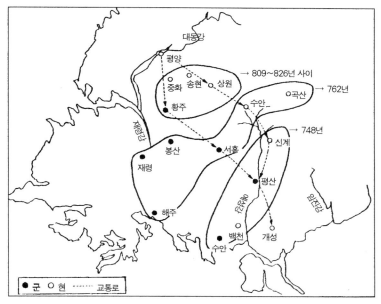

패서 세력의 지역적 위치를 나타내주는 패강진 지도.

합의 조건으로 삼국통일 전쟁 이후 대동강 이남을 신라의 영토로 인정해주겠다는 약속을 하였다. 그러나 668년 고구려를 멸망시킨 후 당은 원래의 약속과 달리 평양에 안동도호부를 설치하고, 고구려 지역에 9개의 도독부와 42개 주, 100개의 현을 설치했다. 또 백제 지역에는 웅진도독부를 두었을 뿐만 아니라, 신라마저 계림대도독부로 삼아 안동도호부 아래 예속시키고자 했다.

　이에 신라는 당을 상대로 일전을 불사하여 결국 당나라 군대를 대동강 바깥으로 축출하였다. 신라가 당에게 대동강 이남선을 자국의 영토로 완전히 인정받은 것은 735년이다. 그것도 고구려를 계승하여 건국한 발해가 732년 당나라의 등주를 공격했을 때 신라가 당의 요청을 받아들여 발해의 후방인 함남 지방에 출병해준 데 대한 대가성 조처였다.

원래 패서 지역은 고구려 수도인 평양을 중심으로 발전한 곳이었으나 오랜 기간 전쟁 등으로 정치적 변동을 심하게 겪고, 여기에 신라와 발해의 경계 지역이라는 지리적 요인까지 겹쳐 황폐하게 변해 있었다. 그러나 고구려 전통이 잔존하고, 수도 경주에서 가장 멀리 떨어져 있는 국경 부근의 새 개발지라는 사실은 이곳이 신라의 여타 지역과는 여러모로 다른 성격을 갖게 했다.

이러한 특수성 때문에 패서 지역 거주민들은 대부분 개발 과정에서 사민(徙民)되어 유사시에는 군인의 역할을 수행할 수 있는 개척 농민이었다. 이런 사람들을 군사적으로 조직하고 지휘한 것은 패서 지역의 군관들이었다.

신라 하대에 지방에 대한 중앙정부의 통제력이 약화되었을 때, 경주에서 가장 멀리 떨어진 이곳이 맨 먼저 중앙정부의 지배와 통제에서 벗어났고, 바로 이 점이 신라 말기에 이 지역 지방관들이 군사적 성격이 강한 신흥 지방 호족으로 성장할 수 있는 요인이었다.

평산 박씨 가문의 등장

평산 박씨 가계에서 역사상 처음 등장하는 인물은 적오(赤烏 또는 積古)이다. 적오는 원래 경주 박씨로 진골인지 6두품인지 분명하지 않은 왕경 귀족으로, 명주(강릉) 관내의 어느 지방관으로 나갔다가 다시 죽주(경기도 안성)의 태수로 있으면서 죽주에서 상당한 토착 기반을 쌓은 듯하다.

이 가문이 평주, 즉 평산에서 지방 호족으로 성장한 것은 적오의 아들 박직윤(朴直胤) 때이다. 박직윤은 죽주를 떠나서 평주 군사와 행정 책임자인 대감을 역임하면서 토착적 군사 기반을 쌓았다.

패서 지역은 앞에서도 언급한 것처럼 원래 고구려 영역으로 고구려시대의 전통이 살아 있는 곳이었다. 평주에 정착한 박직윤은 스스로 대모달(大毛達)이라고 칭했는데, 대모달은 고구려의 장군 직을 가리키는 패서 지역 토착어이다. 박직윤은 이 지역의 고구려계 유민들을 자기 세력권으로 끌어들이며, 신라 정부의 지배권에서 벗어나 독립적인 세력으로 성장해갔다.

평산 박씨 가문은 박직윤의 아들인 박지윤(朴遲胤) 대에 이르러 패서 지역의 유력한 지방 호족으로 자리잡았다. 박지윤이 궁예에게 귀부한 것이 결정적인 계기였다. 궁예는 892년 북원의 양길과 결합하고, 894년 명주를 점령하면서 점차 세력을 확대하고 있었다. 895년에는 다수의 패서 호족이 귀부하여 궁예의 세력은 패서 지역에까지 이르렀다. 박지윤이 궁예에게 귀부한 것도 바로 이 시기다.

궁예는 896년 왕건의 아버지 왕륭의 귀부를 받은 후 왕건으로 하여금 송악에서 발어참성을 쌓게 하고 그를 송악의 성주로 임명하였다. 그리고 898년에는 패서도와 한산주 관내 30여 성을 취하고 송악군에 천도하여, 패서 지역을 자신의 강력한 세력 기반으로 삼았다. 박지윤은 궁예가 패서 지역으로 세력권을 넓히는 데 일조하면서 그 힘을 키운 것이다. 그러나 궁예의 힘이 다하고 왕건이 독자적인 세력으로 커나가자, 박지윤은 왕건을 지지하는 쪽으로 돌아선다. 원래 평산 박씨 가문이 왕건 가문과 일찍부터 관련을 맺고 있었던 것도 이러한 태도 변화에 일조한다. 왕건의 할머니인 용녀가 바로 평산 박씨로 추정되기 때문이다.

왕건은 독자적인 세력을 형성해나가는 과정에서 평산 박씨뿐 아니라 자신의 출신지와 인접해 있는 정주 유씨(貞州柳氏), 평산 유씨

(平山庾氏), 형주 김씨(洞州金氏), 황주 황보씨(黃州皇甫氏), 중화 김씨(中和金氏), 신천 강씨(信川康氏) 등 다수의 패서 호족과 정치적 유대를 강화했다. 패서 호족이 왕건의 정치적 기반에서 차지하는 비중은 그의 6왕후 23부인 가운데 3왕후 8부인이 패서 지역 출신이었다는 사실만 보아도 알 수 있다.

특히 평산 박씨 가문에서는 박지윤의 딸 성무부인(聖茂夫人), 박수문의 딸 월경원부인(月鏡院夫人), 박수경의 딸 몽양원부인(夢良院夫人) 등 세 명의 부인을 배출했다. 이렇게 왕건과 여러 겹의 혼인 관계를 맺은 가문은 평산 박씨가 유일하다.

박수경의 정치적 입신

《고려사》 기록에 의하면 박수경은 성품이 용감하고 권모와 지략이 뛰어났으며, 태조를 섬겨 원윤(元尹)이 되었다고 한다. 특히 그는 후삼국 통일 전쟁, 즉 후백제와의 전투에서 용감성과 지략을 바탕으로 많은 무공을 세워 출세의 기반을 마련했다.

후백제와 고려는 경상도에서 주도권을 확보하기 위해 여러 차례 맞붙었다. 경상도에서 주도권을 잡는 것이 후삼국 통일에 결정적이었기 때문이다.

후백제는 경상도 지역의 많은 향호(鄕豪)들이 고려로 귀부하자 태조 7년(924) 조물군(선산의 금오산성으로 추정)을 공격하였다. 그러나 고려의 구원병과 지역민들의 완강한 저항에 부딪쳐 실패했다. 이듬해에는 왕건이 직접 군대를 이끌고 나가 조물군에서 견훤의 군사와 싸웠는데, 이번에는 왕건의 군대가 고전을 면치 못했다. 그러나 왕건의 군대 중 박수경이 속한 군대는 기이한 계책을 내어 이겼다고 한다. 이 공로로 박수경은 원보(元甫)를 제수 받았다.

한편 태조 10년(927)에는 대구 공산성 전투가 있었다. 공산성 지역은 후백제의 경주 진출로였다. 당시 견훤은 경상도 지역의 주도권을 잃지 않기 위해 경주를 침공, 경애왕을 핍박하여 자진케 하고 경순왕을 옹립하는 극단적인 조처를 취했다. 고려는 이에 대응하여 왕건이 정예 기병 5,000명을 이끌고 직접 싸웠으나 크게 패하고, 왕건이 견훤의 군사에 포위되기까지 했다. 이때 박수경이 나가 힘껏 싸웠고, 그 틈을 타 왕건이 피신했다.

태조 19년(936)에 아버지 견훤을 내몰고 후백제 왕위에 오른 신검이 선산의 일리천에서 고려와 국운을 건 마지막 싸움을 벌였다. 이 일리천 전투의 승리로 고려는 후삼국을 완전히 통일할 수 있었다. 왕건 휘하의 거의 전 장군과 10만에 달하는 병력이 동원된 이 전투에서 박수경은 마군장군으로 참여하여 큰 공로를 세웠다.

이처럼 박수경은 태조의 후삼국 통일에 크게 기여하고, 그 공으로 역분전(役分田)을 200결이나 하사 받았으며, 특별히 평주를 식읍으로 받는 등 태조의 두터운 신임을 얻었다. 그러나 당시 무공이 뛰어난 인물에 박수경만 있었던 것은 아니므로, 박수경이 후삼국 통일 후에도 계속 큰 정치적 영향력을 행사할 수 있었던 배경에는 그의 남다른 정치적 역량이 있었을 것이다.

태조 왕건이 호족 회유책의 하나로 실시한 결혼 정책은, 태조 사후 왕위 계승을 둘러싼 분쟁이 일어날 소지를 만들었다. 따라서 왕건은 후일 발생할지도 모를 아들들 사이의 왕위 계승 쟁탈전을 막기 위해 즉위 4년 만에 호족들의 반발을 무릅쓰고 자신의 맏아들인 나주 오씨 소생 무(武, 후일 혜종)를 태자로 책봉했다.

이 태자 책봉에 대해 패서 세력들은 대체로 반발했다. 이때 이들은 혜성(槥城, 충남 면천)의 호족 박술희(朴述熙)와, 나주 오씨를 외가로 한 무(武)로 대표되는 서남부 해상 세력과 정치적으로 대립하고 있었기 때문이다. 이러한 정치 판도에서 박수경도 무의 세자 책봉에 반대하고, 혜종 즉위 후에는 혜종의 반대 세력이 되었던 것 같다.

당시 혜종과 정종, 광종의 혼인 관계를 추적해볼 때 혜종은 박술희를 비롯하여 주로 진천·광주·청주 지역 호족들의 지원을 받은 반면, 정종과 광종은 패서 세력을 위시한 서경 세력과 밀접한 관련을 맺고 있었다.

이러한 호족 세력들 간의 복잡한 이해관계는 결국 혜종의 즉위 후인 945년에 벌어진 왕위 계승전으로 나타났다. 이때의 왕위 계승전은 대체로 혜종을 지지하는 박술희 세력과 자신의 외손이자 왕건의 아들인 광주원군을 왕으로 삼으려는 광주 호족 왕규(王規) 세력, 충주 유씨를 외가로 한 왕자 요(堯, 후일 정종)·소(昭, 후일 광종)와 결탁한 왕식렴 등 서경 세력의 3파전이었다. 이 3파전에서 결국 요 왕자, 곧 정종이 즉위하는데, 그의 후원 세력에는 외가인 충주 유씨뿐 아니라 서경의 왕식렴이 있었다. 또한 박수경으로 대표되는 평산 박씨도 정종을 후원했다.

정종의 즉위는 치열한 권력 쟁탈전을 통해 이룬 것인 만큼, 혜종을 지지한 박술희 계열과 왕규 세력 등을 제거하는 과정에서 여러 차례의 내란이 불가피했다. 특히 박수경과 함께 정종의 후원 세력이었던 왕식렴은 왕규가 반란을 일으키자 서경에서 군사를 거느리고 들어와 왕규 세력 300여 명을 죽이고, 반란을 평정하여 정종의 즉위에 결정적 역할을 했다. 박수경도 이 내란을 평정하는 데 공이 컸다고 한 것을 보면, 그가 왕식렴과 함께 왕규의 반란을 진압하는

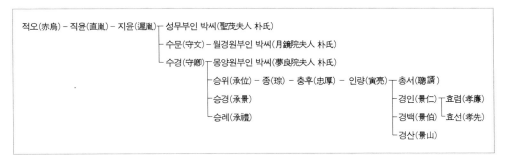

적오(赤烏) – 직윤(直胤) – 지윤(遲胤) ┬ 성무부인 박씨(聖茂夫人 朴氏)
                              ├ 수문(守文) ─ 월경원부인 박씨(月鏡院夫人 朴氏)
                              └ 수경(守卿) ┬ 몽양원부인 박씨(夢良院夫人 朴氏)
                                          ├ 승위(承位) – 종(琮) – 충후(忠厚) – 인량(寅亮) ┬ 총서(聰諝)
                                          ├ 승경(承景)   ├ 경인(景仁) ┬ 효렴(孝廉)
                                          └ 승례(承禮)   │   └ 효선(孝先)
                                                                                       ├ 경백(景伯)
                                                                                       └ 경산(景山)

박수경의 가계도

데 한몫한 것으로 보인다.

이렇듯 박수경으로 대표되는 패서 세력은 정종의 후원 세력으로 권력의 주도권을 장악했다. 박수경이 정치 전면에 나선 때도 바로 정종 대이다.

패서 호족들은 정종대에 서경 천도 계획을 주도하여, 정치 중심지를 서경으로 옮겨 자신들의 정치적 기반을 확고히 하고자 했다. 당시 패서 세력은 왕건 대부터 서경을 북진 정책의 전진기지로 개척하는 데 적극 참여하여 서경을 자신들의 정치적 근거지로 삼은 상태였다. 정종 2년(947)에는 박수경의 형인 박수문이 서경에 왕성을 축조하는 사업을 주관했다.

평산 박씨 가문의 영욕

그러나 즉위에 큰 역할을 했다 하더라도, 평산 박씨 같은 세력은 왕권 강화에 부담이 되는 존재가 아닐 수 없었다. 그 결과, 강력한 왕권 강화를 도모한 광종 대에 이들은 숙청 대상이 된다.

《고려사》 기록에 의하면 혜종, 정종, 광종이 차례로 왕위에 오르는 과정에서 개경과 서경의 문무 관료 중 절반이 살상 당했으며, 광종 말년에는 더 많은 역대 훈신숙장(勳臣宿將)이 죽임을 당하여, 경종이 왕위에 올랐을 때 개국공신으로서 살아 남은 자는 40여 인에 불과했다고 한다. 이처럼 광종은 호족 세력을 대대적으로 숙청, 왕권을 강화하고 관료 체제를 정비했다.

이 와중에 박수경의 평산 박씨 가문도 피해를 입지 않을 수 없었다. 광종 15년(964)에 세 아들이 모두 참소를 받아 옥에 갇히자 박수경은 근심과 울분으로 죽고 만다. 이러한 박수경의 죽음은 왕권 강화와 지방 호족 세력의 몰락을 극명하게 보여주는 상징적인 사건이다. 그러나 이후 평산 박씨 가문이 완전히 몰락의 길로 간 것은 아니다.

광종의 대대적인 호족 숙청 뒤 호족 세력은 점차 분화하여 독립적인 지위를 상실하고 지방 향리로 편제되거나, 아니면 중앙 관료로 진출하여 문벌 귀족으로 성장했다. 평산 박씨 가문은 광종년간에 숙청 대상이 되었으나, 그 후손들은 중앙 관계로 진출하여 고려 왕조의 관료 체제에 편입되고 이어 문벌 귀족으로 성장해나갔다.

박수경의 손자 대부터 대대로 관료로 진출한 평산 박씨 가문은 특히 당대 최고의 문장가로 인정받은 박인량(朴寅亮) 이후로 문종, 순종, 선종, 헌종의 4대에 걸쳐 고려 전기의 대표적인 문벌 귀족으로 당당히 자리잡았다.

박인량은 그 자신의 역량도 뛰어났지만 당대의 최대 세력가인 이자연(李子淵)과 관계를 맺었고, 그의 아들들도 모두 과거에 급제했을 뿐 아니라, 최고의 문벌들인 인주 이씨(仁州李氏), 해주 최씨(海州崔氏) 등과 혼인 관계를 맺어 평산 박씨를 문벌 귀족 가문으로 성장시켰다. 그러나 평산 박씨 가문은 혼인 관계를 맺은 이자겸의 몰락으로 그와 함께 점차 쇠퇴의 길을 걸었다.

이렇듯 후삼국의 변동기에 등장하여 수많은 정치적 격변을 겪으며 대표적인 문벌 귀족 가문으로서 권력의 정점에 올랐던 평산 박씨 가문은 이후 새로이 등장하는 권력 집단에 그 자리를 내어줄 수밖에 없었다. 권력의 성쇠이다. - 위은숙

범패의 대가 진감 5
신라인의 마음을 어루만지다

禪師法諱慧昭 俗姓崔氏 其先漢族 冠蓋山東 隋師征遼 多沒驪貊 有
降志而爲遐甿者 爰及聖唐 囊括四郡 今爲全州金馬人也 父曰昌元
在家有出家之行 母顧氏 嘗晝假寐 夢一梵僧謂之曰 吾願爲阿㜷(方
言謂母)之子 因以瑠璃甖爲寄 未幾娠禪師焉

'쌍계사 진감선사탑비' 중 일부

선사의 법휘는 혜소이며 속성은 최씨이다. 그 선조는 한족으로 산동의 고관이었다. 수나
라가 군사를 일으켜 요동을 정벌하다가 고구려에서 많이 죽자 항복하여 변방의 백성이 되
려는 자가 있었는데, 성스러운 당나라가 4군을 차지함에 이르러 지금 전주의 금마 사람이
되었다. 그 아버지는 창원인데 재가자임에도 출가승의 수행이 되었다. 어머니 고씨가 일
찍이 낮에 잠깐 잠이 들었는데 꿈에 한 서역의 승려가 나타나 말하기를 나는 아미(방언으
로 어머니를 이른다)의 아들이 되기를 원합니다. 하여 유리 항아리를 주었는데, 얼마 지
나지 않아 선사를 임신하였다.

9세기 신라의 대 선사

요즘 승려들 가운데 서예 전시회를 연다거나 음반과 책을 내는 등의 문화 활동을 벌이는 예가 심심치 않게 있다. 이처럼 승려이면서 예술적인 재능을 널리 떨친 인물이 9세기 중반 신라에도 존재했다. 지리산 쌍계산문을 개창한 진감선사(眞鑑禪師) 혜소(慧昭)가 그 사람이다. 진감선사는 범패(梵唄)라는 불교 음악의 대가였다. 범패란 사법요(私法要)의 하나로 법회를 시작할 때 석가여래의 공덕을 찬양하여 부르는 노래이다.

우선 진감선사가 어떤 인물인지 살펴보자.

9세기의 이름난 선종 승려들은 보통 묘탑(廟塔)인 부도와 함께 탑비를 남겼는데, 진감선사의 행적은 현재 지리산 쌍계사 안에 존재하는 부도와 탑비를 통해 파악할 수 있다. 진감선사 탑비에는 신라 말 최치원이 지은 네 개의 비문인 사산비명(四山碑銘) 가운데 하나로 알려진 유명한 비문이 새겨져 있다.

역사적으로 큰 이름을 남긴 인물들은 거의 임신과 출생에 얽힌 신비스런 이야기를 갖고 있다. 물론 이 이야기들은 해당 인물을 미화하기 위해 부분적으로 윤색한 측면이 없지 않지만, 그 인물을 이해하는 데 도움을 준다. 진감선사도 예외는 아니다. 선사의 어머니가 낮에 잠깐 잠이 들었는데, 꿈에 한 서역의 승려가 나타나 "나는 어머니의 아들이 되기를 원합니다" 하며 유리 항아리를 준 뒤 얼마 되지 않아 선사를 임신했다고 한다.

진감선사의 속성은 최씨(崔氏)로 혜공왕 10년(774) 재가승려인 아버지와 어머니 고씨(顧氏) 사이에 태어나서 문성왕 12년(850)에 입적하였다. 태어날 때도 울지 않았고, 일찍부터 소리를 낮추고 말을 잘 하지 않았다고 한다. 모든 아이는 탄생과 함께 반드시 고고지성(呱呱之聲)을 하는데 특이하게도 선사는 울지 않았다고 하는 것이다.

20세기 한국을 대표하는 선승의 한 사람인 성철(性徹) 대종사는 20대 후반에 불교에 입문했다고 하는데, 진감도 비교적 늦은 나이인 31세 때 세공선의 뱃사공이 되어 홀연히 중국으로 건너가 창주(滄州, 현 하북성 창현)의 신감(神鑑)선사 문하에 들어가 승려가 되었다.

선사는 승려 시절 얼굴이 검다고 해서 주위 도반들에게서 흑두타(黑頭陀)라 불리기도 했다. 하지만 수행만큼은 열심이어서 문도들이 "동방의 성인을 여기서 다시 뵙는구나"라고 할 만큼 수행의 참모습을 보여주었다 한다. 그후 진감은 숭산(崇山, 지금의 하남성) 소림사에서 구족계(具足戒, 불교 비구와 비구니가 지켜야 할 계율)를 받았다. 소림사는 9년 면벽 수행으로 유명한 곳이다. 이곳에서 구족계를 받았다는 것은 그가 어떤 수행 생활을 거쳐 승려가 되었는지 짐작하게 한다.

흥덕왕 5년(830), 진감은 26년 간의 중국 유학을 마치고 귀국한다. 이때 그의 나이 오십이었다. 귀국 후 상주 장백사(長栢寺)에 자리를 잡았는데, 이때 용한 의원 문전에 병자 찾아들듯 선사를 찾아오는 이가 구름처럼 몰려들어 비록 방장은 넓었으나 물정(物情)이 군색할 정도였다고 한다.

이후 선사는 지리산 화개곡(花開谷, 경남 하동군 화개면)에 몇 해

정강왕 2년(887)에 건립된 진감선사 탑비. 비문은 최치원이 찬한 사산비명 중에 가장 먼저 완성되었다.

머물렀는데, 여기서도 법익(法益)을 청하는 사람이 벼와 삼대처럼 줄지어 송곳을 꽂을 데도 없었다고 한다. 진감은 다시 거처를 옥천사(지금의 쌍계사)로 옮겨 선려(禪廬), 즉 오두막집 선방을 짓고 옥천사에 마지막까지 머물렀다.

민애왕 1년(838) 왕이 불교에 의지하고자 국서를 내리고 재(齋)의 비용을 보내어 특별히 친견하기를 청했지만, 이때 선사는 "부지런히 선정을 닦는 데 있을 뿐 어찌 만나려 하십니까"라 하여 왕의 부름에 응하지 않았다. 그후에도 계속 왕이 친견을 청해 사자가 왕래하기를 말고삐가 길에 엉킬 정도였으나, 선사는 큰 산처럼 꿋꿋하게 그 뜻을 바꾸지 않았다고 한다.

문성왕 12년(850) 정월 9일 새벽, 진감선사는 "만법이 다 공(空)이니 나도 장차 갈 것이다. 일심을 근본으로 삼아 너희들은 힘써 노력하라. 탑을 세워 형태를 갈무리하지 말고 명(銘)으로 자취를 기록하지 말라"는 말을 문인에게 전하고 앉아서 입적하니 법랍(法臘) 41년이었다.

최고의 승려, 최고의 예술가

앞에서 서술한 것처럼 진감은 승려로서 최고의 위치에 있었다. 선사는 비단 승려로서뿐만 아니라 예술가로도 이름을 떨쳤다. 선사가 불교 음악, 즉 범패에서 대단한 능력을 보인 사실은 최치원이 지은 그의 비문을 통해 알 수 있다.

평소 범패를 잘하여 그 목소리가 금옥(金玉) 같았다. 구슬픈 곡조에 날리는 소리는 상쾌하면서도 슬프고 우아하여 능히 천상계의 신불(神佛)을 환희하게 했다. 길이 먼 데까지 흘러 전해지니 배우려는 사람이 당에 가득하였는데, 가르치기를 게을리하지 않았다. 어산(魚山, 범패의 하나)의 묘음을 익히려는 사람들이 다투어 콧소리로 내었던 일처럼 지금 우리 나라에서 옥천의 여향을 본뜨려 하니 어찌 소리로서 제도하는 교화가 아니겠는가.

범패를 부르는 소리가 금옥 같다고 표현했으니, 그 소리의 아름다움을 짐작해볼 뿐이다. 또한 범패의 구슬픈 곡조가 천상계의 신불을 기쁘게 했다는 것으로 보아 그 능력이 신의 경지에 도달할 정도였음을 알 수 있다. 최치원이 진감을 예찬하기 위해 동원한 미사여구일까, 아니면 정말 그 정도로 능력이 탁월했을까.

최치원에게 묘비명을 찬술 받을 정도였다면 기본적으로 평범한 인물은 아니었다. 최치원이 누구인가. 당대 최고로 평가받은 지식인이 아니었던가. 어쨌거나 진감의 범패가 대단한 경지였던 것만은 사실인 듯하다.

진감선사의 실력은 지리산을 중심으로 신라 전역에 널리 퍼졌고, 선사에게 범패를 배우기 위해 당연히 많은 대중들이 몰려들었다. 선사는 범패를 잘했을 뿐만 아니라 가르치는 일에도 성심을 다하였다. 이로 인해 선사에게 범패를 배우려는 대중의 열의는 더욱 높아졌다.

대중들이 단순히 종교적 차원에서 진감의 범패를 배우려 했는지는 알 수 없다. 다만 대중의 삶을 고통으로 몰아간 신라 말기의 시대적 상황이 어느 정도 작용했으리라는 추측은 가능하다. 대중은 진감의 범패를 통해 고통을 어느 정도 위로 받았으리라. 이런 점에서 진감의 범패는 신라 말기 대중의 마음을 안정시키는 데 기여했을 것이다.

범패를 배운 시기와 장소

그렇다면 진감은 언제 어디서 범패를 배웠을까. 범패는 범음(梵音), 어산(魚山)이라고 부르기도 하는 불교의 의식음악으로 장단이 없는 단성(單聲) 선율이 특징이다. 범패가 우리 나라에 보급된 시기에 대해서는 여러 가지 견해가 있지만, 일반적으로 신라 중대에 보급되었다고 알려져 있다. 《삼국유사》에 다음과 같은 기록이 있다.

경덕왕 19년(760), 하루에 해가 둘이 떠서 서로 교대하여 해가 지지 않는 괴변이 생겼다. 이때 일관이 말하되 범패승을 데려다가 산화공덕(散花功德)이라는 노래를 부르면 괜찮을 것이라 하여, 왕이 단을 쌓고 범패승을 기다렸다. 그때 월명(月明)이라는 승려가 지나가자 왕이 불러 범패를 부르게 하니, 그 승려는 오직 향가만 알고 범패는 모른다고 하였다.

일관이 자연의 괴상한 변화를 돌려놓기 위해 범패승을 기다렸지만, 지나가는 승려에게 범패를 부르게 했다는 것은 8세기 말에 범패가 널리 보급되어 있었음을 암시한다. 자연 변화를 되돌리기 위해 범패승을 찾은 것도 그렇고, 일반 승려에게 범패를 시킨 것도 이 추측을 뒷받침한다. 사실 범패는 진감이 대중들에게 전수하기 100여 년 전부터 널리 행했다고 한다.

진감이 어디에서 범패를 배웠는지에 대해서는 구체적인 기록이 없다. 범패는 앞에서 말했다시피 신라 중대에 이미 존재했다. 일본의 승려 엔닌(圓仁)이 기록한 《입당구법순례행기》에 따르면, "산동반도 등주의 법화원 신라 사찰에서 의식을 거행할 때 범패를 행하였다"고 한다. 이는 당에서도 신라의 범패를 널리 행했음을 말해줄 따름이다.

진감이 승려가 되기 전부터 범패를 터득했을 가능성은 크지 않다. 그의 집은 한 말의 곡식도 여유가 없고, 한 자의 땅도 없을 만큼 가난했다. 비록 아버지가 재가승려였지만, 진감은 소년과 청년 시절에 장사로 생활을 꾸려나가야 했기 때문에, 한가하게 범패를 하고 있을 여유가 없었다. 따라서 진감은 중국에서 승려가 되고 난 뒤에 범패를 터득했을 가능성이 크다.

중국으로 건너간 진감은 26년 간 중국에서 수행자의 길을 걸었

진감선사 영정. 진감선사는 2000년 5월 문화관광부 '이달의 문화 인물'로 선정되기도 했다.

다. 따라서 그가 범패를 전수 받은 시점은 중국에서 수행한 시기이
거나 신라로 귀국한 이후가 될 것이다. 그러나 진감이 신라에 귀국
했을 때 나이가 이미 57세였기 때문에, 후자는 더 가능성이 없어 보
인다. 거의 환갑에 가까운 나이에 범패를 전수 받아 금옥 같은 목소
리를 내는 것은 사실상 불가능하기 때문이다.

그렇다면 진감은 승려로서 구족계를 받고 선법을 닦던 시절, 당에
서 범패를 전수 받았다고 보아야 한다. 도를 구할 때 그의 행적을
보면 "비록 마음은 고요한 물처럼 맑았지만 자취는 조각 구름같이
떠돌아 다녔다. (중략) 사방으로 멀리 찾아다니며 부처님의 지견(知
見)을 증득하였다" 한다.

진감이 선을 구하기 위해 중국 산천을 두루 찾아다녔다 하니, 이
과정에서 당의 이름 있는 고승들을 만났을 것이다. 혹시 이때 범패
의 대가를 만나지 않았을까. 아마 선사는 이러한 과정에서 당의 범
패를 배웠을 테고, 범패를 배울 때에도 선을 구할 때처럼 정성을 쏟
았을 것이다.

진감의 범패 소리가 천상계의 신불을 감동시킬 정도라고 했으니,
흔히 말하는 득음(得音)의 경지였다고 할 수 있다. 우리 나라의 판
소리 명창들이 깊은 계곡에서 선선한 공기를 마시며 피를 토해내는
힘든 과정을 거치듯, 진감도 사찰 주위 계곡에서 폭포수 소리와 경
쟁하며 범패를 연마했을 것이다. 그리고 이러한 과정을 통해 범패
의 대가로 우뚝 섰을 것이다.

신라풍 범패를 밀어낸 당풍 범패

그렇다면 진감이 당에서 터득한 범패는 어떤 것이었을까.《입당
구법순례행기》를 보면 이 시기 범패에 '칭탄불명(稱嘆佛名)'이라는

신라풍과, '운하어차경(云何於此經)'이라는 당풍, '처세계여허당(處世界如虛堂)'이라는 일본풍이 있었다고 한다.

3국의 범패가 구체적으로 어떤 것인지 알 수 없지만, 진감은 신라풍과는 구별되는 당풍 범패를 배웠다고 보아야 한다. 쌍계사 계곡에서 선사가 보인 범패는 당풍이었던 것이다. 이렇게 볼 때 진감은 당풍 범패라고 하는 새로운 소리를 신라에 도입한 장본인, 즉 새로운 문화를 수입한 선구자라 할 수 있다. 따라서 당풍 범패가 도입됨으로써 신라의 불교 음악은 그 장르가 다양해지는 계기를 맞았다고 할 수 있다.

진감의 영향으로 신라 말기에는 기존의 신라풍과 함께 당풍 범패가 유행했다. 쌍계사에는 진감의 범패를 배우러 오는 대중들이 항상 가득했고, 진감도 범패를 전수하는 일에 온몸으로 노력했다는 사실을 고려할 때 당풍 범패는 대중에게 급속히 파급했을 것이다.

그러나 이 시기에 진감 혼자만 당풍 범패를 배워 오지는 않았을 것이다. 당시 신라에서 사상적 만족을 구하지 못한 많은 승려들이 당나라에서 도를 구하고 있었다. 비록 진감처럼 뛰어난 실력을 갖추진 못했어도, 이들 역시 당풍 범패를 배워 신라로 돌아왔을 것으로 짐작할 수 있다. 당풍 범패가 선종과 함께 민의 애환을 달래주는 음악으로 지방 사회에 급속히 확산된 데에는 이들의 노력도 있었을 것이다. 이렇게 당풍 범패가 널리 보급되자, 신라풍 범패는 새로운 변화를 맞을 수밖에 없었다. 대중들 사이에서 신라풍 범패의 인기가 줄어들고, 대신 당풍 범패가 널리 유행한 것이다.

범패는 불교 의식뿐만 아니라 의전용으로도 널리 쓰였다. 후삼국 정립기에 미륵을 자처한 궁예는 외출할 때면 화려한 비단으로 말갈기와 꼬리를 장식한 백마를 타고, 승려 200여 명에게 범패를 부르면서 뒤따르게 하여 미륵의 상징성을 드러냈다. 이는 궁예가 종교 음악인 범패를 지배 이데올로기를 강화하는 데 사용한 사례이지만, 한편으로 범패가 종교적인 차원을 뛰어넘어 새로운 차원, 즉 정치적 목적에도 쓰였음을 알려준다. 이를 뒤집어 생각해보면 당시 그만큼 범패가 대중화되었다는 말이다.

이렇듯 진감선사는 당대 최고의 선종 승려의 한 사람으로 중생에게 선사상을 널리 보급시켰을 뿐만 아니라, 마음을 진정시키는 일에 일익을 담당하였다. 물론 당풍의 범패가 널리 유행할 수 있었던 이면에는 진감이라는 대가의 역할도 있었지만, 혼돈된 사회가 새로운 사조를 유행하게 한 것이 아닌가 한다. - 이종봉

여성 가장 지은의 몸값 | 6

孝宗郎遊南山鮑石亭 或云三花述 門客星馳 有二客獨後 郎問其故 曰芬皇寺之東
里有女 年二十左右 抱盲母相號而哭 問同里 曰此女家貧 乞嗷而反哺有年矣 適
歲荒 倚門難以藉手 贖賃他家 得穀三十石 寄置大家服役 日暮橐米而來家 炊餉
伴宿 晨則歸役大家 如是者數日矣 母曰 昔日之糠粃 心和且平 近日之香秔膈肝
若刺 而心未安 何哉 女言其實 母痛哭 女嘆己之但能口腹之養 而失於色難也 故
相持而泣 見此而遲留爾 郎聞之潸然 送穀一百斛 郎之二親亦送衣袴一襲 郎之千
徒斂租一千石遺之 事達宸聰 時眞聖王賜穀五百石 幷宅一廛 遺卒徒衛其家 以徹
劫掠 旌其坊爲孝養之里 後捨其家爲寺 名兩尊寺

《삼국유사》 권5, 효선9, 빈녀양모

효종랑이 남산의 포석정-혹은 삼화술이라고 한다-에 놀고 있을 때 문객들이 빨리 달려갔는데, 오직 두 사람만 뒤늦게 왔다. 효종랑이 그 까닭을 물으니 대답했다. 분황사의 동쪽 마을에 어떤 여인이 있었는데, 나이가 20세쯤 되었습니다. 눈먼 어머니를 껴안고 서로 목놓아 슬피 울고 있었으므로 같은 마을 사람들에게 그 이유를 물었더니 이렇게 말했습니다. 이 여자의 집은 가난해서 빌어서 어머니를 봉양한 지가 몇 해나 되었는데, 마침 흉년을 만나 걸식으로는 살아갈 수 없었으므로, 남의 집에 품팔이로 팔리어 속식 30석을 얻어서 주인집에 맡겨 놓고 복역했습니다. 날이 저물면 쌀을 들고 와서 밥을 지었고, 어머니와 함께 잤으며, 새벽이면 주인집에 가서 복역했습니다. 이와 같이 한 지 며칠 만에 어머니가 지난날의 거친 음식은 먹으면 마음이 편안했는데, 요즘의 좋은 쌀밥은 속을 찌르는 것 같으면서 마음이 편안하지 않으니 어찌된 일이냐고 했습니다. 여인이 그 사실대로 말했더니 어머니는 통곡했으므로 여인은 자기가 다만 어머니의 구복의 봉양만을 하고 마음을 편안하게 하지 못했음을 탄식하여 서로 붙잡고 울게 된 것입니다. 효종랑은 이 말을 듣고 눈물을 흘리며 곡식 100곡을 보내었다. 효종랑의 부모도 또한 한 벌의 옷을 보냈으며, 효종랑의 무리들도 조 1,000석을 거두어 주었다. 이 사실이 왕에게 알려지자 그때 진성여왕은 곡식 500석과 집 한 채를 내려주고 군사를 보내어 그 집을 오위해서 도적을 막게 했다. 또 그 방리를 표창하여 효양리라 했다. 후에 그 집을 내놓아 절로 삼고 절 이름을 존양사라 했다.

홀어머니 봉양 위해 시집 안 간 노처녀

신라 말기 진성여왕 대에 홀어머니를 봉양하기 위해 자기 몸을 팔아 노비가 된 여성이 있다. 이 가난한 백성의 딸이 겪은 애처로운 사연은 《삼국사기》 권48, 〈효녀지은전(孝女知恩傳)〉과 《삼국유사》 권5 〈빈녀양모(貧女養母)〉에 기록되어 있다.

글 내용에 조금씩 차이가 있지만, 전체적인 줄거리는 비슷하다. 먼저 《삼국사기》에 나오는 내용을 살펴보자.

지은(知恩)은 한기부(韓岐部) 백성인 연권(連權)의 딸이다. 성품이 지극히 효성스러워 어렸을 때 아버지를 여의고 혼자서 어머니를 봉양하였는데, 나이가 32세가 되어도 시집을 가지 않았다. 조석으로 어머니를 살펴 그 곁을 떠나지 않았으나, 봉양할 길이 없어 혹은 품팔이를 했고, 혹은 남에게 빌어서 밥을 얻어다가 어머니를 먹였다. 세월이 오래되매 피곤함을 견디지 못하여, 부잣집에 가서 자청하여 몸을 팔아 여종이 되고 쌀 열다섯 섬을 얻기로 하였는데, 종일토록 그 집에서 일을 하고 날이 저물면 밥을 지어 돌아와서 어머니를 봉양했다. 이와 같이 한 지 사나흘이 흐른 뒤, 어머니가 딸에게 말했다. "지난번 음식은 거칠어도 맛이 있었는데, 지금의 음식은 비록 좋으나 맛은 그 전만 같지 못하고, 칼로 속을 찌르는 것 같으니 이는 무슨 까닭이냐?" 딸이 사실대로 알리니, 어머니는 "나 때문에 네가 여종이 되었으니, 내가 빨리 죽는 것만 같지 못하겠다"며 목놓아 크게 통곡하니, 딸도 또한 통곡하여 길가는 사람들도 슬

품을 느끼었다. 이때 효종랑(孝宗郎)이 나와 놀다가 이 광경을 보고 집
으로 돌아와서 부모에게 청하여 집에 있는 곡식 100섬과 의복을 보내주
고, 또 지은을 산 주인에게 그 몸값을 주고 양민이 되게 하니, 효종랑의
무리 수천 명도 각기 곡식 한 섬씩을 내어 지은에게 주었다. 대왕도 이
소식을 듣고 벼 500섬과 집 한 채를 주고 조세와 부역을 면제해주었다는
것이다.

이 이야기는 지은이란 여성의 효성과 효종랑이란 화랑의 선행을
중심으로 기록하고 있다. 《삼국사기》에서 지은이란 인물을 선정하
여 기록한 것은 유교적인 교훈을 주기 위함일 것이다. 그러나 위의
내용은 유교적 교훈과 함께 지은이란 인물이 대표하는 신라 말기의
민, 백성의 생활상을 엿볼 수 있게 한다는 점에서 더 흥미롭다.

효녀 지은을 찾아서

우선 지은은 어디에서 살았을까. 기록에는 한기부(《삼국유사》에서
는 한지부(漢祇部))에 살았다고 되어 있다. 한기부는 신라 6부의 하
나이다. 《삼국사기》 '혁거세왕조'에 따르면, 6부는 사로 6촌에서 변
화한 것이다. 사로 6촌은 알천 양산촌·돌산 고허촌·취산 진지
촌·무산 대수촌·금산 가리촌·명활산 고야촌을 이른다. 이중 가
리부(加利部)가 유리왕 9년에 한기부로 변경되었다.

6부의 위치에 대해서는 여러 견해가 있으나, 사로 6촌에서 변한
것이므로 현재의 경주시 영역일 가능성 많다. 그렇다면 한기부의
위치는 북천 북쪽의 소금강산 일대이다.

신라시대 초기에는 경주에 거주하는 왕경민(王京民)과 지방에 거
주하는 지방민으로 백성들을 구분했다. 지은이 어떤 연유로 경주에

거주했는지 알 수 없지만, 왕경민에 속했다고 볼 수 있다. 오늘날로 이야기하자면 지은의 가족들은 서울특별시에 살고 있었던 셈이다.

유리왕 9년에 나라에서 6부에 여섯 개의 성씨를 하사했는데, 한기부는 배씨(裵氏) 성을 받았다. 6, 7세기 무렵부터 진골 귀족은 대부분 성씨를 가졌다. 지방 세력이 성씨를 가진 것은 신라 말기이다. 따라서 한기부 백성, 연권의 딸이라고만 기록되어 있는 지은의 경우, 그 어버지가 성씨를 소유하지 못한 계층이었음을 알 수 있다. '백성'이라는 기록과 성이 없었다는 점을 고려할 때, 지은은 일반 양인이었던 것이다.

《삼국사기》의 기록에 따르면, 지은의 가족은 부모와 지은을 합쳐 세 명이다. 아버지는 지은이 어렸을 때 죽었다고 한 것으로 보아 아마 젊은 나이에 죽었을 것이고, 그 죽음의 원인은 기아나 질병이었을 가능성이 높다. 다만 지은과 지은의 어머니가 살아 있는 것을 고려하면, 지은의 아버지는 질병으로 죽었을 가능성이 더 많다.

신라 말기에는 의료 기술이 발달하지 못해서 어떤 질병에 걸리면 그 자체가 곧 죽음을 뜻했다. 지은의 아버지가 일찍 죽었음은 지은에게 동생들이 없었다는 사실을 통해서도 알 수 있다. 아버지가 죽은 후 지은은 어머니와 단 둘이서 살았다. 《심청전》에서도 나타나듯 이러한 가족 구성은 당시 가난한 백성의 보편적인 가족 형태가 아닌가 한다.

지은의 아버지는 생전에 날품을 팔거나 아니면 아주 적은 규모의 토지를 경작하여 가족의 생계를 이어갔을 것이다. 그래서 모르긴 몰라도 고된 육체적 노동과 질병이 더해져 딸이 어릴 때 죽었을 것이다. 아버지가 사망했을 때 지은의 나이가 어느 정도였는지 알 수 없으나, 한 가족의 생계를 책임지기에는 아직 역부족이었을 것이다. 집안의 경제적 책임은 지은의 어머니가 져야 했을 것이다.

그러나 어머니마저 육체적 노동을 이겨내기 힘들게 되자 그 짐은 당연히 지은에게 넘어왔다. 지은이라고 어찌 꿈이 없었겠는가. 예쁘게 치장도 하고, 또 좋은 남편 만나서 행복하게 사는 꿈을 지은도 꾸었으리라. 하지만 지은의 앞에는 너무나 많은 장벽들이 놓여 있었다. 그래서 결국 평범한 여자로서의 꿈을 포기하고, 홀어머니를 모시기 위해 노처녀로 남을 결심을 하지 않았나 싶다. 그러나 지은의 생활은 순탄하지 않았을 것이다.

9세기 말 경주의 극심한 빈부격차

병든 노모를 대신해 가난한 살림을 꾸려가야 했던 지은은 구체적으로 어떻게 생활했을까. 이에 대해서 《삼국사기》와 《삼국유사》의 기록이 약간 다른데, 《삼국유사》에서는 이렇게 기록하고 있다.

지은은 남의 집 품을 팔아 곡식 30석을 부잣집에 맡겨두고 그 집에서 일하였다. 날이 저물면 쌀을 가지고 집에 와서 밥을 짓고, 다음날 새벽이면 그 부잣집에 가서 일하기를 수일 동안 하였다고 한다. 가난한 백성의 딸 지은의 하루하루는 그야말로 새벽부터 밤늦게까지 고된 노동의 연속이었다. 그것만이 지은이 홀어머니와 함께 살아갈 수 있는 유일한 대안이었다.

이는 당시 가난한 백성들의 보편적 생활상이다. 그러나 신라 말기에는 남의 집 품을 파는 일도 항상 있는 일이 아니었다. 품을 팔지 못할 경우에는 걸식할 수밖에 없었다. 실제로 신라 중대의 전제 왕권이 점차 붕괴되어 가는 시기에 백성들이 겪은 고통은 이루 다 표

《삼국유사》 빈녀양모 조의 기록. 여기에 나타난 기록은 《삼국사기》 효녀 지은과 약간 차이가 있다.

현하지 못할 정도였다. 가뜩이나 경제적 기반이 취약한 데다가 흉년 등의 자연 재해와 귀족 세력의 가혹한 수취까지 겹쳐 재생산 기반이 완전히 무너져, 세금은 물론이고 양식조차 마련하지 못하는 경우가 비일비재했다.

지은을 비롯한 가난한 백성들은 고리대로 곡식을 꾸기도 했는데, 고리대의 높은 이자는 이들을 더욱 곤경 속으로 몰아갔다. 결국 집을 떠나 떠돌이 생활을 할 수밖에 없었다. 이런 상황에서 자식을 굶겨 죽이거나 굶주림을 견디다 못해 자식을 팔아 목숨을 유지하고, 혹은 도적과 해적이 되거나 당나라에 가서 식량을 구하는 등 다양한 모습이 나타났다.

걸식도 사회·경제적 여건이 어느 정도 뒷받침되어야 가능한 것이다. 그러나 신라 말기의 상황은 이마저도 허락하지 않았다. 앞의 자료에 나오는 것처럼 경주에서까지 도적이 날뛰는 사회적 혼란이 지속되자 지배층은 각 지역에서 더욱 가혹하게 조세를 수취했고, 진성여왕이 말한 것처럼 전국의 여러 주군들이 세금을 바치지 않아 국가 재정이 고갈되자 국가 역시 민에 대한 조세 수취를 강화했기 때문에 농촌 경제와 민의 생활은 점점 더 어려운 상황으로 치달았다.

경덕왕 대 향덕(向德)이란 인물처럼 자기의 넓적다리의 살을 베어 아버지를 먹여 살릴 수밖에 없는 지경에 이르렀던 것이다. 지은 역시 처음에는 품을 팔거나 걸식을 해서 어머니를 봉양했다. 그러나 다른 백성들과 마찬가지로 그야말로 송곳 하나 세울 땅도 없는 빈민 중의 빈민이었던 지은도 나중에는 어쩔 수 없이 어머니를 위해 자기 몸을 희생할 수밖에 없었던 것이다.

그러나 신라 말기에 모든 백성이 지은처럼 어렵게 살았던 것은 아니다. 《삼국사기》와 《삼국유사》에는 시기는 약간 달라도 지은과 비슷한 나이의 선남선녀들이 국경과 신분을 초월해 사랑한 이야기도 기록되어 있다.

김유신의 어버지 서현은 진골 귀족인 만명부인과 연애하여 결혼했고, 유학자이자 문장가인 강수도 대장장이 딸과 연애하여 결혼한 것으로 유명하다. 이는 당시 청춘남녀의 교제가 널리 행해지고 있었음을 암시한다. 남녀 간의 연애는 길을 가다가 우연히 눈이 맞는 경우도 있었겠지만, 주로 축제나 불교 행사 등이 계기가 되었다. 물론 이런 일들은 지은에게 꿈같은 이야기였겠지만, 지배 계급 안에서는 보편적으로 일어나는 일이었음을 암시한다.

당시 지배 계급들은 경제적으로 매우 풍족한 생활을 누렸다. 자료에서도 나타나듯 진골 귀족은 빈민을 위해 곡식 100석을 선뜻 기부할 수 있을 만큼 경제적으로 넉넉했다. 중국 역사서인《신당서》에서도 재상가는 녹이 끊이지 않고, 노동(奴童)이 3천이고, 우마도 이와 같다고 하지 않았던가.

특히 경주 같은 곳에는 지붕을 기와로 덮고 짚을 쓰지 아니하며, 밥을 짓되 숯으로 짓고 나무를 사용하지 않는다거나, 집에 금을 입혀 금입택(金入宅)이라 불리는 고급 주택이 39채나 있었다. 여기에 사계절이 바뀔 때마다 빼어난 경치를 감상할 수 있는 사절유택(四節遊宅) 같은 귀족들의 놀이 장소까지 있었다 하니, 지배 계급의 생활상은 지은과 같은 가난한 백성들의 그것과는 전혀 딴판이었다.

쌀 열다섯 석에 팔려

한편 지은이 시집도 가지 않고 어머니를 부양하기 위해 부잣집의 종이 되어 받은 쌀 열다섯 석(石=섬:225두=2250승)은 당시 어느 정도 가치가 있었을까. 조선 초기에 편찬된《경국대전》에 의하면, 노비 한 명의 가격은 쌀 30~40석이었다. 비록 시대적인 차이가 있다고는 하나, 이에 비하면 지은이 받은 몸값 열 다섯 석은 너무나 적은 것이다. 그러나 신라시대의 경제적인 여건이 조선시대보다 훨씬 열악했기 때문에 몸값 역시 헐할 수밖에 없었을 것이다.

그렇다면 이 정도의 쌀은 지은과 지은의 노모가 얼마 동안 먹을 수 있는 양이었을까. 신라 성덕왕 때 빈민에게 지급한 식량은 하루 석 승(약 0.6리터) 정도였다. 이는 사람이 목숨을 이을 수 있는 최소한의 양이다.

여기에 약간의 노동을 한다고 가정하면, 이보다 많은 4승~5승 정도는 하루 식량으로 소비했을 것이다. 지은은 힘든 노동을 했고 어머니가 있었기 때문에, 열다섯 석이면 아무리 적게 잡아도 1년 정도밖에 먹을 수 없다. 열다섯 석이 1년 간 노동하는 대가였다면 몰라도, 만약 종신 노동의 몸값이었다면 정말 가혹한 대가가 아닐 수

경주시 황남동에 있는 효자 손시양(孫時楊) 정려비(보물 68호). 손시양은 지은과 달리 부모가 돌아가셨을 때 각각 3년씩 묘소 옆에 움막을 지어놓고 그 곁을 지켰다 한다. 이 비는 고려 명종 12년(1182)에 세워진 것으로 비문은 동경유수 채정이 지었다.

없다. 이 정도의 대가에 한 인간의 인생이 달라진다는 것은 실로 말도 안 되는 이야기지만, 이렇게 해서라도 살아갈 수밖에 없었던 것이 신라 말기 지은과 같은 빈민들의 처지가 아니었을까.

여기서 잠시 이야기를 돌려 당시 지은 같은 가난한 백성들이 생활한 모습을 더 구체적으로 살펴보자.

우선 의복은 어떤 것을 입고 살았을까. 신라시대 흥덕왕은 이런 교서를 내렸다. "사람은 위아래가 있고 지위도 높고 낮음이 있으므로 명분과 규례가 같지 않고 의복도 다르다. (중략) 감히 옛법에 따라 하늘의 명을 내리노니 고의로 범할 경우에는 국가에서 일정한 형벌이 있을 것이다."

이는 신분에 따라 옷과 신발의 종류 등을 엄격히 제한하는 내용이다. 이에 따르면 지배 계급은 신분에 따라 정해진 색깔의 옷을 입었고, 일반 백성은 돈이 있어도 이를 입을 수 없었다. 가난한 백성들은 삼베 옷 중에서도 올 수가 적어 듬성듬성하게 짜인 12승포의 옷을 입었다.

집도 마찬가지였다. 가난한 백성들은 형편도 어려웠지만 집의 규모가 제한되어 있어 매우 작은 집에서 살았다. 신라시대 조신(調信)이란 사람은 가난으로 큰아이를 굶겨 죽일 때 집이라곤 겨우 네 벽뿐이었다고 하고, 나중에는 길가에 띠로 지붕을 인 보잘것없는 집, 즉 모옥(茅屋)을 지어 살았다. 이로 보아 초가집이라도 있으면 다행이고 대부분 짚풀더미를 걸친 초라한 집에서 생활했으니, 지은과 같은 가난한 백성들은 겨울 나기가 쉽지 않았을 것이다.

물론 지은은 경주에 살았던 덕택으로 그 지극한 효성이 귀족들에게 알려져 그들의 경제적 지원을 받을 수 있었지만, 지은과 비슷한 처지에 있던 일반 백성들은 죽지 못해 살았을 터이다.

옛 속담에 '고생 끝에 낙이 온다'는 말이 있는데, 이 말이 신라 말기에도 통용했는지 궁금하다. 오히려 요즘 농담처럼 사용하는 '고생 끝에 골병 든다'는 말이 신라 말기 빈민들의 삶을 표현하는 데 적절한 말이 아닐까. - 이종봉

왕건에게 반기를 든 하급 군관, 임춘길 | 7

又徇軍吏林春吉者青州人 與州人裵忩規・季川人康吉・阿次・昧谷
人景琮謀反 欲逃歸青州

《고려사》 권127, 열전40, 환선길 중 일부

또 순군리 임춘길은 청주인이다. 청주인 배총규, 계천인 강길・아차, 매곡인 경종 등이
모반하여 청주로 도망하고자 하였다.

하급 군관이 힘을 가졌던 이유

918년 왕건이 배현경·복지겸·신숭겸·홍유 등의 측근과 함께 군사 반란으로 궁예를 제거하고 정치적 실권을 장악하자, 왕건의 정권에 적극 동참하는 인물과 그렇지 않는 이들이 나타났다. 전자는 고려를 건국한 후삼국 통일의 주역으로 역사의 조명을 받은 반면, 후자에 속한 사람들은 고려 건국에 반대했다는 이유로 《고려사》의 〈반역전〉에 수록되는 등 홀대를 받았다. 임춘길(林春吉)도 후자에 속하는 인물이다. 《고려사》 세가(世家)에 "순군리(徇軍吏) 임춘길이 반란하였다"고 매우 간략하게 나오는 것으로 볼 때, 임춘길은 반란 당시 순군리란 관직에 있었다. 순군리는 순군부(徇軍部)의 서리이다.

원래 군정과 군령 등의 군사 업무는 신라 이래로 병부(兵部)가 총괄하였다. 그런데 궁예가 세운 태봉국은 병부에서 군령권을 분리하기 위해 순군부를 설치했다. 당시는 전시라는 특수한 상황이었기 때문에 효과적인 전쟁 수행을 위해 군령만 담당하는 기구를 독립시킬 필요가 있었고, 또 최고 집권자인 궁예 역시 자신의 군 지휘권을 강화하고자 했다. 한 마디로 순군부를 설치한 것은 병부가 군사적 권한을 독점할 때 생길 수 있는 왕권에 대한 위협을 미리 차단한 조처였다.

순군부 조직은 우두머리로 순군부령(令)이 있고, 그 아래 직급으로 경·시랑 등이 있으며, 그 아래에 낭중 등이 있는 체계였다. 순군리는 낭중 아래 직급에 해당하는 하급직이었다. 그러나 하위직이 긴 해도 순군부에 소속된 병사들을 통솔하는 실무직이었으므로 일정한 권한을 가진 직책이었다고 할 수 있다. 그러므로 순군리 임춘길은 하급 군관으로 왕의 측근에서 실질적으로 군사를 거느리고 왕을 보좌한 인물이었다고 정리할 수 있다.

청주 출신의 지방 세력가

그렇다면 하급 군관 임춘길은 어떤 가문에 속했을까. 이와 관련하여 《고려사》에 기록된 자료들을 살펴보자.

> 순군리 임춘길은 청주인이다. 청주인 배총규(裵悤規), 계천(季川, 전남 장흥)인 강길(康吉)·아차(阿次), 매곡(昧谷, 충북 보은)인 경종(景琮)과 더불어 반역을 음모하고 청주로 도망하여 돌아가려했는데, 복지겸(卜智謙)이 아뢰었다. 태조가 사람을 시켜 잡아 심문하니 다 자복하므로 금고케 하였는데 오직 총규는 음모가 누설됨을 알고 곧 도망하였다(《고려사》 권127, 〈환선길전〉).

위 기록은 임춘길이 청주 출신임을 언급하고 있을 뿐 다른 설명이 없어, 그의 출신이나 가계, 정치적 활동에 대한 사항은 전혀 알 수가 없다. 다만 성씨(姓氏)를 가진 것으로 보아 일반 민은 아니고 지방 세력 출신인 것으로 생각된다. 이 시기에는 일반적으로 지방 세력 이상만 성씨를 가질 수 있었다.

청주 출신이라고 하지만 임씨 성은 《세종실록지리지》나 《동국여지승람》 청주목의 성씨조에 보이지 않는다. 다만 태조 원년(918) 6월, 정권을 잡은 태조가 처음으로 단행한 인사에서 순군부령에 임명필(林明弼), 병부령에 임희(林曦)를 각각 임명했다는 사실을 통해 임춘길의 출신을 짐작해볼 뿐이다.

이들은 청주 인근인 진주(鎭州, 충북 진천) 지역의 유력한 지방 세력 출신들이었다. 임명필의 딸은 태조와 혼인하여 숙목부인(肅穆夫人)이 되었고, 임희의 딸은 혜종과 혼인한 의화왕후(義和王后)였다. 당시 중부 지방의 정치적 실세였던 이들의 위상은 혼인 관계 이후 더 확대되었다. 물론 태조와 혜종이 이들과 혼인한 데에는 나름의 정치적 목적이 있었기 때문이다.

이들과 동일한 성씨를 가진 것으로 보아 임춘길은 청주 출신으로 진천 임씨 성을 가진 인물이었다고 생각된다. 진천과 청주는 서로 인접해 있기 때문에 진천 출신의 지방 세력들이 청주로 이동했을 가능이 있다. 특히 청주는 신라시대 9주 5소경의 하나였으므로 진천인들이 소경으로 이동했을 가능성은 충분하다. 따라서 임춘길은 진천 임씨 출신으로 선대 또는 어느 시점에 청주 지역으로 이동한 지방 세력이었다고 추정해볼 수 있다.

궁예와 임춘길의 관계

그렇다면 고위 관료도 아닌 순군리의 일개 하급 관군 임춘길이 어떠한 연유에서 엄청난 군사 반란을 도모할 결심을 했을까.

기본적으로 군사 반란은 치밀한 계획과 많은 세력을 끌어들어야만 성공할 수 있다. 위의 자료만 가지고는 임춘길이 반란을 도모한 구체적인 이유를 파악할 수 없다. 다만 다른 인물들이 함께 기록되어 있는 것으로 보아 임춘길이 혼자 반란을 계획하진 않았고, 기록에 나오는 청주인 등 여러 지역 사람들과 함께 반란을 도모했음을 유추할 수 있다. 이는 9세기 말부터 10세기 초까지 청주 지역에서 전개된 정치 상황과 연관이 있다.

당시 청주의 상황은 아주 복잡하였다. 조선 영조 20년(1744), 승장(僧將) 영휴(靈休)가 기록한 《상당산성고금사적기(上黨山城古今事蹟記)》에 의하면 궁예는 양길의 부하로 있으면서 청주를 경략하고, 이곳에 상당산성을 쌓고 도읍으로 삼아 그 무리가 점차 많아졌다고 한다.

물론 조선 후기의 자료 내용을 그대로 따를 것인가 하는 문제점이 있지만, 위의 기록은 궁예와 청주 사이의 관계를 보여준다는 측면에서 임춘길이 반란을 일으킨 이유를 추측해볼 수 있는 근거가 된다.

궁예가 양길의 부하로 있으면서 청주를 잠시 근거지로 삼았을 가능성은 많다. 이 시기에 궁예는 청주 적수인 신훤(申煊) 등과도 결탁했다. 따라서 청주는 궁예 정권의 초기부터 정치적 기반이 되었을 것이다. 임춘길은 이러한 시점에 궁예와 일정한 정치적 관련을 맺었을 가능성이 있다.

청주는 궁예가 도읍을 개성에서 철원으로 옮긴 일과도 관련이 있다. 궁예는 도읍을 옮기기 1년 전(904), 그곳에 청주인 1,000호를 사민(徙民)하였다. 그런데 궁예는 왜 하필 청주인들을 사민했을까.

이와 관련하여 현재 학계에는 청주가 갖는 지정학적 위치 등을 고려하여 궁예가 이들을 일종의 집단 인질로 삼아 청주의 배반을 미리 차단한 것이었다는 견해가 있다. 그러나 청주인을 자극해서 반(反) 궁예 성향을 키우는 것은 오히려 궁예 정권에 정치적인 부담으로 작용할 가능성이 높았다.

그렇다면 궁예가 청주인 1,000호를 철원에 사민한 것은 그들을 자신의 정치적 기반으로 삼으려는 의도였다는 주장이 오히려 설득력 있다. 사실 궁예는 세력을 확대하는 초기부터 청주인과 정치적

궁예가 청주에 쌓았다고 하는 상당산성. 사적 212호로 청주시 상당구 산성동에 있다. 본래 백제 때부터 존재한 성이나, 지금의 성 모습은 임진왜란 때 일부 고친 것을 조선 숙종 4년(1716)에 석성으로 다시 쌓은 것이다.

인연을 맺어왔기 때문에 청주인을 신뢰하였다. 임춘길은 아마 이러한 때 전에 맺은 궁예와의 관계 등으로 다른 청주인과 함께 철원으로 사민되어 궁예 정권에 참여했을 것이다. 따라서 임춘길은 비록 하위직이지만 청주의 지방 세력의 일원으로 철원에서 권력 기반을 유지할 수 있었다.

그러나 이후 청주인의 권력은 서서히 약해지기 시작했다. 궁예 정권에 참여한 다른 지방 세력의 힘이 상대적으로 커진 측면도 있지만, 가장 큰 원인은 궁예 정권 내부에서 일어난 권력 붕괴 현상 때문이었다. 이에 따라 청주인도 친 궁예적인 성향을 가진 부류와 반 궁예적인 성향을 가진 세력으로 분화했다.

이러한 분화를 보여주는 대표적인 사례가 아지태(阿志泰) 모반사건이다. 《고려사》에 따르면 "청주인 아지태가 본래 아첨하고 간사하더니 궁예가 참소함을 좋아하는 것을 보고 청주인 입전(笠全)·신방(辛方)·관서(寬舒) 등을 참소하였다"고 한다. 물론 아지태가 궁예에게 어떤 내용을 참소했는지는 구체적인 기록이 없어 알 수 없다.

하지만 당시의 정치적 상황 등을 고려할 때 청주인 가운데 궁예보다는 새롭게 부상하는 왕건에게 충성하려는 성향을 가진 집단들이 존재했거나, 아니면 궁예 정권에 염증을 느끼는 부류가 나왔을 가능성도 있다. 아지태는 아마도 이와 같은 청주인의 동향을 궁예에게 미리 알려준 것이 아닌가 생각한다.

궁예가 청주인 윤전(尹全), 애견(愛堅) 등 80여 명을 죽이려고 한 것도 청주 지역의 반 궁예파들을 제거하려는 의도가 아니었을까 추정한다. 따라서 임춘길은 반 궁예파가 아닌, 친 궁예파에 속했던 인물로 보인다.

왕건이 청주인의 마음을 얻으려 한 까닭

이런 와중에 궁예는 왕건을 중심으로 한 정치 세력이 일으킨 군사 반란으로 제거되었다. 이 시점에서 청주인들도 이전처럼 계속 궁예 정권을 따를 것인지, 아니면 왕건을 중심으로 한 새로운 고려 정부에 충성할 것인지 선택해야 했다. 물론 이는 앞으로의 정치적 운명과 직결된 중대한 문제였다.

왕건은 초기부터 친 궁예적인 성향을 가진 청주가 언제 고려를 배반할지 알 수 없으므로 이를 방지하기 위해 적극적인 노력을 기울였다. 고려 정부로서는 청주가 갖는 지정학적 위치 때문에 더욱 방치할 수 없었다.

왕건은 우선 청주의 반 궁예 세력을 끌어들이고자 했다. 태조 원년 7월에 청주의 지방 세력인 영군장군 견금(堅金)이 그의 부장인 연익(連翌) · 홍현(興鉉) 등과 더불어 왕건에 귀부했는데, 이는 고려 정부가 기울인 일련의 노력 덕분으로 이해할 수 있다. 이로 인해 다수의 청주 출신 지방 세력들이 새로운 고려 정부에 가담했을 것이다.

다음으로 고려 정부는 청주에 청주인을 파견하여 청주의 민심을 안심시키고, 왕건이 직접 청주를 순행하는 등 노력을 기울였다. 왕건은 즉위하자마자 청주에 청주 출신 총일(聰逸)을 파견하여 위무하는 한편, 능달(能達) · 문식(文植) · 명길(明吉) 등도 보내어 청주를 살피게 했다.

그리고 《고려사》에 의하면 왕건 자신도 "청주가 순역(順逆)을 분명히 하지 못하고 와언(訛言)이 자주 일어나므로 친히 순행하여 위무하고 명령하여 이곳에 성을 쌓게 하였다"고 하는 것처럼 정권을 장악한 후 최초로 순행한 곳이 청주였다.

왕건이 첫 순행지로 청주를 택한 것은 정치적 이유에서였을 것이다. 《고려사》에 기록되어 있는 것처럼 청주 지역 사람들은 궁예 정권이 무너진 뒤에도 계속 궁예에 대한 향수를 가지고 고려 정부를 따르지 않았다. 고려 정부로서는 큰 정치적 부담이 아닐 수 없었다.

한편으로 왕건은 청주 인근의 진천 지역에 자신의 측근인 홍유와 유금필 등을 파견하여 청주를 견제하기도 했다. 이처럼 고려 정부는 청주의 민심을 얻기 위해 화전(和戰) 양면책을 사용했다.

청주인들의 반란

그러나 고려 정부의 노력에도 불구하고 청주의 지방 세력들은 고려 정부에 쉽사리 마음을 주지 않았던 것 같다. 청주인들의, 또는 청주인과 다른 지역 출신이 공모한 군사 반란이 연이어 일어난 것만 보아도 이를 짐작할 수 있다. 순군리 임춘길이 청주인과 공모하여 반란을 일으킨 것을 시작으로 청주의 우두머리 파진찬(波珍粲) 진선(陳瑄)·선장(宣長) 형제의 반란이 이어졌다.

청주의 지방 세력의 반란은 인근 지역에도 영향을 주어 웅주(공주)·운주(홍성)·매곡(보은) 등 충청도의 10여 개 성이 고려가 아닌 후백제에 귀부하였다. 이러한 현상은 당연히 후삼국 통일기의 고려 정부에 큰 부담으로 작용했다. 당시의 정치적 여건을 고려할 때, 이들은 고려 정부에 참여하면 얼마든지 관료 생활을 보장받을 수 있는 위치였지만 쉬운 길을 택하지 않고 생명을 담보로 반란을 도모했다.

군사 반란을 일으킨다는 것은 추종자에 대한 맹목적 충성심이나 권력욕이 없고선 힘든 일이다. 그런데 임춘길을 비롯한 청주인의 반란에 대한 《고려사》 기록을 보면, 단지 이들이 청주인이었다고만 되어 있다. 반란 주동자에 대한 별다른 언급이 없는 것으로 보아 이들의 반란은 개인적 권력욕에서 비롯했다기보다 오랫동안 궁예 정권과 맺은 특별한 인연으로, 즉 궁예에 대한 충성심에서 일어난 것으로 보인다.

임춘길의 반란은 임춘길 자신뿐만 아니라 그 가족들에게 화가 미쳤을 것이다. 이 시기에 역모는 가장 큰 죄로 다스렸다. 결국 임춘길은 능지처참되었거나 아니면 저잣거리에서 효수되었을 것이다. 그의 가족들도 관·사노비가 되어 생명을 부지했으면 다행이나, 반

대 세력을 제거해야만 했던 당시 상황에 비쳐볼 때 멸문의 화를 당했을 가능성이 높다.

반란 이후, 청주

한편 청주의 지방 세력의 반란이 계속되자, 고려 정부 내에서는 청주 출신 지방호족을 제거하거나 견제하자는 목소리가 커졌다. 이런 주장의 중심에는 개국공신들이 있었다. 임춘길의 반란에 가담한 매곡인 경종의 처벌을 논할 때, 청주인 현율은 경종의 누이동생이 매곡성주 공직(龔直)의 부인이므로 경종을 처단하면 공직이 반할 것이라며 경종을 회유하자고 왕건에게 건의했지만, 마군대장군 염상(廉湘)은 경종을 주살할 것을 강력하게 주장했다. 결국 왕건은 측근의 주장을 수용, 경종을 살해하여 후환을 없애고자 하였다.

청주인 현율을 관직에 임명할 때에도 이와 비슷한 상황이 나타났다. 태조는 처음에 현율을 순군낭중에 임명하려 했으나, 일등공신인 배현경과 신숭겸 등이 나서서 청주

용두사 당간(幢竿). 국보41호로 청주시 상당구 남문로에 있는 철제 당간이다. 당간은 절에서 기도나 법회가 있을 때 당, 곧 기(旗)를 달아두었던 기둥으로, 우리 나라에 석조 당간은 많이 남아 있으나 철제 당간은 드물다. 〈용두사당간기〉에 의하면 철동 30개를 이어서 세웠다고 하지만 현재 20여 개만 남아 있다.

인을 순군낭중에 임명하면 어떤 일을 꾸밀지 알 수 없다며 극력 반대했다. 결국 태조는 개국공신들의 의견을 수용하여 현율을 순군낭중에 임명하려는 계획을 취소하고 병부낭중으로 임명하였다. 이는 청주 출신 호족에 대한 왕건 정권의 정치적 견제였다. 이 외에도 다수의 청주인들이 왕건 정권 내에서 정치적 견제를 받았을 것으로 생각한다.

왕건 정권이 지방 세력 재편에 나서면서 청주 지역은 정치적 위상에 많은 변화를 겪는다. 왕건은 궁예와 관련이 있던 청주의 지방 세력을 약화시키는 반면, 청주 지역에 친 왕건 세력을 양성하여 고려 정부의 지역적 기반을 확대하였다.

광종 13년(962)에 조성한 〈용두사당간기〉를 보면 청주 출신 세력으로 보이는 인명들이 나온다. 이 기록에 의하면 철당간, 곧 사찰 의식 때 당(幢)을 달아두는 철기둥을 주도적으로 조성한 집단은 진천 임씨가 아닌 김·손·경·한 등의 새로운 성씨들이다. 이들은 청주 지역의 토성이다.

청주 김씨 성을 가진 인물들은 궁예 정권 때에는 나타나지 않다가 왕건 정권이 청주 지역을 재편한 이후로 이곳의 핵심 집단으로 부상했다. 청주 출신 원보(元甫) 김긍율(金兢律)은 왕건 정권에 적극 참여하여 자신의 두 딸을 혜종과 정종의 왕비로 바쳤다.

반면 같은 청주 김씨라도 〈용두사당간기〉에 나타나는 것처럼 왕건 정권과 일정한 정치적 관계를 유지하며 재지 지방 세력으로 남아 지역의 새로운 지배 세력으로 부상한 부류도 있었다.

이상에서 살펴본 것처럼 이 시기 청주인 또는 청주 지역은 남다른 정치적 격변을 겪어야 했다. - 이종봉

도적 양길, 패자를 꿈꾸다

8

鵠原城 … 三國史 弓裔投北原賊梁吉 吉委之以事 使東略地 於是出
宿雉岳山石南寺 行襲酒泉奈城鬱烏御珍等縣 皆降之 諺傳此城梁吉
所據 後元中甲據此 破丹兵

《신증동국여지승람》 권46. 원주목. 고적조 중 일부

영원성(鵠原城) (중략) 삼국사에, "궁예가 북원의 적 양길에게 의탁하니 양길이 일을 맡
기고 동쪽으로 땅을 침략하게 하였다. 이에 (궁예는) 나가서 치악산의 석남사에 터를 잡
고 다니면서 주천, 나성, 울오, 어진 등의 고을을 습격하여 다 항복시켰다" 한다. 세상에
전하기를, "이 성은 양길이 의거하던 곳으로 뒤에 원충갑이 여기에 웅거하여 거란의 군사
를 무찔렀다"고 한다.

도적과 의적 사이

드라마를 통해 일반인들에게 새롭게 알려진 인물 가운데 양길이라는 인물이 있다. 처음에는 궁예와 어깨를 나란히 할 정도의 세력가였지만, 끝내 궁예에게 자신의 모든 것을 내어줄 수밖에 없었던 패배자의 전형. 그렇다면 양길은 왜 궁예에게 모든 것을 내어줄 수밖에 없었을까. 이 질문에 대한 답은 우리가 양길을 '도적'으로 부르는 이유와 연관돼 있다.

일반적으로 도적은 남의 재물을 훔치거나 빼앗는 따위의 나쁜 행위, 또는 그러한 행위를 한 사람을 일컫는다. 그러나 도적이라는 말이 오로지 부정적인 의미만 있는 것은 아니다. 도적 중에는 잘못된 방법으로 재물을 모은 사람의 물건을 훔쳐서 가난한 사람을 도와주는 부류도 있다.

같은 도적이라고 해도 특별히 의적이라고 하여, 그 자신부터가 사리사욕을 위해 남의 물건을 훔치는 자와 구별하려는 경향이 강했고, 이들을 바라보는 사람들의 시선 역시 동정이나 대리 만족에 초점을 맞춘 것이 사실이다. 임꺽정이나 홍길동 같은 역사 속의 의적을 영웅시하는 것도 바로 이러한 우리의 정서와 무관하지는 않을 것이다. 이들은 대체로 반 정부적인 활동, 다시 말해 민중의 편에서 그들의 처지나 입장을 대변해주는 특징을 갖고 있다.

일부 도적 가운데는 자신의 무리를 정치 세력화한 자도 있었다. 이들은 처음에 사회의 한 귀퉁이에 기생하는 일개 도적으로 출발했다가 점차 부정적인 이미지를 벗어 던지고 하나의 강력한 정치 세력으로 성장해갔다. 이 과정에서 여러 가지로 국가에 저항하는 모습을 보이던 이들은 여기서 한 발 더 나아가 체제 전복을 꾀하는 정도로 발전하였다. 역사 기록에는 처음에 단지 적(賊)으로 불리다가 나중에 성주, 장군이라는 식으로 호칭이 바뀐 자들이 종종 등장하는데, 이들이 바로 여기에 속한다고 할 수 있다.

그러나 역사에서 모든 저항 집단이 일개 도적떼에서 정치 세력으로 성장해간 것은 아니다. 오히려 도적 단계에 머물다가 역사의 뒤안길로 사라지는 경우가 대부분이다. 양길이라는 인물 역시 이러한 부류에 속한다 할 것이다.

농민군을 규합하여 반란을 꿈꾸다

양길은 《삼국사기》에서는 양길(梁吉)로, 《삼국유사》에서는 양길(良吉)로 표기되어 있다. 활동 시기나 지역 등을 비교해보면 같은 인물로 보인다. 알다시피 양길은 신라말 진성여왕 5년(891)에 북원(北原, 지금의 강원도 원주) 지역에서 농민군을 규합하여 국가에 반기를 든 인물이다.

양길이 반란을 일으켰을 때 신라의 통치자는 제51대 임금, 여왕으로는 세 번째이자 마지막인 진성여왕이다. 진성여왕이 즉위했을 당시 신라의 국가권력은 꽤 안정되어 있었다. 그런데 여왕의 남편이자 숙부인 각간 위홍이 갑자기 사망하면서 정치적인 혼란이 일어났다.

신라 하대는 사실 왕위를 둘러싼 귀족 간의 다툼이 그칠 날 없는 시기였지만, 48대 경문왕 이후 51대 진성여왕까지는 왕위가 경문왕 가계로 죽 이어졌기 때문에 상대적으로 정치가 안정되어 있었다.

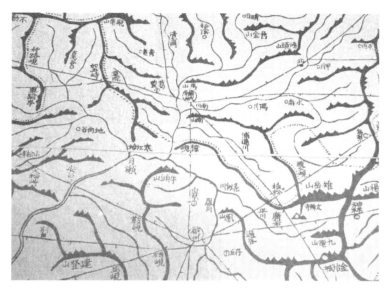

대동여지도에 나타나 있는 북원, 곧 지금의 원주 지도. 북원을 신라의 본부라고 할 수 있는 소백산맥 이남과 한강 유역을 연결하는 요지였다.

당시 빈번했던 자연 재해도 국가의 적극적인 구제책으로 어느 정도 이겨낼 수 있었고, 그에 따라 백성들의 생활도 어느 정도 안정되어 있었다. 하지만 앞서 말했듯이 각간 위홍의 죽음은 이러한 정치·사회적 안정에 큰 위협을 가져왔다.

경문왕의 동생인 위홍은 귀족들의 도전에서 왕권을 보호할 수 있는 인물이었다. 그러나 그의 갑작스런 죽음으로 이제까지 권력 다툼에서 줄곧 밀려났던 귀족들이 본격적으로 왕권에 도전하기 시작했고, 이러한 권력 다툼은 자연히 백성들에게 많은 피해를 주었다. 당시 백성들은 국가가 부과하는 과다한 조세로 고통이 이만저만이 아니었고, 여기에 자연 재해까지 겹쳐 백성들의 근심과 고통은 날로 가중했다.

이에 백성들은 우선 지배층에 대한 항거의 표시로 조세 납부를 거부하였다. 조정에서는 백성들의 조세 거부에 대해 즉각 탄압을 가했다. 이러한 상황에서 백성들은 최후 수단으로 무리를 지어 국가에 대항하는, 이른바 민중 봉기라는 형식을 통해 자신들의 뜻을 나타내기에 이르렀다.

이 시기 백성들이 보인 집단적인 항거의 밑바탕에는 기존 정치 세력을 대신하여 새로운 이상 사회를 제시해줄 인물에 대한 간절한 갈망도 강하게 작용했다. 이 시기에는 기존의 정치 세력에게서는 아무런 희망도 찾을 수 없다는 말세사상이 유포되어 미륵하생(彌勒下生) 신앙으로 발전하고 있었다.

미륵하생 신앙은 미륵보살이 하생하여 중생을 구제한다는 믿음을 기본으로 삼았는데, 당시 일부 지식인들 사이에서 하생의 시기가 바로 지금이며, 하생하는 곳이 신라 지역이라는 의식이 급속도로 번지고 있었다. 이러한 사회적 분위기를 교묘히 이용한 사람이 궁예라고 할 수 있지만, 당시 유포되던 이 미륵하생 신앙을 정신적 지렛대로 삼아 새로운 사회를 건설하기 위해 각 지역에서 무리를 지어 들고일어난 이들은 이 외에도 많이 있었다.

북원에 웅거한 큰 세력가

이러한 신라말의 정치 · 사회적 격변 속에서 북원을 근거지로 중앙정부에 반기를 든 인물이 바로 양길이다. 북원은 신라가 삼국을 통일한 후 지방을 다시 재편하여 만든 9주(州) 5소경(小京) 가운데 5소경의 하나였다. 이때 소경을 둔 지역은 금관(金官, 경상도 김해) · 중원(中原, 충청도 충주) · 북원 · 서원(西原, 충청도 청주) · 남원(南原, 전라도 남원)이었다.

《삼국사기》지리지에 따르면 북원 지역에 소경이 설치된 것은 문무왕 18년(678)이고, 신문왕 5년(685)에는 이곳에 성(城)을 쌓았다. 북원 소경이 설치된 시기가 서원 소경과 남원 소경보다 앞서고, 또 이들 두 소경에는 성을 축조하지 않은 점 등을 보면 당시 북원은 매우 중요한 곳이었음이 틀림없다.

지리적으로 보아도 당시 북원은 신라의 본부라고 할 수 있는 소백산맥 이남과 한반도의 중추부인 한강 유역을 연결하는 요로(要路)에 위치해 있었다. 우리 나라 형태를 호랑이나 토끼의 모양으로 보았을 때 허리에 해당한다. 한 마디로 신라에서 북원이 차지하는 지리적인 비중은 매우 컸다고 할 수 있다.

신라가 소경을 설치한 가장 큰 목적은 정복 지역을 재편, 해당 지역에 군림하는 토착 귀족들의 뿌리를 약화시키는 것이었다. 따라서 각 소경에 수도 경주의 귀족들을 옮겨 살게 하고, 또 경주의 것을 모방한 여러 제도를 실시하였다.

북원에도 삼국통일 이후 신라의 여러 제도가 강제로 이식되었다. 그러나 북원은 원래 고구려 영토였기 때문에 반(反) 신라적인 정서가 뿌리 깊게 배어 있었다. 이러한 정서는 중앙정부의 힘이 조금이라도 약화되면 다른 지역보다 앞서 반란이 일어날 가능성이 매우 높았음을 의미하며, 그 실례가 바로 양길이었다.

양길의 본래 신분이 무엇이었는지 알 수 있는 자료는 없지만, 그가 북원에서 거병하고 얼마 지나지 않아 주변의 많은 성을 공략하여 수중에 넣은 것을 보면, 상당한 경제력을 가지고 향촌 사회에서 영향력을 행사하던 호족 출신일 가능성이 크다. 그렇다면 그는 호족이라는 사회적 지위를 이용하여 당시 현실에 염증을 느끼고 있던 농민을 규합하고 이들의 입장을 대변하면서 점차 지방의 실력자로 성장해갔을 것으로 보인다.

　양길이 신라말에 일어난 초기 봉기 집단 가운데서도 상당히 세력을 가진 인물이었음을 보여주는 사례가 몇 가지 있다. 우선 《삼국사기》에 의하면 양길이 장악한 성은 30여 개에 이르고, 지배 영역은 강원도 · 충청도 · 경상도 등 꽤 넓은 지역을 포괄하고 있었다. 신라말에 일어난 초기 봉기 집단 가운데 이 정도의 세력권을 형성한 예는 거의 찾아보기 어렵다.

　둘째, 훗날 후고구려를 세워 후삼국시대의 중심 인물로 부상한 궁예가 이 양길에게 의탁하여 세력을 키웠다는 점이다. 알다시피 궁예는 애초에 기훤에게 있었으나, 기훤의 인물됨이 기대에 미치지 못한다고 여겨서 동지 몇 명과 더불어 양길에게 의탁했다. 이후 궁예가 양길의 밑에서 실력을 쌓아가면서 결국 독자적인 세력을 형성, 자립한 것을 보면 양길의 세력 정도를 가늠할 수 있다.

양길이 농민군을 규합해 반란을 일으킨 영원산성. 강원도 원주 치악산에 있다.

마지막으로 후백제를 세운 견훤이 양길에게 비장 벼슬을 내려 자신의 세력 확대에 이용하고자 한 점도 당시 그의 위치를 엿보게 한다.

이상 몇 가지의 사례를 가지고 볼 때, 양길은 흔히 말하는 일개 도적의 우두머리가 아니라 신라말에 일어난 초기 봉기 집단 가운데 어느 누구에게도 뒤지지 않는 세력을 소유한 실력자였다고 하겠다.

양길이 북원의 어느 지역을 근거지로 반란을 일으켰는지는 확실치 않다. 다만 현재 남아 있는 산성을 살펴보면 어느 정도 유추해볼 수 있다. 지금 원주를 중심으로 그 형태가 남아 있는 산성은, 원주 동방의 치악산에 소재하고 있는 영원산성과 해미산성 그리고 금두산성이다.

호랑이 새끼를 키우다

《신증동국여지승람(新增東國輿地勝覽)》권46 원주목 고적(古跡) 영원성(鴒原城)조는 지방에 전해오는 말을 인용하면서 영원성이 양길의 근거지였다고 기록하고 있다. 양길이 신라에 대항하는 봉기를 일으키고자 했다면 먼저 자신의 근거지에서 가장 방어하기 쉬운 곳을 택했을 것이고, 이런 점에서 영원성은 최적의 장소였다.

이 영원산성이 얼마나 험준한지는 '영원'이라는 이름에서도 알 수 있다. 영은 척령(鶺鴒)과 같은 말로 할미새를 뜻하는데, 척령재원(鶺鴒在原)이란 숙어는 형제가 급한 일이나 어려운 일을 당하여 서로 돕는 것을 비유할 때 더러 쓴다. 이는 할미새가 걸어다닐 때 항상 꼬리를 부지런히 아래위로 흔들어, 마치 화급한 일을 알리는 것처럼 행동하는 데서 비롯한 말이다.

이러한 뜻을 가진 영원산성은 실제로 능선을 따라 성벽을 쌓고, 굴곡이 심한 능선이 꺾이는 지점마다 곡성(曲城)을 마련하고, 성 밖으로도 작게 계곡을 이루는 곳마다 좌우에 밖으로 튀어나온 곡성을 만들어 방어에 유리하도록 축조되었다.

또 성의 동북쪽에서 서남쪽으로 계곡을 이루는 부분에 작은 물줄기가 있고, 성 안에도 물이 여러 곳 있어서 장기간의 입보(入堡) 농성에 적합한 지형을 이루고 있을 뿐 아니라, 산의 능선을 타고 축조되었기 때문에 성내의 둘레를 따라 각 방향의 계곡과 맞은편 산줄기를 바라보면서 적의 접근을 감시할 수 있게 되어 있다. 산 지형이 워낙 가파른 경사면으로 되어 있는 탓에 성벽은 능선의 상단부 외연을 따라 축조되었다. 또한 성으로 들어가기 위해서는 계곡을 이용해야 했다.

해미산성과 금대산성은 영원산성을 중심으로 약 1킬로미터의 거리를 두고 삼각형의 방어망을 이루고 있다. 이는 영원산성이 아주 두터운 방어 태세를 갖추고 있었음을 말해준다.

양길의 휘하에 들어간 궁예가 처음 양길에게 군사권을 받아 진출한 곳은 북원의 석남사로 알려져 있다. 양길은 궁예의 근거지를 자신의 세력권 안, 그중에서도 감시하기 쉬운 곳에 두려는 속셈이었다. 이 석남사는 영원산성과 같은 산세 안에, 지형적으로 보면 영원산성과 서로 마주하고 있다. 높은 위치의 영원산성에서 보면 석남사의 동태가 훤히 보였을 것이다. 이렇게 양길은 영원산성을 근거지로 실력을 쌓아갔다.

그러나 이후 자신에게 의탁하여 실력을 키워가던 궁예의 이반으로 급속히 쇠락의 길을 걸었다. 양길이 궁예에게 군사를 주어 동쪽의 신라 영토를 침략하게 한 것이 그 결정적인 계기였다.

양길의 명을 받은 궁예는 날개를 단 듯 강원도부터 경북 지역에까지 세력을 떨쳤다. 이때 궁예가 정복한 지역은 나성·울오·어진 등이다. 이들 지역은 오늘날 경상북도 안동과 그 주변 지역에 해당한다. 이후 궁예는 다시 강원도 강릉 지방에 들어가서 3,500명의 병사를 모집했는데, 사졸들과 즐거움과 슬픔을 함께 나누고 전리품 배분도 공평하게 하니 사람들이 궁예를 진정한 지도자로 받들기 시작했다고 한다. 이후 궁예는 점차 양길에게서 벗어나 자립의 길을 걸었다.

이렇게 궁예가 양길의 밑에서 착실히 실력을 쌓아가며 그 그늘에서 벗어나려는 움직임을 보이자, 양길은 궁예의 배반을 염려하여 노심초사했다. 그러나 이미 대세는 궁예 쪽으로 급격히 기울고 있었다. 양길은 마지막 수단으로 국원 등 10여 성주와 함께 궁예를 공격했지만, 공격다운 공격 한 번 해보지 못하고 패배하고 말았다. 병졸들이 공격도 하기 전에 전부 도망해버렸던 것이다. 게다가 양길의 지배 하에 있던 국원(國原, 충북 청주)과 괴양(槐壤, 충북 괴산) 등지의 성주들도 궁예에게 투항했다.

양길은 자신의 본래 근거지인 북원 지역에서 재기를 노렸지만, 궁예의 공격을 받으면서 그나마 남아 있던 병졸마저 잃어버렸다. 결국 양길은 재기 불능 상태에 이르렀다. 이후 양길에 대한 기록이 보이지 않는 것으로 보아 잡혀 죽었거나, 일개 도망자 신분으로 각지를 전전하면서 삶을 마감하였을 것으로 추측된다.

지배자가 아닌 도적으로 남은 사내

지금까지 살펴본 것처럼 양길은 신라말에 벌떼처럼 일어난 봉기 집단 가운데 누구에게도 뒤지지 않는 상당한 세력을 가지고 있었고, 따라서 그 누구보다도 새로운 나라를 건설할 수 있는 유리한 위치에 있었던 인물이지만 결국 실패자로 남고 말았다. 그렇다면 그 이유는 무엇일까.

이에 대해 명확히 답변하기는 어렵지만, 신라말의 정치적 상황이나 후고구려를 건국한 궁예와 대비해볼 때 양길의 실패에는 초기의 약탈적 성격을 끝까지 털어내지 못한 점이 가장 크게 작용했다고 생각한다.

양길은 신라말의 혼란 속에서 수많은 농민들을 규합하여 단기간에 하나의 강력한 집단을 만들어내었다. 그러나 양길은 이 집단을 도적떼 또는 초적의 수준을 뛰어넘는, 행정 체계를 갖춘 정치 세력으로 만들어내지 못했다.

도도하게 흐르는 거대한 역사의 물결 속에서 양길은 변화를 요구하는 농민 세력을 등에 업고 새로운 사회를 창출할 수 있는 기회를 얻었지만, 그가 가진 개인적인 능력은 이러한 역사적 요청에 부응하기에 역부족이었다. 여기서 개인적인 능력이란 시대 상황을 바르게 인식하고 그것에 적절히 대처하는 능력, 곧 우리가 흔히 말하는 대세관으로 요약할 수 있을 것이다. 어쩌면 개인적인 능력을 평가하는 절대적인 잣대가 될지도 모르는 이 대세관의 한계로 역사의 변화에 적응하지도, 농민의 요구에 부응하지도 못하고 결국 후발 주자인 궁예나 견훤에게 그 기회를 내어주고 말았다.

그러나 비록 양길의 봉기는 실패했지만, 그 밑에서 자양분을 먹고 자란 궁예가 나라를 세우는 데 중요한 다리 역할을 한 점은 무시할 수 없을 것이다. 또한 양길 같은 인물의 삶을 통해 당시 사회 모순이 얼마나 심각하였는지, 그리고 신라인들이 그러한 사회 모순에 얼마나 치열하게 투쟁하고 항거했는지 알 수 있다는 점에서 양길이 갖는 역사적 의의를 찾을 수 있겠다. - 김현라

9

지극한 효자 손순 이야기에 담긴 하층민들의 삶

孫順者 古本作孫舜 车梁里人 父鶴山 父沒 與妻同傭作人家 得米穀養

老孃 孃名運鳥 順有小兒 每奪孃食 順難之 謂其妻曰 兒可得 母難

再求 而奪其食 母飢何甚 且埋此兒 以圖母腹之盈 乃負兒歸醉山山在

车梁西北北郊 堀地忽得石鍾甚奇 夫婦驚恠 乍懸林木上 試擊之 沃容

可愛

《삼국유사》 권5, 효선9, 손순매아 중 일부

손순은 모량리 사람이며, 아버지는 학산이었다. 아버지가 죽자 처와 함께 남의 집에 품팔이를 하여 곡식을 얻어 노모를 봉양하였다. 어머니의 이름은 운오였다. 순에게는 어린애가 있었는데, 언제나 어머니의 음식을 빼앗아 먹었다. 순은 이를 민망히 여겨 아내에게 말하였다. "아이는 얻을 수 있으나, 어머니는 다시 모시기 어려운데, (아이가) 어머니의 음식을 빼앗아 먹으니 어머니의 배고픔이 얼마나 심하겠소. 이 아이를 묻어 버리고 어머니를 배부르게 해드립시다." 이에 아이를 업고 취산 북쪽 들로 가서, 땅을 파다가 문득 돌종을 얻었는데, 매우 기이하였다. 부부가 놀라고 괴이하게 여겨 잠시 나무에 걸고 두드리니 종소리가 은은하여 들을 만하였다.

노모 공양 위해 자식을 생매장

신라 하대에 접어들면서 신라 사회는 빈부 격차가 더욱 커져 날품을 팔아서 살아가는 농민층이 많이 생겨났다. 특히 신라 하대에는 귀족층의 전장(田莊)이 곳곳에 생겨났는데, 전장을 경작하는 층은 토지를 갖지 못한 농민들이었다. 품팔이 농민들은 끼니를 잇기 어려울 정도로 곤궁했다. 《삼국유사》에는 너무도 가난해서 재산이라고는 '부러진 솥' 하나밖에 없는 진정법사가 그것마저 시주하였다는 이야기가 전한다. 농민들은 흉년이 들거나 자연 재해를 만나면 굶어 죽는 수밖에 없었다.

웅천주(지금의 공주)에 살았던 상득이라는 사람은 어느 해 흉년이 들어 아버지가 거의 굶어 죽게 되자 자신의 다리 살을 베어 봉양하기도 하였다. 이처럼 당시의 하층 농민들은 매우 어려운 처지에 놓여 있었고, 항상 자연 재해에 무방비로 노출되어 있었다. 우리가 살펴보려고 하는 효자 손순의 이야기는 당시 하층 농민의 삶을 이해하는 데 중요한 단서를 준다.

손순은 신라 흥덕왕(826~836) 때 모량리 사람으로, 아버지가 세상을 떠나자 아내와 함께 남의 집 품을 팔아 늙은 어머니를 봉양하였다. 그런데 손순의 어린아이는 언제나 배고픔을 참지 못하고 칭얼대며, 늙은 할머니의 음식을 빼앗아 먹었다. 이를 보다 못한 손순이 아내에게 말하기를, "아이가 할머니의 음식을 빼앗아 먹으니 아이를 묻어 버리고 어머님을 배부르게 하는 게 어떻겠소" 하였다. 이에 아내는 흐르는 눈물을 감추지 못하고 가난을 원망하였지만, 남편의 간곡한 청을 거역하지 못했다.

손순과 아내는 아이를 업고 북쪽 들로 갔다. 그런데 그곳에서 땅을 파다가 땅속에 묻힌 돌종을 하나 파냈다. 이 돌종은 매우 기이하였고, 그 소리 또한 천상의 소리처럼 은은하였다. 그리하여 손순 부부는 아이 묻는 것을 포기하고, 아이와 돌종을 지고 집으로 돌아와서 돌종을 매달아 두드렸는데, 그 소리가 대궐까지 전해졌다. 손순 부부 이야기를 듣고 난 왕은 너무나 각박한 세상에서 피어난 손순의 효성에 감복하여, 손순에게 집 한 채를 내리고 해마다 메벼 50섬을 주었다.

헌덕왕 대의 기근과 자연 재해

신라에서는 일찍부터 효의 실천을 강조했다. 그 증거로 유교 경전 가운데 하나인 《효경(孝經)》이 신라 중고기 법흥왕 대에 수용되었을 것으로 보기도 한다. 이 시기에는 불교를 공인한 한편, 국가 중심·군주 중심의 효 관념을 담고 있는 《효경》을 국학의 필수 과목으로 삼고 신라의 관리 선발 제도인 독서삼품과(讀書三品科)에서도 이 과목을 가장 중시했다. 따라서 신라에서 부모에 대한 효는 곧 군주에 대한 충성과 같은 맥락에서 강조되었다.

군주의 위치에서 보면, 효를 중시하고 효를 매개로 하여 국가와 군주에 대한 충성을 유도할 수 있다면 이를 적극적으로 활용하려고 할 것이다. 독서삼품과를 설치한 원성왕 대는 원성왕계가 권력을 장악하고, 권력 집중이 확립되어간 시기이다.

원성왕 대에 독서삼품과를 설치하고, 그 시험 과목으로 《효경》을 중시한 것은 관리로 진출하려는 예비 관료군들의 군주에 대한 충성

문효사. 문효공(文孝公) 손순을 기리기 위해 세운 사당으로, 경주 현곡면 소현리에 있다.

심을 효과적으로 높이려는 시도였다. 이는 원성왕의 태자 책봉 사례를 보아도 알 수 있다. 원성왕은 즉위와 함께 인겸(仁謙)을 태자로 책봉하고 다음의 왕위 계승자로 확정했다. 그러나 인겸이 죽자 둘째아들 의영(義英)을 다시 책봉했다. 의영마저 죽자 인겸의 아들 준옹(俊邕)을 태자로 책봉하여 후계 왕위 구도를 확립해두고자 하였다. 이처럼 원성왕은 왕권 강화를 위해 후계 왕위 계승자를 확실히 해두려고 노력했으나, 준옹 역시 즉위 1년 만에 죽자 준옹의 아들 청명(淸明, 애장왕)이 12세의 어린 나이에 즉위하였다.

애장왕이 어린 나이에 즉위하자 애장왕의 숙부인 언승(彦昇, 헌덕왕)이 섭정, 실질적인 정치를 장악한다. 언승은 애장왕 2년 무렵부터 즉위 전까지 상대등으로 있었고, 그의 동생 수종(秀宗, 흥덕왕)은 애장왕 5년부터 7년까지 시중의 지위에 있었다. 애장왕의 숙부인 이 두 사람은 조부인 원성왕의 정책을 계승하여 정치를 주도해갔다.

그러나 헌덕왕 6년 이후 거듭된 기근과 자연 재해 등으로 인해 정치·사회적 불안이 드러나기 시작하였다. 아래 표는 헌덕왕 대에 일어난 자연 재해, 기근, 도적 봉기 등을 정리한 것이다. 신라 하대에 들어 자연 재해와 기근이 많이 나타났는데, 특히 헌덕왕대에 이르러 기근 현상이 두드러졌다.

도를 넘어선 귀족들의 사치 풍조

이러한 상황에서 헌덕왕 대 후반 정국이 원활하게 운영될 리 없었다. 이에 헌덕왕은 동생 수종과 충공(忠恭)을 각각 부군(副君)과 상대등에 임명, 삼형제가 권력을 독점하여 집권 후반기의 정치적 불안정을 극복하고 귀족 세력을 견제하고자 했다. 그러나 헌덕왕 형제의 권력 독점에 불만을 품은 귀족층이 나타났는데, 이 불만이 현실로 나타난 것이 김헌창의 반란이다. 헌덕왕은 반란을 진압하는 한편 형제들을 중심으로 한 세력 결집에 더 힘을 쏟아, 왕권을 강화해나갔다.

시 기	내 용	조 치
헌덕왕 6년 5월	나라 서쪽에 홍수	1년 간 조 면제
7년 8월	서쪽 지방 기근, 도적 봉기	군사로 도적 평정
8년 정월	흉년과 기근	
8년 10월	굶어 죽음	곡식을 내어 구제
9년 여름 5월	비가 오지 않음	산천에 기도
9년 겨울 10월	기근으로 굶어 죽음	곡식을 내어 구휼
11년 3월	도적 봉기	도적 체포
12년 봄,여름	가뭄	
12년 겨울	기근	
13년 봄	기근으로 자식을 팔아 생활	

신라 헌덕왕 대에 일어난 재해

헌덕왕에 이어 즉위한 흥덕왕은 이러한 위기를 극복하고 왕권을 강화할 방안을 모색하였다. 흥덕왕은 해적 퇴치를 위해 청해진을 설치하고, 집사부를 집사성으로 개칭했으며, 진골 귀족의 사치 풍조를 금하기 위해 색복(色服)과 차기(車騎), 기용(器用), 옥사(屋舍) 등 생활 전반에 걸쳐 제한령을 공포하여 왕권 강화를 꾀하였다.

특히 흥덕왕 9년에 내린 교서는 왕과 국가의 권위를 앞세워 사회 전반에 만연하는 귀족층의 사치 풍조를 제한하고, 더 나아가 귀족들의 반란을 막으려는 시도였다. 그 구체적인 내용은 사람들이 상하 구분도 없이 사치를 좇아 진기한 이국의 물품을 숭상하고 토산품을 혐오하여 풍속과 예절이 무너짐을 비판하고, 이를 바로잡기 위해 국법에 따라 처리할 것임을 엄명하고 있다.

이 사치금지령을 뒤집어보면, 당시 귀족층의 사치가 어느 정도였는지 짐작할 수 있다. 이때 귀족들은 타쉬켄트산 에메랄드, 남방산 비취모, 타쉬켄트산 벽석, 필리핀 군도산 대모, 자바 수마트라산 자단(有香材木), 페르시아산 직물 등 진기한 이국의 물품으로 옷과 집, 수레 등을 만들었다. 가히 사치의 정도가 극에 이르렀음을 알 수 있다. 따라서 흥덕왕은 이를 제한하는 방법으로 귀족층의 도전을 우회적으로 견제하고자 했다.

흥덕왕은 진골 귀족층의 정치적 도전을 막는 한편, 갈수록 심화하는 농민층의 몰락을 저지하지 않으면 안 되었다. 아래 표에서 보듯이 흥덕왕 재위 후반기에는 기근과 흉년으로 인한 도적 봉기가 일어났다.

흥덕왕 7년과 8년에 나타난 이러한 기근과 도적 봉기 현상은 전제 왕권을 강화하고 정치 안정을 꾀하려는 흥덕왕에게는 극복하지 않으면 안 될 과제였다. 따라서 흥덕왕은 이러한 사회적 불안을 막기 위해 관리를 보내 백성을 안무하기도 하고, 군사를 열병하여 왕의 위엄을 보이기도 했다.

홍덕왕이 실행한 또 다른 위무책은 지방을 돌아보고, 어려운 사람에게 곡식을 내리는 것이었다. 특히 이 시기 왕의 순행은 사회적 불안을 무마하고, 왕의 위엄을 내보임으로써 군주로서의 입지를 강화하려는 의도가 강했던 것으로 보인다. 또 어려운 사람에게 곡식을 내리는 행위는 백성들에게 왕에 대한 신뢰를 심어줄 수 있는 절호의 기회였다.

효의 중요성을 강조하고 그 사례를 특별히 표창한 것도 개별 가호(家戸)의 건강성을 키우고, 백성들을 국가가 필요로 하는 백성으로 교화하고자 하는 의도가 있었다고 할 수 있다.

손순에 대한 몇 가지 추측

손순의 이야기는 홍덕왕 대에 일어난 일이기는 하나 그 정확한 시기는 알 수 없다. 다만 여러 가지 정황을 고려할 때 대체로 홍덕왕 7, 8년 무렵에 있었던 일이 아닐까 한다. 이 시기에는 어려워진 경제 여건 때문에 손순과 비슷한 처지의 백성들이 엄청나게 많았을 것이다. 특히 홍덕왕 8년 봄에는 대기근이 일어났다. 이는 홍덕왕 7

시 기	내 용	조 치
홍덕왕 2년 가을 8월	경주 큰 가뭄	시중 영공이 물러남
7년 봄, 여름	가뭄, 땅이 붉어짐	왕이 음식을 줄임
7년 8월	기근, 흉년, 도적 봉기	10월 백성을 안무함
8년 봄	대기근	4월 왕이 시조묘를 배알함
8년 10월	유행병	11월 시중 윤분이 물러남

신라 홍덕왕 대에 일어난 재해

소현리에 있는 손순 유허비. 손순이 받은 집을 시주하여 홍효사(弘孝寺)라 하고 돌종을 안치했으나, 지금은 사라지고 유허비만 남았다.

년 봄에 가뭄으로 인해 농사를 망치고, 그해 8월에 기근이 일어난 사실과 무관하지 않을 것이다. 아마도 흥덕왕 8년의 대기근은 전국적으로 일어난 현상이었을 것이고, 이때 손순도 매우 어려운 처지에 놓였을 것이다.

모르긴 몰라도 손순은 아버지의 죽음으로 더욱 가난해졌을 것이며, 이를 이겨내기 위해 손순은 아내와 함께 남의 집 품을 팔아 생활했다. 손순 부부와 어머니, 아이로 이뤄진 이 가족은 두 부부의 품팔이로 연명한 것으로 보인다. 이 수입으로 네 식구가 연명하기도 어려운 일일 텐데, 전국적으로 일어난 대기근은 이들 가족의 어려움을 가중시켰을 것이다. 그러했기 때문에 이 부부가 어머니 봉양을 위해 아이를 생매장하려는 극단적인 시도를 한 것이다.

그렇다면 전하는 이야기대로 손순의 이야기가 왕의 귀에 들어간 직접적인 계기가 돌종이 낸 소리 때문이었을까? 아닐 것으로 보인다. 모량리에서 일어난 이 일은 설화적으로 구성되는 과정을 거쳐

왕에게 알려졌을 것이고, 왕이 표창하기에 앞서 그 사신이 손순의 집에 가서 확인했을 가능성이 크다. 이 소식을 들은 흥덕왕은 그 효성에 감동하여 손순에게 집 한 채와 함께 해마다 메벼 50섬을 주는 큰 상을 내렸다.

이야기 속의 상징

《삼국사기》와 《삼국유사》에는 손순의 이야기와 비슷한 내용이 여러 편 전한다. 주로 지독한 가난에도 불구하고 부모를 봉양한 효자, 효녀에 관한 이야기들이다. 부모에 대한 효는 어느 시대를 막론하고 우리 사회의 가장 중요한 덕목 가운데 하나이다. 더욱이 어려운 생활 속에서도 부모를 위해 자기를 희생하는 갸륵한 효성은 국가적 차원에서 표창할 만한 일이었다. 지극한 효성을 나라에서 표창한 것은 백성들로 하여금 효에 대한 관심을 높이고, 더 나아가 국가에 대한 충성과 연결시키기 위함이었다.

그러나 손순의 이야기 속에는 당시 사회의 어두운 일면이 감춰져 있다. 따라서 독자는 이를 예리한 통찰력으로 읽어내어 역사의 이면에 숨어 있는 또 다른 세계를 끄집어낼 수 있어야 한다.

손순의 이야기 속에는 국가가 농민의 생활을 안정시키려는 적극적 역할을 포기한 채, 상징적 행위를 통해서 당시 사회의 모순을 은폐하려는 국가 지배층의 불온한 기도가 숨어 있다. 또한 가난은 나라도 구제해줄 수 없는 개인의 타고난 운명이자 숙명임을 은연중에 주지시키고 있다. 다만 《삼국유사》가 전하는 손순의 이야기에는 불교적 색채가 가미되어, 역사적 진실이 희석되어 있을 따름이다.

손순이 발견한 '돌종'은 불교의 믿음을 상징하는 매우 중요한 모티브로 작용하는데, 손순 부부는 이 돌종으로 인해 가난에서 벗어날 수 있는 기회를 얻었다. 따라서 이 이야기를 읽다 보면 손순의 신심과 효성에만 관심이 쏠린다. 돌종 모티브는 국가의 기능과 역할에 대한 이해를 가로막는 중대한 장애 요소가 되고 있는 것이다.

손순의 이야기가 감추고 있는 역사적 진실을 파악하기 위해선 신라 하대에 나타난 사회적 모순들을 면밀히 살펴야 한다. 이 가운데 가장 두드러진 것이 전장의 확대와 농민층의 빈곤화로 인한 빈부의 양극화 현상이었다.

신라는 4~6세기 무렵에 철제 농기구의 확대 보급과 수리시설의 확충, 우경(牛耕) 실시 등으로 이전 시기보다 농업 생산력을 증대시켰고, 그 결과 사회 전체의 생산력이 전반적으로 늘어나 삼국통일의 경제적 초석이 되었다. 그러나 통일 후 대당 전쟁도 끝나고 평화의 시대가 도래하여 난숙한 귀족 문화가 꽃을 피우면서, 귀족들의 대토지 소유가 확대되었다. 이는 자기 토지를 상실하고 품팔이로 끼니를 잇는 용작농(傭作農)의 출현을 가져왔다.

용작농이란 자기 토지 없이 자신의 노동력을 팔아서 생활하는 농민을 이른다. 불국사를 창건한 김대성도 전생에는 지독한 가난 때문에 부자인 복안(福安)의 집에 가서 품팔이를 해주고 생활한 용작농이었다는 설화가 전한다. 용작농들은 대토지 소유자의 토지를 경작해주고 그 대가를 받아서 생활하였다. 그러니 항상 불안한 삶을 살아갈 수밖에 없었다.

이야기와 역사적 진실의 차이

헌덕왕과 흥덕왕 대에는 왕권을 강화하고 개혁 정책을 추진, 진골 귀족의 정치적 도전을 견제하고자 했다. 그러나 이 시기에는 기근과 자연 재해가 여러 차례 일어나 사회적 불안도 커졌다.

헌덕왕은 자연 재해와 기근에 대해 세금을 면제하거나, 곡식을 내어 구휼하는 등의 국가적 대책을 내놓지만, 흥덕왕 대에는 그렇지 않았다. 흥덕왕 대에는 기껏해야 관료가 책임을 지고 물러나거나 사신을 보내 위로하고, 시조묘를 배알하거나 주군을 순행하는 수준이었다. 즉 흥덕왕은 국왕의 권위와 위엄을 내보이는 방법으로 사회적 불안을 잠재우고자 했다. 손순에게 상을 내린 것도 이러한 흥덕왕 대의 정국 운영과 무관하지 않아 보인다.

손순을 표창한 것은 바로 효를 국가의 지배 이데올로기로 삼으려는 집권층의 상징적 연출이었다고 볼 수 있다. 국가는 중앙 사신을 파견하여 손순의 표창 사실을 각 지방에 전달했을 것이다. 당시 지방 촌락민들은 중앙에서 보내온 손순의 이야기에 깊은 감동을 받았을 것이며, 비록 자연 재해 등으로 어려운 처지였지만 부모에 대한 효가 얼마나 중요한 것인지 깊이 깨달았을 것이다. 효는 이러한 가운데 이데올로기화했다.

흥덕왕은 표창이라는 방식을 통해 효의 중요성을 강조하는 한편, 개별 가호의 건강성을 유지하고 해체를 막고자 했다. 이때 효는 개별 가호의 건강성을 유지하는 데 가장 기본적인 요소이며, 건강한 개별 가호의 존재는 국가 유지에 근본이 되는 것이다. 독서삼품과 시험 과목에 효경이 들어 있었다는 사실에서도 국가가 효를 이데올로기화하기 위해 기울인 노력을 엿볼 수 있다.

효 이데올로기는 농민들이 자신들의 가난을 숙명으로 받아들이게 만들어, 가난은 개인의 타고난 운명임을 은연중에 주지시키는 효과를 발휘했다. 따라서 손순의 이야기는 지극한 효성과 그 보답을 말하고 있는 것 같지만, 사실 이 이야기 속에는 당시 농민들의 뼈저린 가난과 지배층의 영악한 전략이 숨어 있는 것이다. - 김기섭

甄萱 尙州加恩縣人也 本姓李 後以甄爲氏 父阿慈介 以農自活 後起
家爲將軍 初萱生孺褓時 父耕于野 母餉之 以兒置于林下 虎來乳之
鄕黨聞者異焉 及壯 體貌雄奇 志氣倜儻不凡 從軍入王京 赴西南海
防戍 枕戈待敵 其勇氣恒爲士卒先 以勞爲裨將

《삼국사기》 권50, 열전10, 견훤 중 일부

견훤은 상주 가은현 사람으로 본래 성은 이(李)인데, 뒤에 견(甄)으로 성씨를 삼았다. 아
버지 아자개는 농사일을 하여 스스로 생활하였으며, 뒤에 집안을 일으켜 장군이 되었다.
처음에 훤이 태어나서 아직 포대기에 싸여 있을 때, 아버지가 들에 나가 일하시고, 어머
니가 (아버지에게) 먹을 것을 갖다주러 가면서 아이를 나무 밑에 두었는데, 호랑이가 와
서 젖을 주었으므로 마을 사람들은 신기하게 생각하였다. 점점 장성하자 몸집도 웅대해지
고, 지기도 활달하고 비범하였다. 군에 가서 서울로 왔다가, 서남해 쪽으로 부임하였다.
창을 베고 적을 기다렸으며 그 기개가 항상 병사들보다 앞서서, 그 공로로 비장이 되었다.

아자개 또는 지렁이의 아들

견훤은 후삼국 시기에 후백제의 맹주로서 활약하며, 궁예 · 왕건 등과 함께 한 시대를 풍미한 풍운아이다. 후백제는 889년 건국한 뒤 936년 9월 고려에 멸망할 때까지 약 반세기에 걸쳐 우리 역사 속에 존재하며 신라 1,000년 세월의 끝자락을 장식하였다.

태조 왕건의 마지막 적수였던 견훤은 후백제를 건국한 인물임에도 불구하고, 그 출신지는 지금의 경상북도 상주 지역으로 알려져 있다. 《삼국사기》와 《삼국유사》에는 견훤이 상주 가은현(加恩縣) 사람이라고 되어 있다. 견훤의 아버지로 알려진 아자개(阿慈介, 阿玆盖, 阿字盖)가 상주 사불성(沙弗城)을 근거로 장군이 되었다는 사실을 보아도 견훤은 상주 출신으로 보아야 할 것이다.

아자개는 상주 지역을 근거로 세력을 확장한 호족이다. 아자개가 상주 지역에서 장군을 칭하면서 활동한 시기는 885년~887년 무렵이며, 이 시기는 신라 정강왕 대에 해당한다. 이 시기에는 각 지역을 거점으로 삼은 지방 호족이 나타났는데, 아자개 역시 이중 하나로 신라 경명왕 2년(918)에 태조 왕건에게 귀부하였다. 아자개는 네 명의 아들을 두었는데, 견훤을 제외한 나머지 아들들은 장군이라고만 알려져 있다. 아자개는 농업으로 부(富)를 축적하였다고 하니, 애초부터 '가난한 농민'은 아니었다. 그는 상주 지역의 농민 출신으로 농업 경영을 확대하여 세력을 쌓은 호족이었다.

그런데 《삼국유사》는 아자개의 출생과 가족 관계에 대해 다른 사실을 전하고 있다.《삼국유사》는《이제가기(李磾家記)》를 인용하여 아자개가 신라 왕족의 후예로서, 진흥왕의 증손인 각간 작진과 왕교파리 사이에서 태어난 각간 원선이 바로 아자개라고 했다. 또한 아자개의 첫째부인은 상원(上院)부인, 둘째부인은 남원(南院)부인, 맏아들은 견훤, 둘째아들은 능애, 셋째아들은 용개, 넷째 아들은 보개, 다섯째 아들은 소개, 맏딸은 대주도금이라고 했다. 그러나 이를 확인할 길은 없다.

《삼국유사》에는 견훤의 출생에 관해서도 다른 내용을 전하고 있다.

《고기(古記)》에 의하면, 옛날에 한 부자가 광주(光州) 북촌에 살고 있었는데 딸 하나가 있었으며 모습이 단정하였다. 딸이 아버지에게 말했다. "매번 자주색 옷을 입은 남자가 저의 침실에 와서 관계를 갖습니다."

경북 상주시 화북면 장암리 북쪽 장바위산에 위치한 견훤산성. 일명 백제성, 천마산성이라 부르기도 한다.

그러자 아버지가 딸에게 "긴 실을 바늘에 꿰어 그 남자의 옷에 꽂아 두어라" 하니 딸이 그 말에 따랐다. 날이 밝자 실을 따라 북쪽 담 밑으로 가보니 바늘이 큰 지렁이의 허리에 꽂혀 있었다. 그후 (이 딸이) 사내아이를 낳았는데, 나이 열다섯 살이 되자 스스로 견훤이라 일컫었다.

이를 근거로 견훤의 외가는 광주이며, 그의 가향(家鄕)도 광주일 것이라는 견해가 있다. 그러나 《삼국유사》 기록은 서남 지역에서 세력을 확장한 견훤의 혼인 설화가 출생 설화와 섞여서 나타난 결과로 보는 것이 타당하다.

견훤은 어려서부터 예사롭지 않았다. 그의 어머니가 들에서 농사 짓는 아버지에게 음식을 갖다주려고 견훤을 강보에 싸서 나무 밑에 두었더니, 범이 와서 젖을 먹였다고 한다. 또한 체모도 남보다 뛰어나고 비범하였다고 한다. 이로 보아 견훤은 어려서부터 기개와 용기가 남달랐던 듯하다.

성장한 견훤은 신라 중앙군에 들어갔다. 견훤은 서남해 지방에 주둔하면서 창을 베개 삼아 어려움을 견뎠고, 여러 사졸들보다 뛰어난 용기를 보인 끝에 비장으로 승급했다. 그러나 견훤은 백성들이 뿔뿔이 흩어져 걸식하고, 무리 지어 도적질하는 현실을 보면서 반(反) 신라 쪽으로 돌아섰다.

후백제가 전주에 도읍한 까닭

신라 방수군(防戍軍)의 비장이던 견훤은 신라에 반기를 들고 군사를 일으켜 무진주(武珍州, 지금의 광주)를 점령하고 후백제를 세웠다. 후백제 건국에는 견훤의 탁월한 능력과 함께 군사적 기반이 있었다. 《삼국사기》 〈견훤전〉에 의하면, 견훤이 은근히 반심을 품고 무리를 모아 서남 주현을 공격하자 가는 곳마다 견훤에 호응하여 한달 사이에 무리가 5,000여 명에 이르렀다고 한다.

이렇게 견훤이 봉기하여 세력을 모을 수 있었던 것은 당시 신라에 대한 지역 사회의 불만이 극에 달해 있었기 때문이며, 이들은 견훤의 주요한 세력 기반이 되었다. 그러나 견훤은 무진주를 습격하여 스스로 왕이 된 후에도 왕이라 일컫지 못하였다.

견훤은 왕이라고 하지 못하고 스스로 '신라서남도통(新羅西南都統)'이라고 부르고 있었지만, 사실상 이때를 자신의 건국 기년으로 삼은 것 같다. 《삼국사기》에 의하면, 견훤이 고려 태조와 일전을 겨루기 위해 고창군으로 향한 때가 42년 경인년이다. 경인년은 서력 기원으로 계산하면 889년이 된다. 이때가 바로 《삼국유사》에 나오는 용화 원년 기유년(889)으로, 견훤이 무진주를 장악하여 실질적으로 건국한 해이다. 이후 견훤은 점차 내륙으로 북상하여 왕이라고 불리었으며, 900년 전주에 도읍을 정한 뒤 관직을 세우고 정식으로 후백제 왕으로 즉위했다.

견훤은 전주에 도읍한 이후 백제(百濟)라는 국호와 함께 '백제왕'을 칭하고, '정개(正開)'라는 연호를 사용하여 정식 국가 수립을 내외에 선포하였다. 그와 함께 관부(官府)를 설립하고 관직을 정하는 등 국가체제를 갖추어갔다. 자료에는 후백제의 관부와 관직으로 우장군, 좌장군, 해장군(海將軍), 장군, 인가별감(引駕別監), 도독(都督), 술사(術師), 의사(醫師) 등의 칭호가 단편적으로 보이고 있으나, 이 외에도 많은 관직이 있었을 것이다.

그렇다면 견훤이 서남의 주현을 기반으로 성장했음에도 불구하고 전주로 이동하여 도읍을 정한 까닭은 무엇일까. 이는 왕건의 행적과 무관하지 않다.

영암 출신의 도선(道詵)이 왕건의 선대와 관계를 맺고 있었고, 왕건의 두 번째 비인 장화왕후(莊和王后) 오씨의 아버지는 나주 지역의 호족이었다. 따라서 서남 해안 지역은 왕건에게는 인연이 깊은 곳이다. 실제로 왕건은 이 지역을 차지하기 위해 상당한 노력을 기울였다. 왕건은 아직 고려의 왕이 되기 전인 903년에 궁예의 수군 장군으로 금성군(錦城郡, 나주)을 쳐서 빼앗고, 그 주변의 10여 개 군현을 빼앗은 후 금성을 나주로 고쳤다. 이후 나주 지역은 왕건의 주요 세력 기반이 되었다.

나주는 영산강을 끼고 있는 교통·군사의 거점으로, 하류에 산재한 다도해의 중심이자 대중(對中) 해상 무역의 요충지였다. 따라서 이 지역을 장악하면 서해안의 제해권을 장악하고, 견훤 정권의 대중국 항로를 차단하는 효과를 얻을 수 있었다. 또한 왕건은 본래 예성강 지역의 해상 세력이었으므로, 나주 지역은 일찍부터 왕건과 관계가 있었을 것이다. 따라서 견훤은 서남해 지역을 기반으로 성장했으면서도, 왕건의 공격을 받고 부득이하게 세력 거점을 전주로 옮기지 않을 수 없었다.

그러나 견훤은 서남해 지역을 쉽게 포기할 수 없었다. 이 지역은 자신의 배후 지역일 뿐 아니라, 대중 해상 교통의 주요 거점이라는 점에서 어느 곳보다 중요한 지역이었다. 따라서 견훤은 전주에 도읍한 이후에도 901년 금성의 남쪽 연변 부락을 약탈하고, 910년 나주성을 포위 공격하는 등 공세의 고삐를 늦추지 않았다.

중북부 지방을 둘러싼 견훤과 왕건의 공방

견훤은 왕건이 즉위한 후 서남해 지역보다는 내륙 지방의 확보에 힘을 기울였다. 특히 남한강 상류와 금강 유역, 충청도 중북부 지역, 낙동강을 중심으로 한 경상도 북부 지역의 확보에 주력하였다. 남한강 상류와 금강 일대는 중북부와 호남을 연결하는 교통 요지이기 때문에, 이 지역의 확보는 견훤 정권에게 대단히 중요한 일이었다. 926년 4월, 견훤은 이 일대의 지배력을 확고히 하기 위해 직접 군사를 이끌고 웅진으로 갔다.

낙동강 상류의 경상도 북부 지역 역시 고려와 신라의 연결을 끊기 위해서 반드시 확보해야 할 거점이었다. 920년 10월 견훤은 직접 군사를 이끌고 대량(大良, 합천)과 구사(九史, 초계)를 공격하여 차지하고, 이어서 진례성으로 진격하는 등 이 지역을 확보하기 위해서 적극적인 노력을 펼쳤다. 또 고사갈이성(高思葛伊城, 문경), 근품성(近品城, 산양), 상주, 하지성(下枝成, 풍산), 고창, 의성 등지를 근거지로 확보하고자 했다.

이처럼 견훤은 고려와 신라가 연결되는 것을 매우 경계했다. 견훤의 경계 노력은 927년 9월 경주로 쳐들어가서 경애왕을 죽이고 헌강왕의 외손자인 김부를 신라의 왕으로 옹립한 일에서 절정을 이루었다. 김부가 신라의 마지막 왕 경순왕이다.

신라의 방수군으로 서남 지역에서 활동하다가 신라에 반기를 든 견훤이 신라에 어떠한 태도를 갖고 있었는지에 대한 학계의 해석은 둘로 나뉜다. 하나는 견훤이 궁예처럼 신라에 대해 적대적이었다는 것이고, 다른 하나는 신라에 대해 존왕(尊王)의 의리를 세웠다는 점에서 궁예와는 다르다는 해석이다.

앞의 해석은 견훤이 신라에 쳐들어가서 경애왕을 죽이고 비빈과 종실 인척들을 죽이는 만행을 저질렀다는 점에서 반 신라적이라고 보았고, 뒤의 해석은 견훤이 신라를 병합할 만한 충분한 능력이 있었음에도 불구하고 신라를 병합하지 않고 다시 김부를 왕으로 세웠다는 점에서 반신라적이라고 볼 수 없다는 것이다. 이 해석은 신덕왕(神德王)—경명왕(景明王)—경애왕(景哀王)으로 이어지는 박씨 왕과 이와 대립하는 김씨 세력 간의 왕위 계승을 둘러싼 갈등 속에서 견훤이 김씨 세력과 연계했고, 그 결과 김부가 경순왕으로 오를 수 있었다는 추측에서 나온 평가이다.

《삼국유사》에서 《이제가기(李磾家記)》를 인용하여 아자개가 신라 왕족의 후예이고, 진흥왕의 증손인 각간 작진과 왕교파리 사이에서 태어난 각간 원선이 바로 아자개라고 했다는 점에서, 견훤이 박씨 왕을 제거하고 김부를 왕으로 세운 이유를 찾을 수도 있을 것이다. 두 가지 해석 모두 일면 타당한 점이 없지 않으나, 어떤 경우이든 견훤을 친 신라적이라고 보기는 어려울 것이다.

견훤은 백제 부흥이라는 기치 아래 후백제를 세웠다. 그리고 이후 신라의 왕성을 위협하면서 고려와 지속적으로 대립했으며, 결국에는 경애왕을 죽이고 경순왕을 세우기에 이르렀다. 이때까지도 견훤은 스스로 신라를 병합할 명분이 부족하다고 여겼을 것이다. 따라서 견훤이 신라를 병합하지 않은 까닭은 그가 친 신라적이었기 때문이라기보다는, 고려가 신라에 접근하는 것을 막으면서 신라를 병합할 만한 명분을 축적하기 위해서라고 보는 게 더 타당하다.

그러나 930년 1월 고창 전투 패배로 중북부 지역은 고려의 세력권에 들어가고 말았다. 그리고 견훤의 지방 지배력이 약화되면서 930년 8월 왕건은 천안에 도독부를 설치하고, 청주에 나성을 쌓아 이 지역 확보를 위한 전초 기지로 만들었다. 이런 상황에서 932년 6월에는 매곡(昧谷, 보은) 성주 공직(龔直)이, 934년에는 웅주 이북의 30여 성이 고려에 귀부하기에 이르렀다. 이처럼 고창 전투의 패배 이후, 견훤은 이 지역에서 급속히 영향력을 상실해갔다. 특히 용감하고 지략이 뛰어난 공직의 귀부는 견훤에게 뼈아픈 상처를 남겼다. 견훤은 공직의 두 아들과 딸을 잡아다가 참혹한 형벌을 내렸다.

930년 이후 중북부와 낙동강 상류 지역에서 영향력을 상실한 견훤은 다시 서남해 지역으로 공격 방향을 잡아간 것 같다. 고려와의 경쟁에서 밀리자 자신의 배후 지역인 서남해 지역의 안정을 위해 이 지역을 적극적으로 공략한 것이다. 만약 서남해 지역마저 고려의 세력권에 그대로 둔다면 견훤으로서는 사면초가의 위기에 빠질 것이 자명했다. 견훤은 이를 막기 위해서 적극적으로 이 지역을 공략했고, 이에 따라 나주 지역은 태조 18년(935) 4월 유금필이 수복하기까지 6년 동안 견훤의 세력 아래 있었다.

서열을 무시한 왕위 계승이 부른 쿠데타

견훤은 고창 전투에서 패한 이후 급속도로 약화되어갔다. 이는 전투에서 패배한 것이 결정적인 원인이었지만, 견훤 세력 내부에서 점차 심화한 권력을 둘러싼 갈등에서 비롯한 바도 컸다.

견훤은 어떤 이유에서인지 모르지만 넷째아들 금강에게 왕위를 물려주려고 했다. 이때 견훤에게는 이미 장성한 아들인 신검·양검·용검 등이 있었다. 그럼에도 불구하고 금강에게 왕위를 물려주고자 했으니 왕위 계승을 둘러싼 형제 간의 갈등과, 그와 연결된 정치 세력들의 대립은 불 보듯 뻔한 일이다.

신검 형제와 금강은 나이로 보나 이름으로 보나 이복형제로 보이므로 그로 인한 형제 간의 갈등이 일찍부터 존재했을 것이다. 따라서 이들 형제와 연결된 정치 세력들 간의 대립이 이와 같은 서열을 무시한 왕위 계승을 생각하게 만든 것 같다. 《삼국사기》〈견훤전〉에는 이와 관련한 내용이 나온다.

충남 논산시 연무읍 금곡리에 있는 견훤 묘.《세종실록지리지》은진현조에 견훤 묘가 현 남쪽 12리 풍계촌에 있다고 하나, 이 묘가 견훤의 묘인지는 확실하지 않다.

　　삼가 생각하건대, 대왕의 뛰어난 무용은 다른 사람에 비해 출중하였고 영걸한 지모는 고금에 으뜸이었다. (중략) 그리하여 공업(功業)을 거의 중흥하게 되었는데 지려(智慮)를 갑자기 잃어버리게 되어 금강을 총애하였다. 간신이 권세를 농락하여 대군을 진(晉) 혜제(惠帝)의 혼암(昏暗)으로 이끌고 아버지를 헌공(獻公)의 미혹으로 빠지게 하여 왕위를 금강에게 전하려 하였다.

　이 기록에 의하면 견훤은 간신들의 농간으로 금강을 총애하게 되었다. 이는 금강을 지지하는 세력과 신검을 지지하는 세력이 정치적으로 대립하고 있었음을 뜻한다. 따라서 금강에게 왕위를 전하려는 기도는 신검 세력을 위기로 몰아넣었을 것이 자명하다. 신검 세력은 견훤이 후백제를 건국한 후 신라와 고려를 상대로 한 전쟁을 치르는 과정에서 점차 세력을 형성했으며, 금강 세력은 930년 고창 전투를 전후한 시기에 일정한 세력을 이루었다.

이처럼 고려와의 전쟁에서 우위를 차지했던 후백제가 고창 전투 후 급속하게 무너진 것은 신검 세력과 금강 세력의 정치적 주도권을 둘러싼 갈등이 증폭하면서 후백제 내부가 정쟁에 휩싸인 것이 가장 큰 원인이었다.

금강에게 왕위를 계승하려는 견훤의 시도는 신검 형제들을 고민과 번뇌에 빠뜨렸다. 당시 양검은 강주(康州, 진주) 도독이었고, 용검은 무주(武州, 광주) 도독이었으며, 신검은 견훤의 곁에 있었다. 이에 이찬 능환은 강주와 무주에 사람을 보내 양검 등과 모의하였다. 그리하여 태조 18년 3월, 신덕·영순 등과 함께 신검을 부추켜 견훤을 금산사로 유폐시키고, 사람을 보내 금강을 죽인 후 신검을 대왕이라 칭하고 대사면을 하기에 이르렀다.

견훤의 귀부와 후백제의 몰락

견훤은 금산사에 유폐된 지 3개월 만에 막내아들 능예와 딸 쇠복, 애첩 고비 등과 함께 금산사를 탈출하여 나주로 도망했다. 이에 태조는 기뻐하여 장군 금필과 만세를 보내어 견훤을 위로하고 개경으로 오게 했다. 935년 6월, 견훤은 고려에 귀부하고 왕건의 극진한 예우를 받았다. 왕건은 견훤을 상보(尙父)라고 칭하고 궁궐을 주어 살게 했으며, 양주를 식읍으로 주었다. 이어 신라의 경순왕도 935년 10월에 고려에 귀부함으로써 왕건은 삼한 통일을 눈앞에 두게 되었다.

견훤이 고려에 귀부한 후 견훤의 사위 박영규는 노심초사하면서 자신의 진로에 대해 고민했다. 박영규는 아내와 의논하여 견훤의 뒤를 따르기로 결심하였다. 그리고 936년 2월, 왕건에게 사람을 보내 고려군이 쳐들어오면 안에서 내응하기로 하니, 왕건은 매우 기뻐하며 후일 이에 대해 보답하기로 했다. 이제 왕건은 후삼국 통일을 위한 최후의 일전을 남기고 있었다.

936년 9월 있었던 일리천(一利川, 지금의 선산) 전투는 고려로서는 후삼국 통일을 위한 최후의 결전이었다. 왕건은 이 전투를 위해서 10만 이상의 군사와 최정예 부대로 삼군을 편성, 일리천을 사이에 두고 후백제군과 대치하였다. 태조로서는 가장 자신감에 차고, 그러면서도 긴장되는 전투였을 것이다. 견훤 역시 멀리서 이 전투를 보면서 만감이 교차했을 것이다. 태조로서는 이번이 후삼국을 통일할 수 있는 절호의 기회였고, 애초에 후삼국을 통일하려는 뜻을 품고 후백제를 일으켰던 견훤으로서는 아들의 쿠데타로 한때 적이던 왕건에게 의탁한 자신의 처지가 회한으로 다가왔을 것이다.

승부는 의외로 쉽게 끝이 났다. 태조의 정예군이 후백제의 중군을 덮치며 전군이 일시에 협공을 하니, 후백제군은 여지없이 무너졌다. 신검과 그의 두 아우, 그리고 능환 등은 왕건에게 항복하였다. 후삼국의 쟁패가 끝나는 순간이었다. 왕건은 능환을 제외한 나머지 사람들은 위로하고 서울로 올라오는 것을 허락하였다. 그러나 능환은 의리를 저버리고 양검 등과 밀모하여 대왕을 가두었으며, 신검을 내세워 왕으로 삼은 죄를 물어 목을 베었다.

왕건은 뒤에 이들의 죄를 다시 논하였는데, 신검은 왕을 거짓되이 칭하였으나 이를 반성하고 왕명에 귀의하였다 하여 용서하고, 용검과 양검은 그 죄가 능환과 같다고 하여 유배를 보냈다가 얼마 지나지 않아 모두 처형했다.

《삼국사기》의 사신(史臣)은 견훤에 대해 이렇게 평했다.

　훤은 신라 백성으로 일어나서 신라의 녹을 먹고 살았는데, 속으로 화심(禍心)을 품고 나라가 위태로움을 다행으로 여기어 도읍을 침략하고 군신을 살육하기를 금수 죽이듯, 풀 베듯 하였으니 실로 천하의 원악이요 대죄이다. (중략) 견훤은 그 화가 아들에게서 일어났으니 모두 자신이 얻은 것이다. - 김기섭

비운의 발해 세자, 대광현

（十七年） 秋七月 渤海國世子大光顯率衆數萬來投 賜姓名王繼 附之
宗籍 特授元甫守白州 以奉其祀 賜僚佐爵軍士田宅 有差

《고려사》권2, 세가2, 태조2 중 일부

934년 7월 발해국 세자 대광현이 무리 수만을 이끌고 내투(來投)하니 그에게 왕계(王繼)
라는 성명을 내려주고 종실의 적(籍)에 싣게 하였다. 특별히 원보(元甫)라는 관직을 내리
고 백주(白州)를 지키게 하였으며 발해 왕실의 제사를 받들게 하였다. 그를 따라온 사람
에게는 작(爵)을 내리고 군사에게는 토지와 집을 내려주는 데 차등 있게 하였다.

발해는 왜 멸망했나

우리 나라 역사에서 '비운의 세자'라고 하면 누구나 신라의 마의 태자를 떠올릴 것이다. 그러나 마의태자보다 몇 년 앞서서, 신라와 더불어 남북국시대를 형성했던 북국 발해에도 비운의 세자가 있었다.

한국사상 가장 넓은 영토와 강대한 힘을 갖고 중국의 당나라와 싸워서도 결코 패하지 않았던 위대한 국가 발해. 그러나 당나라가 해동성국(海東盛國)이라 불렀던 이 동방의 큰 나라의 마지막 왕이 누구이며, 그 세자는 누구였는지 아는 사람은 별로 없다.

발해의 마지막 왕 이름은 대인선(大諲譔)이다. 그리고 나라가 망한 뒤 고려에 망명해야 했던 비운의 세자는 대광현(大光顯)이다.

대광현은 10세기 초 동아시아의 국제 정세가 급격히 소용돌이치고 있을 때 조국의 멸망을 목격하고, 수많은 무리를 이끌고 고려로 망명한 인물이다. 그가 언제 태어났는지는 알 수 없다. 그리고 그가 언제 세상을 떠났는지도 모른다. 그렇지만 외부의 침략을 이겨내지 못하고, 자신을 따르는 수많은 백성을 이끌고 새로운 세계를 찾아 나서야 했던 비운의 발해 세자 대광현이 전하는 메시지는 오늘날까지도 유효하다.

먼저 발해 세자 대광현이 고려로 망명할 수밖에 없었던 이유, 즉 발해가 멸망한 원인이 무엇이었는지 생각해보자. 하나의 문명이나 국가가 붕괴하고 사라지는 원인은 여러 가지가 있다. 내부적인 갈등 · 대립 · 부패라는 요인도 있고, 외부적인 침략도 있을 수 있으며, 내 · 외부 요인이 서로 결합한 경우도 있을 것이다. 근래에는 자연재해나 기후와의 연관성에 관심을 기울이는 경향이 있다. 이는 오늘날 지구상에 지진이나 엘리뇨, 라니냐에 따른 기후 변화 등이 자주 발생하는 현상과 관련이 깊은 듯하다.

이렇듯 발해는 내 · 외부적 요소 외에 백두산의 화산 폭발이나 기후 변동까지도 멸망 원인으로 거론될 정도로 의문투성이의 나라이다. 발해가 멸망한 원인이 미궁에 빠진 근본적인 이유는 이와 관련한 역사 자료가 부족한 탓이지만, 어떤 이유에서든 그렇게 넓은 영토를 가졌던 국가가 어떻게 거란의 본격적인 침략에 한 달도 버티지 못하고 멸망했는가 하는 의문은 여전히 남아 있다.

발해가 멸망한 원인으로는 여러 가지가 꼽힌다. 최근 새로운 각도에서 그 원인을 찾아내고자 하는 노력이 펼쳐지고 있으나, 소수의 고구려 계통 지배층과 다수의 말갈인 피지배층이라는 민족 구성상의 취약성과 지도층 내부의 권력 다툼 때문이라는 기존의 주장이 여전히 설득력을 유지하고 있다. 이는 중국 사서인 《요사》에 나와 있는 "거란의 태조 야율아보기(耶律阿保機)는 발해 사람들의 갈라진 마음을 틈타 움직여서 싸우지 않고 이겼다"라는 기록과도 들어맞는다. 그렇지만 발해가 멸망한 직접적인 원인은 역시 발해 서쪽 시라무렌 강 일대에서 급성장한 거란의 침략이었다.

한편 발해가 너무나 급작스럽게 멸망했다 하여 근래에는 백두산 화산 폭발설이 그 멸망 원인으로 자주 거론되고 있다. 그러나 아직까지 문헌상의 뒷받침이 없어 이 주장은 설득력을 얻지 못하고 있다. 설사 백두산 화산이 1,000여 년 전에 마지막으로 폭발했다는 사실이 지질학적으로 입증된다고 하더라도 우리 나라를 비롯한 인접

발해의 영토였던 백두산과 천지. 발해의 멸망이 백두산 화산 폭발 때문이라는 견해도 있으나, 그 가능성은 희박하다.

국의 역사까지 세계에서 가장 잘 정리했다는 중국과, 발해 시기에 우리와 많은 교류를 가진 일본에서 화산 폭발과 발해의 멸망에 대한 기록을 찾을 수 없다는 점이 문제다.

다만 발해의 수도였던 상경성(上京城, 오늘날 흑룡강성 영안현 지역)이나 연해주 일대에 가보면 화산 폭발로 생겨난 현무암들이 지금도 많이 널려 있는 걸 볼 수 있다. 발해문화를 대표하는 문화재로 지금의 흥륭사 뜰에 남아 있는 6미터짜리 거대 석등도 현무암으로 되어 있다. 또 상경성 가까이 있는 아름다운 호수인 경박호도 용암 분출로 만들어진 것이다. 러시아 연해주의 화산재 속에서 발견한 유물이 발해 시대의 것이라는 견해도 있다. 때문에 발해 멸망을 화산 폭발과 관련 지을 만한 요소는 몇 가지 있는 셈이다.

백두산 화산 폭발설의 문제

그러나 발해의 많은 문화재나 건축물이 현무암으로 만들어졌다는 사실은 발해가 백두산 화산 폭발로 멸망했다는 것을 증명하기보다, 오히려 그렇지 않다는 것을 증명할 수 있다. 즉 화산 폭발이 있고 난 다음에 폭발 때 생겨난 돌로 성이나 석등 등의 건축물을 만들었다는 논리로, 발해가 들어서기 전에 이미 화산 폭발이 있었다는 주장이 성립한다.

화산 폭발설의 또 다른 문제점은 발해의 마지막 수도였던 상경과 백두산의 거리이다. 백두산은 상경에서 북으로 약 250킬로미터나 떨어져 있다. 화산재가 그렇게 먼 곳까지 날아가 나라가 망했다는 주장은 상식적으로 납득하기 어렵다. 발해는 조그만 도시 국가가 아니었다. 서기 79년 8월 나폴리 근처의 베스비우스 화산이 폭발하여 아름다운 도시 폼페이가 화산재 아래 완전히 묻혀버릴 때 화산과 도시의 거리는 불과 14킬로미터였다. 그러나 발해는 사방 5,000리의 광대한 국가였다.

하물며 지진이 잦은 일본에서도 화산 폭발로 갑자기 나라가 망했다는 말은 듣지 못했던 것 같다. 또 발해가 화산 폭발로 이미 무너져가는 상황이었다면 거란의 태조가 무엇 때문에 굳이 대규모 군사를 동원하여 엄청난 피해를 감수하면서까지 발해를 침략했는지 의문이 아닐 수 없다.

하지만 이 모든 반론에도 불구하고, 휴화산으로 알려진 백두산이 2000년대에 폭발할 가능성이 있다는 주장이 가끔씩 제기되면서 화산 폭발설에 대한 관심은 높아만가고 있다.

이와는 별개로 발해의 영토가 흑룡강 일대나 러시아의 연해주 지역에 넓게 펼쳐져 있었기 때문에 기후가 너무 한랭하여 국가가 제대로 발전하지 못하고 멸망한 것은 아닌가 하는 의문을 가질 수도 있다. 실제로 일본의 역사책인 《유취국사》에는 "토지가 매우 차서 논 농사에 마땅하지 않다"는 발해 관련 서술이 나온다. 이를 통해 본다면 이같은 추측도 약간의 가능성이 있어 보인다.

최근 과학이 발달하면서 수령이 높은 나무나 화분(花粉), 오래된 일기(임진왜란 당시 이순신이 7년 간 전쟁을 치르면서 쓴《난중일기》를 보면 날짜 다음에 그날의 날씨가 정확하게 기록되어 있다)나 고문서를 분석하는 등의 다양한 방법을 통해 과거 2,000년 동안의 기후 변동을 꽤 상세히 복원할 수 있다고 한다. 하지만 발해의 경우에는 마땅한 연구 방법을 찾지 못하고 있다. 또한 기후만 가지고 역사를 설명한다는 것도 무리가 따르는 일이다. 기후가 한 국가나 문명의 발전에 커다란 영향을 주는 것은 사실이지만, 거란의 공격 앞에 한 달 만에 무너진 발해의 멸망 원인으로 기후 변화를 거론하기엔 아직도 많은 문제점이 있다.

거란의 침략, 해동성국 무너지다

발해의 마지막 왕인 대인선의 통치 시기(906~926)는 한반도와 중국이 국내 정치의 모순과 지방 세력의 할거로 각각 후삼국과 5대 10국의 시기로 분열되던 시기였다. 발해 역시 여러 가지 문제로 국력이 크게 쇠퇴해 있었다. 이러한 상황은 지금까지 부족 단위로 생활하면서 큰 힘을 갖지 못한 채 살아가던 거란족이 발흥할 수 있는 좋은 기회가 되었다.

발해의 서쪽 변방에서 세력을 키운 거란의 태조 야율아보기는 925년 12월, 드디어 발해를 공격했다. 한 달 간 버티던 발해는 926년 1월 14일, 대인선이 흰옷을 입고 나무에 묶인 채 양에 끌리어 신하 300여 명과 함께 거란에 항복하는 것으로 항전을 마무리지었다. 이 무렵 해동성국의 상징이던 상경성은 거대한 불길에 휩싸였고, 수많은 건물과 사원도 모두 사라졌으며, 발해의 왕과 왕족들은 거란에 잡혀갔다. 이것으로 발해라는 나라는 역사 속에 완전히 묻혀버렸다.

발해가 망하고 1,000년이 흐른 지금, 옛 상경성에서 만주와 연해주를 호령하던 발해 왕의 자취는 찾을 수 없다. 궁궐이 있던 자리엔 주춧돌만 남아 있고, 주변 땅은 콩밭이 되었다. 과거 공주들이 거닐던 곳에서는 염소들이 한가로이 풀을 뜯고, 깨진 기왓장이 발에 밟혀 나뒹군다. 발해시대의 우물터인 팔보유리정(八寶琉璃井)만 옛 모습을 어렴풋이 간직하고 있다. 사람 키의 세 배가 넘는 거대한 석등은 거란의 말발굽 아래 죽어간 수많은 발해인의 영혼을 지키는 마지막 등불인가!

발해 멸망에 대한 슬픔을 시로 잘 표현한 이는 포은 정몽주이다. 정몽주는 1384년 명나라에서 돌아오는 길에 황폐하게 변한 발해 고성(古城) 터를 지나면서 발해의 멸망을 슬퍼하고 거란의 발해 침략을 비난했다(《포은선생집》 권1 발해고성).

발해는 옛날의 나라였건만, 덧없이 유지(遺址)만 남았다.
당나라도 그 상습(相襲)을 인정했거늘, 거란이 함부로 병탄(併吞)하였다.
모든 신서(臣庶)는 우리 나라에 귀부하여 지금껏 그 자손이 고려에 있다.
유민은 어이하여 이곳에 흩어졌는가! 탄식하며 귀향길 수레를 머무노라.

고려 말의 충신이자 대학자인 정몽주는 마치 고려의 멸망을 예감이나 하듯 발해의 몰락을 슬퍼하고 탄식하고 있다.

발해문화를 대표하는 발해 석등. 우리 나라의 석등 가운데 규모가 가장 크며, 조각도 매우 아름답다. 지금은 청나라 때 만들어진 흥룡사(興隆寺) 뜰 앞에 서 있다.

대광현은 언제 고려로 망명했나

발해가 망하자 발해인들은 고려, 여진, 송으로 망명하여 새로운 삶을 모색하였다. 여진과 송으로 피난 간 사람은 얼마 되지 않으나, 고려로 망명한 인물은 5만에서 10만 명에 이른다. 이들은 입을 것과 먹을 것을 약간씩 가지고 이리저리 방황하며 정처 없이 남으로 남으로 내려왔을 것이다. 갖은 고생을 다하며 두만강을 건너고, 압록강을 건너 고려에 당도한 그들이 겪은 고생이 어떠했을지 상상하고도 남는다. 발해 유민들은 한꺼번에 고려로 망명한 것이 아니라 동아시아 정세에 따라 꾸준히 이어진 것이다. 그렇다면 왜 그들은 망명지로 고려를 택했고, 고려는 왜 적극 이들을 수용했을까?

단순히 지리적으로 서쪽에는 거란이 있고, 동북 지역으로는 가기 힘들어 할 수 없이 남쪽에 있는 고려를 택했던 것은 아닌 것 같다. 그보다는 발해가 고구려를 계승한 나라이고, 고려 역시 고구려 계승을 표방했으므로 서로간에 동족·동류 의식을 느껴 망명을 하고 또 받아들였다고 생각한다.

더군다나 발해가 멸망해갈 무렵, 발해와 고려 사이에는 '혼인·친척의 나라'라는 관계가 형성돼 있었고, 고려 정부가 발해 유민들을 거란이나 여진족과는 다른 차원에서 우대했다는 사실도 이같은 주장을 뒷받침한다. 그리고 아직 신생국인 고려에게는 발해 유민들을 적극 이용하여 남하하는 거란에 대항하려는 외교 정책 상의 의도도 있었을 것이다.

수만에 이르는 망명 발해 유민을 대표하는 인물인 대광현의 고려 내투(來投, 망명) 시기는 기록마다 차이가 있어 정확하지 않다. 고려 시대에 나온 역사서에서는 대광현의 망명 시기에 대한 기록을 찾을 수 없고, 한 시대를 지나 15세기 조선시대에 씌어진 《고려사》세가는 934년 7월, 연표에는 925년이라고 기록해놓았다. 또《고려사절요》는 925년 12월,《동국통감》은 926년 봄에 망명했다고 각각 다르게 기록하고 있다.

거란이 중원을 차지하기 위해 사전 정지 작업의 일환으로 그 배후 세력이라고 판단한 발해를 공격한 것이 925년 12월 하순이고, 발해가 항복한 시점이 926년 1월 중순이라는 사실을 고려하면,《고려사》세가 기록을 빼고는 모두 이와 비슷한 시기라 어느 정도 수긍할 수 있다. 문제는 934년에 대광현이 고려에 망명했다는 기록을 어떻게 이해할 것인가 하는 점이다.

926년 나라가 망하면서 왕과 왕족들이 거란으로 끌려갔는데, 이로부터 8년이나 지난 후에 대광현이 무리 수만을 이끌고 망명했다는 것은 많은 의문점을 낳기 때문이다. 이는 기록상의 오류로 볼 수도 있고, 망명은 925년 12월에서 926년 1월 사이의 어느 시기에 이뤄졌으나 고려가 우대 조치를 취한 시기가 934년일 수도 있다. 아니면 조선 후기의 실학자 정약용이《아방강역고》에서 지적했듯이, "대광현은 발해의 마지막 왕 대인선의 세자가 아니라 나라가 망한 후 유민들이 세운 부흥 국가의 세자"일 수도 있다.

아무튼 학자들 사이의 견해가 다르기는 하지만, 대광현은 발해가 멸망하던 무렵에 고려로 망명했으며, 고려의 후삼국 통합 정책이 가속화하던 934년에 그에 대한 우대 조치가 내려진 것이 아닐까 싶다. 대광현에 대한 기록은 그가 수많은 무리를 이끌고 고려에 망명했다는 내용뿐이다. 그 가운데서 가장 상세한 것이《고려사》(태조세가 17년조)에 나오는 다음의 내용이다.

934년 7월 발해국 세자 대광현이 무리 수만을 이끌고 내투하니, 그에게 왕계(王繼)라는 성명을 내리고 종적(宗籍)에 싣게 했다. 특별히 원보(元甫)라는 관직을 내리고 백주(白州)를 지키게 하였으며 발해 왕실의 제사를 받들게 하였다. 그를 따라온 사람에게는 작(爵)을 내리고 군사에게는 토지와 집을 내려주는 데 차등 있게 하였다.

망명한 대광현은 어떻게 되었나

가장 자세하다는 이 기록에서도 대광현이 언제 태어났는지, 또 언제 생을 마감했는지조차 알 수 없어 안타깝다. 세자라는 높은 신분이었으므로 당시 고려의 왕이던 왕건이 그를 친히 맞이하여 위로했다는 글귀가 있을 법도 한데 그런 말도 찾아볼 수 없다. 대광현이 고려 정부에서 왕씨 성을 하사 받았다고 하는데, 고려시대에 왕씨 성을 가진 인물 가운데 왕계(대광현)의 아들이나 후손이라고 하는 인물은 어디에도 나오지 않는다. 이는 《개성왕씨족보》를 통해서도 확인할 수 있다.

대광현의 가계는 오늘날 태씨들의 족보를 봐도 알 수 없다. 대광현이 고려로 넘어온 후 고려에서 발해 계통의 대와 태씨 성을 가진 자가 정치·외교·전쟁에서 크게 활약했다는 기록이 있기는 하나, 이들이 대광현의 후손인지 확인할 길이 없다.

발해 왕족인 대씨는 고려 중기 이후 일부가 태씨로 불리다가, 조선시대에 들어 완전히 태씨로 바뀌었다. 오늘날 대표적인 태씨 본관으로는 영순(永順)과 협계(陜溪), 남원(南原)이 있으며, 1985년 인구조사에 따르면 남한에 7,406명이 살고 있다. 그런데 《영순태씨족보》 속의 '발해왕세계도'를 보면 마지막 왕 대인선 다음에 대광현─대도수─대인점─대금취로 세계(世系)가 설정되어 있다.

발해사 인식의 방향을 제시했던 조선 후기 유득공의 《발해고》 역시 고려와 거란 간의 1·2차 전쟁에서 크게 활약한 대도수(大道秀)라는 인물이 대광현의 아들이고, 몽고를 정벌하는 데 공을 세워 영순군(永順君)에 봉해져 영순 태씨의 시조가 된 대금취(大金就)가 그 후손이라고 하였다. 그러나 《고려사》를 비롯한 역사서에는 이러한 내용이 없으므로 위의 내용을 그대로 수용하는 데는 문제가 있다.

위의 《고려사》 기록에서 눈에 띄는 점은 고려에서 대광현에게 관직을 내려주면서 백주를 지키게 했다는 것이다. 백주는 수도 개성에서 멀지 않은 예성강 바로 건너편의 중요 거점으로 지금의 황해도 배천이다. 백주를 대광현에게 지키게 한 것은 발해 유민의 대표격인 대광현이 차지한 비중이 그만큼 컸음을 보여주는 것이며, 아울러 발해 유민들을 주로 북쪽 지역에 거주시키면서 북방 정책에 이용하려고 한 고려의 의도와도 관련이 있을 것이다.

고려는 왜 발해 유민을 받아들였나

오늘날 대광현과 관련되어 남아 있는 것은 하나도 없다. 그의 무덤도, 묘지명도, 그를 모신 사당도 없다. 심지어 그와 관련한 설화도 전하지 않는다. 그가 남겼을 만한 사서나 문집도 없으며, 고려 역시 대광현에 대한 상세한 기록은 어떤 역사책에도 남기지 않았다. 그래서 조선 후기의 유득공은 《발해고》 서문에서 "고려가 마침내 약한 나라가 된 것은 발해 땅을 차지하지 못하였기 때문이다. (중략) 당나라 사람 장건장(張建章)도 《발해국기》를 지었는데 고려 사람이 어찌 홀로 발해 역사를 지을 수 없었단 말인가"라고 한탄했던 것이다.

그런데 북한 개성에 있는 왕건의 무덤 앞에 대광현을 형상화한 무인상이 서 있다. 이는 북한이 1993년 왕건릉을 개건하면서, 고려 왕건의 국토 통일과 북방 개척에 대광현이 큰 기여를 했다는 취지에서 세웠다고 한다. 그리고 왕건릉 제당에는 '발해국 왕세자 대광현이 수만 명의 주민을 데리고 고려로 넘어오는 모습'을 그린 그림이 전시되어 있다. 앞으로 남북 간 교류가 더 활성화되면 북한에서 나온 책자가 아니라 직접 눈으로 이를 확인할 수 있겠지만, 이것들이 과연 얼마나 큰 역사적 의미를 지닐지는 의문이다.

아무튼 우리는 발해 멸망과 대광현의 고려 망명이라는 사실을 통해 역사의 몇 가지 측면을 이해할 수 있을 것 같다.

먼저 고려와 망명자의 처지에 다소 차이가 있더라도 이 둘의 이해관계가 합해져서 우리 나라의 새로운 역사를 창조했다는 사실이다. 즉 대광현을 비롯한 많은 수의 발해 유민들이 거란의 공격과 압제를 피해 동족 나라 고려로 망명한 것이고, 고려 태조 왕건은 당시 최대의 과제였던 후삼국 통합 정책에 이들을 적극 활용하면서 지배 체제를 강화했다. 따라서 발해 유민의 망명과 이들에 대한 고려의 적극적인 수용은 신라가 이루었던 불완전한 민족 통일을 뛰어넘는, 진정한 민족 통일 국가로 나아가는 출발점이 되었다는 측면에서 그 역사적 의의는 매우 높다고 하겠다.

다음으로 고려가 10세기까지만 해도 동족 의식을 가지고 대광현을 비롯한 발해 유민을 적극 수용, 우대하는 모습을 보이다가 그후에는 크게 우대하는 모습을 보이지 않은 점을 생각해볼 필요가 있다. 물론 발해 유민을 차별대우했다거나 그 후손들의 지위가 형편없었다는 뜻은 아니다. 급박한 10세기 동아시아의 상황에서 고려는 왕조 체제를 다지고 후삼국 통합 정책의 우위를 점하기 위해 처음에는 발해 유민을 우대했으나, 그후 시대 상황이 많이 변했기 때문이라고 이해할 수 있다.

마지막으로 발해 멸망이 주는 직접적인 교훈을 생각해보자. 발해가 거란의 침략으로 멸망한 것은 사실이다. 그러나 강력한 군사력을 바탕으로 넓은 영토를 다스리던 발해가 쉽게 무너진 것은 발해 내부에서 벌인 갈등과 대립의 탓이 컸을 것이다. 이는 중국《요사》에 "발해 사람들의 갈라진 마음을 틈타 움직이니 싸우지 않고 이겼다"는 글이 실려 있는 점, 발해가 망하기 전부터 발해인들이 고려로 망명하고 있었다는 점에서 간접적으로 알 수 있다.

　발해는 강대한 국가였다. 그러나 이 거대 왕국이 멸망했을 때, 세자 대광현이 할 수 있는 일이라곤 백성들을 이끌고 고려로 망명하는 것뿐이었다. 698년 발해의 시조 대조영이 고구려 유민과 말갈족을 모아 당나라 군대의 추격을 뿌리치고 동모산에 나라를 세웠던 것과 수천 리 길을 걸어 고려에 망명한 그의 후손 대광현의 모습은 너무나 대조적이다. - 이효형

영웅인가 패배자인가, 궁예 | 12

弓裔 新羅人 姓金氏 考第四十七憲安王誼靖 母憲安王嬪御 失其姓
名 或云 四十八景文王膺廉之子 以五月五日 生於外家 其時 屋上有
素光 若長虹 上屬天 日官奏曰 此兒以重午日生 生而有齒 且光焰異
常 恐將來不利於國家 宜勿養之 王勅中使 抵其家 殺之 使者取於襁
褓中 投之樓下 乳婢竊捧之 誤以手觸 眇其一目 抱而逃竄 劬勞養育

《삼국사기》권50, 열전10, 궁예 중 일부

궁예(弓裔)는 신라 사람인데 성은 김씨(金氏)다. 아버지는 헌안왕 의정(誼靖)이요, 어머니는 헌안왕의 빈어(嬪御)인데 그 성명은 전하지 아니하였다. 혹자는 경문왕 응렴(膺廉)의 아들이라 말하였다. 5월 5일에 외가에서 낳았는데 그때 그 지붕에서 하얀 빛깔이 마치 무지개와도 같이 위로 하늘에 뻗치니 천문학자는 아뢰되 "이 아이가 단옷날에 태어났고, 나면서부터 이(齒)가 있고 또 이상한 빛깔이 있었으니 장래 국가에 이롭지 못할까 염려되니 기르지 않는 것이 좋겠습니다" 하니 왕은 내관을 시켜 그 집에 가서 죽여버리게 하였다. 사자는 가서 강보 속에서 들어내어 다락 아래로 던졌는데 유모가 몰래 받다가 잘못되어 손으로 찔러 그의 한쪽 눈을 멀게 하였다. 그 길로 안고 도망하여 고초를 겪어가면서 양육하였다.

비운의 신라 왕자

우리 역사 속에 등장하는 무수한 영웅들 가운데 궁예처럼 비극적인 영웅의 요소를 완벽하게 갖춘 인물도 드물 것이다. 극적인 요소들로 점철되어 있는 그의 생애는 처절하다 못해 장엄하기까지 하다. 그에 관한 몇 줄 안 되는 기록들의 행간을 메우기 위해서는 역사적 상상력보다는 소설적 상상력이 요구되는 인물이 바로 궁예이다.

궁예는 신라의 왕자로 출생했으나 태어나는 순간부터 정치적 음모에 휘말려 살해 당할 위기를 겪고, 한쪽 눈을 잃은 채 유모 손에 양육되는 불우한 성장기를 거쳐서 승려가 되었다가 도적의 무리에 들어가 혼란한 세상을 전전했다. 타고난 자질과 뛰어난 능력으로 마침내 국가를 건설하지만, 아내와 자식을 제 손으로 죽이고 가장 신임했던 신하에게 나라를 빼앗긴 채 결국 도망 길에 남의 밭을 뒤지다가 백성의 손에 최후를 맞았다.

궁예는 그 뛰어난 영웅적 자질에도 불구하고 어째서 이렇듯 비극적인 삶을 살아야 했을까? 그러면 그 삶의 궤적을 더듬어 이 의문에 대한 답을 찾아보자.

우선 궁예의 출생에는 모호한 점이 없지 않다. 그의 아버지는 신라의 47대 헌안왕이라고 하나, 일설에는 48대 경문왕 응렴이라고도 하여 혼란을 주고 있다. 이를 두고 학자들 사이에 논란이 있으나 명쾌히 해결할 수 있는 문제는 아니다. 다만 그 어머니가 정식 왕비가 아닌 궁녀였으므로 궁예는 왕실의 서자였던 셈이다.

탄생 설화에 의하면 궁예는 5월 5일에 외가에서 태어났다. 천체 변이로 길흉을 가리는 일관이 말하기를, 이 아이가 단옷날에 태어났고 날 때부터 이빨이 나 있으며, 아이가 태어난 집 지붕에 이상한 빛이 드리워져 있으니 국가에 해로울 것이라고 하였다. 왕이 이를 믿고 궁예를 죽이려고 했는데, 사자가 와서 강보에 싸인 아이를 빼앗으려 할 때 그 어미가 누각 밑으로 아이를 던졌다. 이때 유모가 숨어 있다가 아이를 받아 도망했는데, 이로 인해 궁예는 목숨을 건졌지만 유모의 손가락에 눈이 찔려 애꾸가 되었다고 한다.

하대의 치열한 왕위 계승전을 겪은 신라 왕실에서 서자인 궁예의 탄생은 그 자체가 분란의 소지를 갖고 있었다. 궁예는 애초부터 다른 왕위 계승자들의 견제 대상이자, 제거 대상이 될 운명을 안고 태어난 것이다.

떠돌이 승려에서 일국의 왕으로

궁예는 민가에 숨어 유모의 손에서 자랐는데, 어릴 적부터 타고난 기질이 범상치 않았던 것 같다. 왕자로 성장했다면 이 자질은 칭송을 받았을 테지만, 숨어 사는 입장에서는 위험천만한 일이 아닐 수 없었다. 참다 못한 유모는 궁예를 불러 출생의 비밀을 말해주며 이러다가는 우리가 다 죽겠다고 하소연한다. 이에 궁예는 울며 유모를 하직하고 집을 떠나 유랑의 길로 들어섰다. 그가 몸을 의탁한 곳은 세달사라는 절이었다. 세달사는 미륵을 주존으로 하는 법상종 계통의 사원이었던 것으로 보이는데, 궁예는 여기서 출가하여 선종이라는 법명을 받았다. 후에 그가 미륵을 자칭하며 불법에 의존하여 민심을 모으려 한 것은 이곳에서 보낸 승려 생활에서 기인한 바가 크다.

한편 신라는 진성여왕 즉위 후 급격한 분열의 길을 가고 있었다. 진성여왕은 화랑 출신인 부왕 경문왕의 혈통을 신성시하고, 그 혈통을 내세움으로써 즉위할 수 있었다. 즉 헌강왕과 정강왕 그리고 진성여왕은 모두가 경문왕의 자식이었으며, 이 혈통을 잇기 위해 무리하게 여왕 계승과 합리화를 추진한 것이다.

이로 인해 왕경(王京) 안팎의 반발이 증폭하여 내부에서는 국왕과 측근을 비난하는 벽서가 붙어, 그 주모자로 왕거인을 투옥했다가 여론에 밀려 풀어주는 일이 일어났다. 진성여왕은 즉위와 함께 1년 간 조세를 감면했으나 조세 수취는 3년이 되도록 이루어지지 못했다. 재정이 고갈된 정부는 지방에 사자를 보내 닦달했는데, 이를 계기로 전국이 반란의 불길에 휩싸였다.

백성들이 유망(流亡)하여 초적이 되는 등 전국이 혼란에 빠지자, 891년 궁예는 절을 떠나 당시 강력한 세력가였던 죽주의 기훤에게 의탁하였다. 그러나 기훤이 홀대하자 다시 원주에 웅거하던 양길의 부하로 들어갔다. 여기에서 신임을 얻은 궁예는 양길에게 군사를 얻어 원주 치악산 석남사를 거쳐 동쪽으로 진출, 주천(예천) · 내성(영월) · 울오(평창) · 어진(울진) 등 여러 현과 성을 정복하고, 894년에 명주(강릉)에 이르렀다. 이때 그 무리가 3,500명에 이르러 궁예는 이를 14대로 나누어 통솔하며 스스로 장군을 칭하였다.

궁예는 이를 기반으로 저족(인제) · 생주(화천) · 부약(금화) · 금성 · 철원 등을 정벌하며 군세를 떨쳤다. 양길과 결별하고 독자 세력을 이룬 궁예는 패서 호족들의 귀부를 받고, 896년경에는 송악 지역의 왕건 부자의 투항을 받았으며, 이 여세를 몰아 승령(장단 북쪽) · 임강(장단) · 인물(풍덕) 등을 점령하고, 다음해에는 공암(양평) · 금포(금포) · 혈구(강화) 등을 복속하였다.

이를 두렵게 여긴 양길은 궁예를 공격했으나 도리어 패하여 멸망하고 말았다. 궁예는 899년에 왕건을 보내어 양주와 견주를, 다음해에는 광주·춘주·당성·청주·괴양 등을 평정하여 소백산맥 이북의 한강 유역 전역을 장악했다. 이 과정에서 왕건의 전공에 힘입은 바가 컸으므로, 궁예는 그를 아찬으로 삼았다.

이처럼 신라 북방 지역의 대부분을 장악한 궁예는 드디어 901년에 왕을 칭하고, 고구려의 계승자임을 자처하며 후고구려를 개국하였다. 후고구려 국호는 904년에 마진으로, 911년에는 태봉으로 바뀌었다.

궁예가 891년 기훤에게 투신한 후 901년 후고구려를 건설하기까

스스로 미륵의 화신이라 했던 궁예가 조성했다는 미륵불. 경기도 안성시 보개면과 삼죽면에 걸쳐 있는 국사봉 정상에 있다. 궁예는 국사봉에서 가까운 북좌리에서 도를 닦았는데, 북좌리는 북두칠성을 상징한다.

지의 기간 동안 보여준 활동상은 눈부신 것이었다. 일개 떠돌이 승려로 도적의 소굴에 들어간 지 10년 만에 신라 북부에 있는 고구려의 옛 땅을 대부분 차지하여 국가를 열고 왕이 된 것이다. 《삼국사기》〈궁예전〉에 의하면 이 기간 동안 궁예는 어렵고 힘든 일이나 쉽고 좋은 일이나 모두 사졸들과 함께했고, 주고 뺏음에서 항상 공적인 것을 내세우고 사적인 것은 개입시키지 않았으므로 사람들이 모두 그를 마음으로 두려워하고 사랑하였다고 한다.

민중의 미륵이 되어

기훤이나 양길이 이끌었던 도적 무리란 유망한 농민, 곧 신라의 폭정에 저항하여 모여든 민중이었다. 궁예의 세력 기반 역시 바로 이 저항하는 민중이었던 셈이다. 이들의 존경과 사랑을 한 몸에 받았던 궁예는 민중 세력을 모아 강력한 군사력을 갖추고, 이를 배경으로 지방의 호족 세력들을 복속하였다.

호족들도 자신들을 보호해주던 신라라는 보호막이 사라진 후 강력한 군사력을 보유한 궁예를 새로운 보호자로 인식하고, 그와 결탁하려 하였다. 송악 지방의 왕건 부자가 내투한 것도 궁예의 군사적 위협과 함께 자신들의 기득권을 유지하려는 의도가 작용했을 것이다.

궁예가 건설한 새 국가는 밖으로는 고구려 계승을 표방했고, 안으로는 광평성(廣評省) 체제라고 불리는 독자적인 관부 체계와 관계제도를 시행하여 신라와 확연히 구분되는 정부 형태를 갖추었다. 이는 신라의 군인 출신인 후백제의 견훤이 대부분의 제도와 관명을 신라의 것을 본뜬 것과는 대조적이다.

또한 궁예는 스스로 미륵이라고 칭하고, 불교의 이상 세계 구현이라는 종교적 기치를 내세웠다. 이를 위해 머리에는 금빛 모자를 쓰고 몸에는 방포를 둘렀으며, 자신의 두 아들을 청광보살과 신광보살이라 칭했다. 또 밖으로 나갈 때에는 항상 백마를 타고, 향과 꽃을 든 어린 소년·소녀들이 인도하게 하고, 비구승 200여 명이 범패를 부르며 뒤따르게 했다고 한다.

당시 미륵신앙은 내세불인 미륵이 성불하는 시기에 태평 시대가 도래한다는 일종의 사회 개혁 사상을 내포하고 있었다. 즉 미륵이란 존재는 구세주의 의미를 띠고 있었기 때문에 당시 민중들에게 후고구려의 건국은 새로운 세계의 도래, 즉 구태의 신라가 아닌 새로운 미륵 세계의 출발이요 구 시대와의 결별이라는 의미로 받아들여졌다.

궁예는 20여 권의 불경을 직접 지었다고 한다. 이 책들은 지금 전하지 않아서 그 내용을 알 수 없지만, 선종 승려인 석총이 이를 보고 요망하고 경의 뜻에 어긋난 것이라고 비난한 것으로 보아 미신에 가까운 민중신앙적 요소들이 많았을 것으로 생각한다. 이런 비난에 궁예는 몹시 분노하여 석총을 철퇴로 쳐서 살해했다. 궁예가 불교를 표방하면서도 선종 세력의 지지를 상실하고 만 까닭은 바로 이것이다.

그러나 궁예가 스스로 미륵이라고 칭한 것은 혼탁한 사회를 개혁하려는 의지가 그만큼 강했던 것으로 이해할 수도 있다. 그가 자신의 두 아들에게 붙여줬다는 청광보살, 신광보살은 각기 관음보살과 아미타불을 의미한다. 세달사 승려 출신인 그가 법상종의 전통을 깊이 이해하고 있었다고 본다면, 그의 불교관을 미신으로만 치부하는 것도 문제가 있을 것 같다.

궁예에 대한 비판과 옹호

지금까지 궁예에 대한 평가는 지나치리 만큼 부정적이었다. 궁예는 성격이 포악하고 의심이 많아 자신을 비판한 부인 강씨와 두 아들을 참혹하게 죽였고, 그 뒤로 더욱 의심이 많아져 사람의 마음을 꿰뚫어볼 수 있다는 관심법을 내세워 많은 신하들을 위협하고 살해했다. 이 무렵 왕건도 위기를 맞았으나 최응의 기지로 목숨을 건졌다는 이야기도 전한다. 왕건이 잦은 외정에 나섰던 것도 궁예의 의심을 피하기 위해서였다고 한다.

《고려사》에 따르면, 궁예는 국내를 채 통합하기도 전에 갑자기 혹독한 폭정으로 민중을 다스렸고, 간사함과 위협으로 방책을 삼았으며, 요역과 세금을 번거롭고 과중하게 하여 인호(人戶)가 줄어들고 국토는 황폐해졌는데도 궁실만은 웅장하게 지었다. 또 법도나 제도는 지키지 않고, 노역이 끊이지 않아 원망과 비난이 일어났다고 한다.

이런 비판은 궁예의 기반 세력이 도적 출신들로 구성되어 있었고, 그 성격이 바뀌기도 전에 멸망하였다는 점에서 보면 일면 수긍할 점이 있다. 자신의 세력 기반을 확고히 하지 못했던 궁예로서는 강력한 지방 호족들을 통치하는 데 어려움이 컸을 것이다. 궁예 정권은 국가를 운용하거나 질서를 회복하고 정부 조직을 이끌어가는 데 경륜이 부족할 수밖에 없었고, 이런 상황에서 수취 체제를 개혁하지 못하고 오히려 가혹한 방법에 의존했던 것이다.

궁예가 일찍이 터를 잡았던 송악을 버리고 철원으로 천도한 것은, 이미 여러 세대에 걸쳐 뿌리내려온 서북 지역의 호족들 사이에서 떠돌이 도적 집단 출신의 궁예가 독자적인 입지를 확고히 하고 자신의 이상과 꿈을 실현하기에 어려움을 느꼈기 때문이라고 하겠다.

905년, 궁예가 철원으로 도읍을 옮기면서 궁예의 통치 양상은 확연히 달라졌다. 궁예는 국호를 불교적인 의미의 마진, 연호를 성책이라고 바꾸고, 911년에는 국호를 다시 태봉으로, 연호를 수덕만세로 바꾸었다. 또한 스스로 미륵의 현신임을 강조하고 저항하는 호족들을 가혹하게 숙청하는 한편, 민간의 조세 수취를 강화하고 궁실을 화려하게 지어 국왕의 권위를 높이고자 하였다. 궁예의 자의적인 통치가 시작되었던 것이다.

궁예가 국호와 연호를 자주 바꾼 것은 그만큼 나라를 이끌어갈 정치 이념이 뚜렷하지 못했음을 반영하는 것이다. 궁예의 통치는 신라 사회의 모순을 해결하기보다는 더 가혹한 수탈로 민심을 이반시켰다. 그 결과 해상 무역에서 이룬 경제력을 바탕으로 지방의 호족 세력을 규합한 왕건에게 축출 당하는 처지에 이르렀던 것이다. 왕건은 전쟁터에서 거듭 승리하여 장수들의 신뢰를 얻고, 사상적으로는 유교적 정치 이념을 수용하여 유학자 지식인들과 선종 승려, 신라 출신들의 동조를 획득했다.

그러나 궁예에 대한 평가는 대부분 왕건이 건국한 고려의 시각에서 내려진 것임을 무시할 수 없다. 쿠데타를 통해서 궁예를 몰아내고 왕위에 오른 왕건이 궁예의 부정적인 면만을 부각시켰을 것이기 때문이다. 왕건의 고려는 그 정부 체제나 조직, 방대한 영토와 인적·물적 자원 중 그 어느 것도 궁예의 것을 물려받지 않은 것이 없었다. 즉 국가의 기틀은 이미 궁예가 잡아놓은 상태였고, 왕건은 그 열매를 취한 것에 지나지 않았다. 따라서 고려가 내세운 새로운 시대의 개창이라는 업적은 궁예를 빼놓고서는 운위할 수 없다.

궁예의 포악성을 입증하는 증거로 알려진 관심법이나 신하들에 대한 숙청 역시 그가 왕권을 강화하고 유지하기 위해 불가피하게 선택한 방법으로 해석할 수도 있다. 중국 한나라를 건국한 유방이나 고려의 광종, 조선의 태종도 자신의 왕권에 저항하는 세력을 제거하였다는 점에서는 모두 같다.

　다만 궁예가 부인 강씨와 아들을 죽인 사건에 대해서는 판단할 근거가 부족하다. 부인만 죽인 것이 아니라 두 아들까지 죽였다면 이것은 심상치 않은 사건이지만, 그 이유가 단지 부인이 궁예의 비법을 강하게 비판했기 때문이라는 설명은 아무래도 납득하기 어렵다. 이 문제는 그것이 비극적 사건이었다는 것 외에는 더는 무리한 추측을 할 수가 없다.

궁예가 폭군으로 변한 이유

　궁예는 실패한 영웅이다. 미륵의 이상 세계를 건설하려던 궁예의 꿈은 강력한 반발에 부딪혔다. 그가 스스로 미륵의 현신임을 내세운 것은 불교계의 의심을 불러일으켰고, 현실 세계에서 미륵정토를 실현하려던 뜻은 당시 이미 유학의 이념을 체득하고 실천에 옮기려던 지식인들의 외면을 자초했다. 게다가 궁예는 지나치게 미신에 가까운 민중 신앙에 기울어져 있었다. 왕권의 권위를 종교적 위엄에 의존하여 세우려 한 것 자체가 명백히 오류였고, 시대에 역행하는 의식의 한계를 드러낸 것이었다.

　궁예는 그 세력 기반을 초적 출신에 두고 있었다. 민중적인 종교 성향도 이와 무관하지 않았을 것이다. 초적 출신이라는 것은 궁예가 다른 호족들과 달리 정착된 세력 기반을 갖지 못했다는 사실을 의미한다. 궁예가 송악에 도읍을 정했다가 다시 철원으로 옮겨간 것도 독자적인 토착 기반을 갖지 못했기 때문이라고 생각한다.

　궁예가 보기에 기존 호족 세력은 자신의 이상 실현에 오히려 방해가 되는 존재였을 것이며, 그래서 새로운 도읍지에서 뜻을 펴려고 했다. 그러나 이는 궁예를 의지하던 호족 세력의 이반을 초래했고, 이에 대해 궁예는 숙청과 탄압으로 맞섰다. 호족들의 협조가 사라지자 국가를 운용하는 데 필요한 자금을 백성에 대한 가혹한 수취를 통해 충당하지 않을 수 없었다. 백성들은 신라의 백성으로 있을 때보다 오히려 더한 수탈에 직면하였던 것이다. 이제 궁예는 불교와 유학자 지식인, 호족 세력, 백성들까지도 외면하는 폭군으로 전락하고 만 것이다.

국호를 태봉으로 바꾼 후 궁예의 모습은 몹시 초조해 보인다. 철원 천도에 동원했던 청주 세력마저 내부에서 분열하자 궁예에게는 의지할 만한 지원 세력이 더는 없었다. 관심법으로 호족들을 숙청하고 그들에게서 빼앗은 재물을 점고했다거나, 강씨 부인과 자식들을 죽이고 가장 신임했던 왕건까지도 의심했던 것은 그가 가족이나 신하들마저 믿지 못하고 있었음을 보여준다. 옆에서 그의 입과 혀가 되어주던 최응은 오히려 왕건을 옹호하는 데 앞장섰으며, 왕창근의 고경을 해독했던 송함홍 등 문신 관료들도 궁예를 속이고 새로운 지도자의 출현을 고대하고 있었다. 왕건은 이 기대에 부응하는 인물이었다.

민중이 그를 버리다

궁예에 대한 신료들의 불만은 결국 홍유, 배현경, 신숭겸, 복지겸 같은 무장들의 쿠데타로 이어졌다. 그들은 왕건을 찾아가 망설이는 그를 부추겨서 거사에 나서도록 했는데, 《삼국사기》에서는 이때의 모습을 이렇게 전하고 있다.

강원도 춘천에 있는 삼악산 능선 계곡 왼쪽 정상을 따라 쌓은 삼악산성. 태봉국을 세운 궁예가 철원에서 왕건에게 패하고 샘밭 삼한골을 거쳐 이곳에 성을 쌓아 피신처로 이용했다는 전설이 전한다.

여러 장수들이 말하기를 "때는 두 번 오지 않는 것으로써, 만나기는 어렵지만 놓치기는 쉽습니다. 하늘이 주어도 받지 않으면 도리어 재앙을 받을 것입니다. 지금 정치가 어지럽고 나라가 위태로워 백성들이 모두 자기 임금을 원수와 같이 싫어하는데, 오늘날 덕망이 공보다 훌륭한 사람이 없습니다. 하물며 왕창근이 얻은 거울의 글이 저와 같은데 어찌 가만히 엎드려 있다가 한 필부의 손에 죽음을 당하겠습니까?"라고 하였다. 이때 왕후가 급히 휘장 속에서 나와 태조에게 말했다. "어진 자가 어질지 못한 자를 치는 것은 예로부터 그러하였습니다. 지금 여러 장군들의 의견을 들으니 저도 의분을 참을 수 없는데, 하물며 대장부야 더 말할 나위가 있겠습니까? 지금 여러 사람들의 마음이 갑자기 변하였으니 천명이 돌아온 것입니다." 왕후가 손수 갑옷을 가져다 남편에게 입혀주니, 여러 장수들이 태조를 호위하고 나가면서 "왕공이 이미 정의의 깃발을 들었다"고 앞에서 외치게 하였다. 이에 앞뒤로 달려와서 따르는 자의 수가 헤아릴 수 없었으며, 또한 먼저 궁성 문에 다달아 북을 치고 떠들면서 기다리는 자도 1만여 명이나 되었다. 왕이 이 말을 듣고 어찌할 줄 모르다가 미천한 차림으로 산의 숲 속으로 들어갔다. 그는 얼마 안 가서 부양 주민들에게 살해되었다. 궁예는 당나라 대순 2년에 일어나 주량 정명 4년까지 활동하였으니, 전후 28년 만에 망한 것이다.

궁예는 부양 백성들에게 붙잡혀 살해당했다. 그 스스로 민중의 무리 속에서 일어나 그들을 위한 세상을 만들고자 했으나, 미륵정토의 실현과 새 나라 건설이 모두 실패로 돌아가고 오히려 모두 경원하는 폭군의 모습으로, 그를 따르고 국왕으로 영접한 민중의 손에 죽임을 당한 것이다. 민중이 궁예를 외면한 것인가? 궁예가 민중을 배신한 것인가? – 전기웅

13

변방 출신의 통일 군주,
태조 왕건

太祖 應運元明光烈大定睿德章孝威穆神聖大王 姓王氏 諱建 字若天
松嶽郡人 世祖長子 母曰威肅王后韓氏 唐乾符四年丁酉正月丙戌 生
於松嶽南第 神光紫氣 耀室充庭 竟日盤旋 狀若蛟龍 幼而聰明睿智
龍顔日角 方頤廣顙 氣度雄深 語音洪大 有濟世之量

《고려사》 권1, 세가1, 태조1 중 일부

태조 응운(應運), 원명(元明), 광렬(光烈), 대정(大定), 예덕(睿德), 장효(章孝), 위목(威
穆), 신성(神聖) 대왕의 성은 왕(王)씨요 이름은 건(建)이요 자는 약천(若天)이니 송악군
사람이다. 그는 세조의 맏아들이요 어머니는 위숙왕후 한(韓)씨이다. 당나라 건부(乾符)
4년 정유(877) 정월 병술일에 송악 남쪽 저택에서 났다. 그때에 신기한 광채와 자줏빛
기운이 방을 비치고 뜰에 가득 차서 용과 같은 형상으로 되어 종일토록 서리어 있었다.
그는 어려서부터 총명하여 지혜가 있고 용의 얼굴에 이마의 뼈는 해와 같이 두드러지고
턱은 모나고 이마가 넓적하였으며 기상이 탁월하고 음성이 웅장하였으며 세상을 건질 만
한 도량이 있었다.

왕이 되는 특별한 '자격'

최근 남북한 간 교류가 활발해지면서, 개성을 수도로 하여 500년 가까이 존속한 고려 왕조에 대한 일반의 관심이 커지고 있다. 이 고려를 처음 연 임금이 태조 왕건이다. 태조는 묘호이고 왕건은 성명이다. 묘호란 임금이 돌아가신 후 종묘에 그 신위를 모실 때 드리는 이름인데, 고려에서는 태조만이 오직 '조' 자 묘호를 가졌고, 나머지 33명의 왕은 '종' 또는 '왕'의 묘호를 가졌다. 조선시대에는 일곱 국왕(태조·세조·선조·인조·영조·정조·순조)이 조 자 묘호를 가진 것과 비교하면, 태조 왕건에 대한 고려 역대 왕들의 존경이 어떠했는지 알 수 있다.

고려를 건국한 태조 왕건이 이전의 창업 국왕들과 특별히 다른 점이 있다면, 그 부모와 출신지에 대한 기록이 분명하게 밝혀져 있다는 것이다. 고려에 앞서 나라를 개창한 국왕들의 출생은 신비한 이적에 싸여 있거나, 생부가 불분명하다.

우리 나라를 처음으로 개창한 고조선의 시조 단군은《삼국유사》에 환인—환웅—단군으로 이어지는 계보를 가진 하느님의 손자로 기록되어 있고, 고구려의 시조 고주몽·신라 시조 박혁거세·금관가야의 김수로왕은 알에서 태어났다는 난생 설화가 있다. 태양을 상징하는 알은 직접 하늘에서 내려오거나 햇볕을 쬐고 잉태되는 특이한 출생담으로 연결된다. 삼국 가운데 백제의 시조 온조왕만이 고구려 시조 주몽의 아들이라 하여 그 신비성이 덜하지만, 왕의 아들이라는 점에서 왕위에 오를 수 있는 신분이었다는 점은 같다. 따라서 삼국시대까지의 창업주는 모두가 신의 아들이거나 아니면 왕자였던 것이다.

오랫동안 번영을 누리던 신라는 9세기 이후 쇠퇴의 길로 접어들어, 나라는 분열되고 결국 후삼국으로 갈라졌다. 892년에 견훤이 후백제를 건국하고, 901년에 궁예가 후고구려를 세워 나라는 삼국으로 분립했다.

견훤은 상주 사람 아자개의 아들이라는 설도 있지만, 《삼국유사》에는 다른 이설들이 나온다. 견훤이 신라 진흥왕의 먼 후손이라는 설과, 또 광주 북촌에 사는 부호의 딸이 밤중에 자주색 옷을 입고 찾아온 남자와 동침하여 낳은 아들이라는 설이다. 붉은 옷의 남자는 지렁이의 화신이었다고 하는데, 지렁이는 '흙 속에 사는 용'이라는 뜻의 토룡(土龍)으로도 불린다. 용은 왕을 상징하여 왕의 얼굴은 용안(龍顔), 왕의 옷은 용포(龍袍), 왕의 의자는 용상(龍床), 왕이 타는 수레는 용가(龍駕)라 한다. 그러므로 견훤의 출생담은 어쨌거나 그가 왕이 될 특별한 존재였음을 나타내는 것이다. 또 후고구려를 건국한 궁예는 《삼국사기》에 신라 헌안왕의 서자라고 나오기도 하고, 경문왕의 왕자라고도 한다. 어느 설이든 간에 궁예 역시 신라의 왕자로 왕위에 오를 수 있는 자격을 갖추고 있었음을 말한다.

변방에서 태어난 '보통 사람'

반면 왕건은 왕자도 아니고 출생에 얽힌 신비한 이설도 없다. 왕건의 아버지는 송악(개성)에 거주하는 사찬(沙飡) 왕륭(王隆, 일명 龍建)이다. 본래 사찬은 신라의 6관등으로 6두품이 오를 수 있는 최고직이지만, 신라 말에는 지방 촌주도 사찬을 칭했으므로 왕륭도

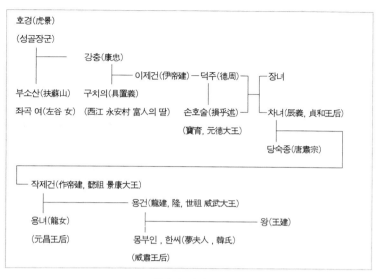

왕건 가문의 가계도

촌주였다고 보면 될 것이다. 신라의 수도 경주에서 송악까지는 대단히 먼 거리이므로 당시 송악은 변방에 속했다. 따라서 골품제처럼 폐쇄적 신분제를 유지한 신라가 아직 존재하는 상황에서 변방 출신의 왕건이 즉위했다는 것은 당시로서는 파격이었다고 할 만하다.

　왕건 가계에 대한 기록이 상당히 사실적이라는 것은 신과 인간의 중재자라는 국왕의 특별한 이미지가 더는 필요하지 않을 만큼 사회가 발전했음을 의미하는 것이기도 하다. 그리고 그 가계를 미화하지 않아도 민심을 끌어 모을 정도로 왕건의 인품이 훌륭했다고 볼 수도 있다. 그러나 왕건이 그 혼자만의 힘으로 고려를 건국했다고 당시 사람들이 믿었던 것은 아니다. 태조 왕건과 출생에 관해서는, 《고려사》 세계(世系)에 다음과 같이 기록되어 있다.

태어날 때 신기한 광채와 자줏빛 기운이 용과 같은 형상으로 되어 방을 비추고 뜰에 가득 차서 종일토록 서리어 있었다.

자주색은 신라의 최고 귀족만이 입을 수 있는 관복 색이고, 용은 왕의 상징이므로 왕건 역시 이미 출생 때부터 왕이 될 것을 알리는 하늘의 징표가 나타났다고 하겠다. 이 외에도 풍수지리설의 대가인 도선대사가 전국을 유력하다가 송악 땅을 둘러보고 장래에 삼한을 통일할 후손이 태어날 것이라고 예언했다 하며, 중국 상인 왕창근(王昌瑾)이 거리의 거사(居士)에게서 산 거울에 왕건이 새 나라의 국왕이 될 것임을 예언하는 글이 있었다고도 전한다.

태조 왕건과 관련한 설화들 외에 그의 선계 조상들에 대해서도 미화된 기록들이 많이 남아 있다. 고려사 세계에는 김관의(金寬毅)가 쓴 《편년통록》이 수록되어 있는데, 태조의 선계는 그의 6대조 호경(虎景)에서 출발한다. 호경는 성골(聖骨) 장군을 자칭하며 백두산에서 내려와 송악에 이르러 왕건의 6대 조모와 혼인하였다. 그런데 어느 날 산에 사냥하러 갔다가 호랑이로 변신한 산신(山神)을 만나 그의 남편이 되었다. 그러나 그는 옛 처를 못 잊어 밤에 가만히 찾아와 부인의 꿈속에서 동침하고 태조의 5대조인 강충(康忠)을 낳았다고 한다. 따라서 강충은 산신의 자손이 되는 셈이다.

강충은 성장하여 송악 부근 영안촌의 부잣집 딸과 혼인하여 이제건(伊帝建)과 손호술(損乎述)의 두 아들을 낳았고, 이제건은 딸 덕주(德周)를 낳아 동생인 손호술과 혼인시켰다. 이들 부부는 두 명의 딸을 낳았는데, 차녀인 진의(眞義)가 언니의 꿈(훌륭한 자손을 낳을 꿈)을 비단 치마와 바꾼 후, 동방으로 놀이 나온 당나라 숙종(선종이라는 설도 있음)을 만나 일시 동거하여 작제건을 낳았다.

작제건은 성장한 후 부친을 찾기 위해 배를 타고 황해를 건너가다 용왕을 괴롭히는 여우를 활로 쏘아 죽이고, 그 공으로 용왕의 딸을 맞아 혼인하여 태조의 부친인 용건을 낳았으며, 용건은 꿈속에서 아름다운 여인을 만나 서로 사랑하게 되었는데, 다음날 길을 가다 꿈속에서 본 여인을 실제로 만나 혼인하고 왕건을 낳았다고 한다. 이를 보면 고려 태조의 선계 조상들 가운데 외지에서 송악으로 혼인해 들어온 사람들(남편 또는 아내)은 모두 설화적으로 각색되고 미화되어 있다는 사실을 알 수 있다.

　태조 선대 설화가 의미하는 바는 여러 가지로 설명할 수 있다. 성골은 신라 중고기 왕들만 쓰던 골품인데, 중대 이후 그 명맥이 끊겨 태종 무열왕 이후로는 진골왕이 즉위한 것은 잘 알려진 사실이다. 그런데 태조 왕건의 6대조가 성골 장군을 자칭했다는 것은 그가 신라 왕실과 같은 신성한 신분임을 나타낸 것으로 볼 수 있다. 또한 호랑이로 상징된 산신과 용왕녀로 표현된 수신(水神)이 태조 왕건의 조상이라는 것은 전통 신앙 면에서 왕건이 초월적 신분임을 강조한 것이다.

　여기에다 당숙종을 혈연 계보에 삽입함으로써 중국 황실의 후손이라는 의미까지 추가했다. 변방 출신의 시골 사람 왕건이 왕위에 올라 국가 기반을 확립하기 위해서는 산신과 수신으로 대변되는 하늘의 가호와, 중국 당나라 황실과의 혈연 관계 같은 특별한 태생적 뒷받침이 필요했다고 보아야 할 것이다.

　왕건의 선계 설화는 신라에서 고려로 이행하는 과도기에 지방 사회에서 일어난 생활상의 변화와, 그 변화 과정을 추적할 수 있는 자료이기도 하다. 선대에서는 보이지 않던 '왕' 씨 성이 왕건 대에 와서 처음으로 쓰인 사실을 두고 신라말 고려초에 처음으로 지방 세력이 성씨를 사용하기 시작했다고 해석하기도 한다.

그리고 태조 선계에 숙질 간의 근친 결혼 사례가 보이므로, 신라와 고려 왕실에서 빈번히 행하던 족내혼이 민가에서도 행해졌음을 알 수 있다. 또 왕건의 가계를 추적하면 때로 딸이 친정 부모와 함께 살면서 외손을 통해 가계를 잇는 모습이 나오기도 하는데, 그의 6대 조모와 3대 조모가 그러하다. 고려 태조 왕건의 설화 가운데 미화되고 수식된 부분은 당시 사람들의 의식 구조를 반영하는 자료로, 나머지는 그 시대의 사회 구조를 살피는 자료로 이용할 수 있는 것이다.

경제력과 군사력의 결합

왕건이 어린 시절을 어떻게 보냈는지는 기록이 없어 알 수 없다. 사료에서 왕건의 활동이 드러나기 시작한 시기는 그가 20세 되던 895년부터이다. 궁예가 고구려의 옛 땅 일부를 차지하고 국호를 후고구려로 하여 나라를 세우자, 왕건의 아버지 왕륭이 궁예에게 송악성을 바친 공로로 왕건은 궁예 휘하의 장군이 되었다.

송악은 예성강을 끼고 서해로 나가는 관문과 가까웠기 때문에, 왕건의 조상들은 일찍부터 대중국 무역에 종사하여 경제적 부를 쌓고, 바다에 익숙한 사람들을 많이 거느리고 있었다. 왕건은 조상에게 물려받은 재력과 군사력을 배경으로 후백제와 싸워 영토를 넓히고, 다시 서해로 배를 띄워 후백제의 후방인 나주를 공략하는 등 혁혁한 전과를 올려 궁예의 신임을 얻었다. 그의 작전 중심지는 정주(貞州, 승평부)였는데, 이곳은 한강·임진강·예성강이 합류하여 황해와 마주치는 전략상 요충지였다. 여기서 왕건은 정주 부호가 유천궁(柳天弓)의 딸과 혼인하고, 나주를 정복한 뒤에는 다시 그곳 세력가의 딸인 나주 오씨와 혼인하였다.

후삼국시대와 같은 군웅 할거기에는 지방 재산가가 군사력과 밀착하지 않고 그들의 재산을 지키기 어려웠다. 또 왕건으로서도 군사력을 유지하기 위해서 막대한 경제력이 필요했기 때문에, 이들의 결혼은 각자의 필요에 의해 쉽게 성사되었으리라 생각한다. 이후 왕건은 부호인 처가의 지원 하에 경제적 어려움 없이 군사활동에 전념, 작전 지역의 민심 수습 등 당면 과제에서 두드러진 업적을 쌓을 수 있었다. 왕건은 궁예의 태봉국에서 27세에 알찬(閼粲)으로 승진하고, 33세에는 한찬(韓粲) 겸 해군대장군이 되었으며, 37세에 시중(侍中)이 되어 국정을 총괄하는 최고 위치에 올랐다.

그러나 왕건에게도 시련은 있었다. 궁예왕은 말년에 이르러 점차 의심이 많아져서 부하들을 역모로 몰아 죽이는 일이 빈번하여 왕비 강씨와 소생 왕자 두 명까지 죽였다. 왕건도 반역 누명을 쓰고 한때 위기에 빠졌으나, 최응이란 궁예 근신의 도움으로 위험을 벗어났다. 이후 왕건은 수도인 송악과 멀리 떨어진 나주 수비를 자청하여 궁예의 의심을 피하고 신변의 안전을 도모하였다.

인간적 장점으로 민심을 수습

궁예왕의 폭정이 점점 심해져서 민심이 흉흉해지자, 새 나라 건국의 움직임이 일어났다. 이때의 정황은 《고려사》〈후비전〉 '신혜(神惠)왕후전'에 상세히 기록되어 있다.

궁예 말년에 홍유·배현경·신숭겸·복지겸 등이 태조의 집으로 와서 (중략) 태조를 왕으로 추대하자는 의사를 표시하니 태조는 낯을 붉히면서 굳이 거절하고 있었다. (중략) 이때 왕후가 급히 휘장 속에서 나와 태조에게 말했다. "어진 자가 어질지 못한 자를 치는 것은 예로부터 그러하였습니다. 지금 여러 장군들의 의견을 들으니 저도 의분을 참을 수 없는데, 하물며 대장부야 더 말할 나위가 있겠습니까?" 왕후가 손수 갑옷을 가져다 남편에게 입혀주니, 여러 장수들이 태조를 호위하고 나아가 드디어 왕위에 올랐다.

여기에서 무장들의 추대를 사양한 태조는 겸양의 미덕을 갖춘 인물로, 왕건에게 손수 갑옷을 가져다준 부인 유씨는 창업의 공로자로 미화되어 있다.

다음으로 관심이 가는 부분이 태조의 국정 운영 방식이다. 대체 태조는 어떤 방식으로 나라를 이끌었길래 고려가 후삼국의 최후 승자로 남아 한반도를 통일하는 위업을 달성할 수 있었을까?

이에 대해서는 궁예와 견훤이 정치적 경륜이 부족했고, 미래 지향적 방향성을 제시하지 못했으며, 또 성격이 포악하여 민심을 수습하는 데 실패했다는 해석이 일반적이다. 이와 달리 태조는 성격이 너그럽고 포용력이 있었으며, 유교를 정치 이념으로 받아들여 신라 6두품을 비롯한 지식인들을 포섭할 수 있었고, 이를 통해 안정적 발전을 이루었다는 것이다. 이런 해석은 상당히 설득력이 있으며, 이러한 인간적 장점이 있었기에 왕건이 부하들의 추대를 받아 왕위에 나아갈 수 있었던 것으로 보인다.

《고려사》에는 태조의 성격에 대한 기록이 여러 군데 나온다.

태조는 어려서부터 총명하여 지혜가 있고 (중략) 기상이 탁월하고 음성이 웅장하였으며, 세상을 건질 만한 도량이 있었다. (중략) 태조는 성의껏 군사들을 무마하여 위엄과 은혜가 병행되니 사졸들은 그를 두려워하고 사랑하여 용기를 내어 싸울 것을 생각하였고, 적들은 그 기세에 위압되었다. (중략) 태조는 정부에 출입하고 국정을 논의할 때에는 언제나 오직 감정을 억누르고 조심하며 군중의 인심을 얻기에 힘쓰고, 착한 이를 좋아하며 악한 자를 미워하였다. 또 누가 참소를 입는 것을 보면 반드시 다 구출해주었다.

궁예와 견훤의 역사적 역할

그러나 여기서 궁예와 견훤의 역할을 간과해선 안 된다. 그들은 자신들이 서 있던 시점에서 나름의 역사적 과업을 완수했다. 신라는 골품제와 경주 중심의 지역적 폐쇄성을 바탕으로 정권을 유지한 국가로서, 내부에서 성장하는 새로운 사회 변혁의 요구를 받아들여 이를 탄력적으로 운용할 능력을 상실한 상태였다. 이에 반기를 들고 새 사회 건설의 기치를 들고 나온 것이 후삼국이었으므로, 그들에게 주어진 일차 임무는 신라라는 구체제를 무너뜨리고 새로운 질서를 세우는 것이었다고 할 수 있다. "파괴는 건설의 어머니"라는 말처럼 파괴 작업도 새 국가 건설에 반드시 필요한 전제 조건이라고 할 때, 이 일을 궁예와 견훤이 담당했다고 보아야 한다.

궁예는 국왕이 된 후에 경주를 멸도(滅都)로 부르고, 신라 왕의 초상화를 칼로 베었으며, 신라에서 온 사람들을 모조리 죽였다고 기록되어 있다. 견훤은 신라의 수도 경주에 쳐들어가서 경애왕을 자살하게 하고, 왕비와 궁녀들을 겁탈하는 등의 만행을 저질렀다고 한다. 이러한 행위는 신라 왕실에 대한 그들의 개인적 적개심과 함께 국왕으로서의 자질을 의심케 하는 부분이지만, 한편으로는 신라의 폐쇄적 정치 운영이나 과다한 조세 징수에 항거하던 백성들의 적개심이 그만큼 강렬했기 때문에 가능했던 일이다.

이러한 과정을 통해 신라의 골품제는 무너지고, 개혁을 저지하던 보수적 구세력은 대거 제거되어 새로운 사회 변혁을 추진할 수 있는 길이 열렸다. 이 모든 걸림돌이 제거된 뒤 고려를 세운 태조 왕건은 관용으로 주변을 포섭하고, 민심을 수렴하기 위한 여러 조처들을 취해서 나라를 반석 위에 세울 수 있었다.

이같은 사례는 중국에서도 찾을 수 있다. 전국시대의 혼란기에 최초로 전 중국을 통일한 진나라는 진시황이 나라를 세운 지 20년 만에 멸망했으나, 그 뒤를 이은 한나라는 전·후한 400여 년을 이어 번영하였다. 또 남북조시대의 분열을 극복하고 통일을 이룩한 수나라가 28년 만에 망한 뒤, 당나라는 300년 가까이 유지되었다. 이로써 전대의 구 질서를 타파하는 일이 새로운 국가를 수립하는 일 못지 않게 어렵고도 중요한 일임을 확인할 수 있다.

'민족'을 통일하다

고려 태조 왕건은 그가 민족 통일을 완수했다는 사실 하나만으로도 우리의 관심을 끌기에 충분한 인물이다. 태조가 나라를 세운 지 18년 만에 통일을 달성한 데에는, 무엇보다 먼저 국내의 민심을 안정시킨 점이 가장 큰 원동력으로 작용했다. 태조가 처음 즉위하였을 때에는 태조를 반대하는 반란이 여러 차례 일어났다. 이에 태조는 군사적인 힘으로 반란을 진압하는 한편, 겸양의 미덕을 발휘하여 각지에 있는 호족들에게 사절을 파견하여 회유하고, 후한 선물을 보내어 그들의 협조를 얻어냈다. 또한 백성들에게는 조세를 크게 경감해주어 이중 삼중의 세금과 과도한 부역에 시달리던 백성의 인심을 얻을 수 있었다. 또 당시에는 신라말의 혼란기에 노비가 된 자가 많았는데, 태조는 왕실 재산을 내어 1,000여 명에 이르는 노비의 몸값을 치르고 이들을 풀어주어 양민이 되게 하였다. 이는 노비 소유자의 이익을 침해하지 않으면서 백성들의 민심을 얻는 시책이었다.

태조가 국가를 통합하기 위해서 한 일 가운데는 그 자신의 결혼 정책 또한 중요한 부분을 차지한다. 흔히 태조의 정략 결혼이란 말로 설명되는 부분이다. 태조는 많은 후비를 두었는데,《고려사》〈후비전〉에 실려 있는 인물만도 29명이나 된다. 그들 가운데 출신지를 알 수 없는 후비가 세 명이고, 나머지는 경기·황해도에서 열두 명, 경상도에서 여섯 명, 충청과 강원도에 각 세 명, 전라도 두 명으로 전국적인 분포를 보인다. 오늘날의 관점으로는 이해할 수도 없고 허용되지도 않는 '영웅호색'의 표본처럼 보이지만, 실제로는 고려를 건국하는 데 협조한 세력과 지방에 흩어져 있는 유력한 세력가들, 신라 왕실과 후백제 왕실을 하나의 가족 관계로 묶는 효과적인 정책이었다고 할 수 있다.

민족 통일에 대한 태조의 염원은 발해 유민의 포섭을 통해 현실화하기 시작했다. 고구려의 유장 대조영이 고구려 옛 땅에 세운 발해는 230여 년 간 번영했으나, 태조 9년(926)에 거란족이 세운 요나라에 멸망당했다. 그리하여 발해의 세자 대광현이 태조 17년(934)에 많은 발해 유민을 거느리고 고려에 망명해왔다. 이에 태조는 발해 세자에게는 왕계라는 성명을 주어 왕실 족보에 올리고 백주(白州, 지금의 배천)를 주어 거기서 조상의 제사를 모시게 했으며, 그의 부하 장병과 유민들에게 적합한 작위와 토지·주택을 주어 안정된 삶을 살게 했다.

태조는 발해 유민의 포섭과 더불어 적극적인 북방 개척 정책도 폈는데, 서경(西京, 지금의 평양)을 건설하여 제2의 국도로 삼고, 청천

강과 영흥만까지 영토를 확장하여 고구려의 옛 땅을 수복하는 운동까지 벌였으니, 민족 통일에 대한 그의 이상이 원대했음을 알 수 있다.

태조는 신라와 후백제에 대해서는 화전 양면 정책을 적절히 구사했다. 태조가 추구하는 기본적 통일 정책은 이미 국운이 다해가는 신라에 대해서는 도움을 제공하여 신라인의 민심을 사로잡고, 후백제에 대해서는 충청도·경상도 일대를 둘러싸고 일전을 벌여 전략적 우위를 확보하는 것이었다.

백제 · 신라 · 발해를 끌어안는 민족 통합 정책

태조 즉위 초에 고려는 후백제와의 싸움에서 여러 차례 패하여 많은 장수를 잃었으며, 한번은 태조가 후백제 군에게 포위되어 위기에 빠진 것을 부하 장군 박수경이 용전분투하여 목숨을 건지기까지 했다. 그러나 태조 13년(930) 고창(古昌, 현재의 안동) 전투에서 승리함으로써 고려는 그동안의 열세를 만회하고 한반도에서 우위를 확보하게 되었으며, 이 여세를 몰아 동해안에서 울산에 이르는 30여 성의 자진 귀부를 받을 수 있었다.

이후 고려에서 신라로 가는 교통로가 열려 태조는 신라의 수도 경주에 직접 가서 군민(君民)의 열렬한 환대를 받았다. 고려는 이 여세를 몰아 태조 18년(935)에 신라 경순왕 김부(金傅)의 자진 귀부를 받아 1,000년 간 찬란한 문화를 꽃피우던 신라를 전쟁 한 번 치르지 않고 평화적으로 통합하였다. 태조는 김부에게 경주를 식읍으로 내리고 상보(尙父)로 봉하는 등 극진한 우대를 하였으며, 또한 신라왕의 종매를 맞아들여 자신의 제5왕후로 삼고, 자신의 장녀 낙랑공주를 경순왕에게 출가시켜 이중으로 맺은 혼인 관계를 통해 신

태조 왕건과 그의 제1왕후인 신혜왕후 유씨를 합장하여 모신 현릉. 북한의 개성시 송학동에 있다.

라 왕실과 혈연적 유대를 공고히 했다.

한편 후백제에 대해서는 무력 충돌을 불사하며 견제 정책을 추구하였다. 그러다 후백제왕 견훤이 장자인 신검과 불화하여 왕위에서 내쫓기고 금산사에 유폐되었다가 고려로 탈출하자, 그를 받아들여 양주를 식읍으로 하사하고 상보로 높이는 등 그를 후대했다. 또 견훤의 사위인 박영규가 견훤의 고려 망명 사실을 알고 서신을 보내어 신검을 정벌하는 군사를 보내면 내응하여 고려를 돕겠다는 뜻을 전해오자, 그 은혜를 영원히 잊지 않겠다고 답신하는 등 후백제 왕실의 분열을 정치적으로 이용하였다. 태조는 후백제 왕실이 분열하는 호기를 맞아 태조 19년(936), 토벌군을 일으켜 일선군(一善郡, 지금의 선산)에서 싸워 크게 이기고, 신검의 항복을 받아 후삼국 통일이라는 대업을 완성했다.

태조는 신검이 항복해온 점을 높이 평가하여 그를 죽이지 않고 벼슬을 주었으며, 내응해온 박영규에게는 그의 딸 세 명 중 한 명은 자신의 왕비로, 나머지 두 명은 며느리로 맞아들임으로써 백제 왕실과 혼인을 통한 유대 강화를 꾀하였다. 그리고 백제의 수도인 전주에 가서 백성들을 위로하고 각자의 재능에 따라 등용하였다고 하는데, 《고려사》에는 이러한 태조의 인품을 두고 "위엄과 은혜가 병행한다"고 하였다.

고려 태조 왕건의 민족 통합 정책은 발해 유민의 포섭, 신라의 귀부와 후백제 병합으로 완성되었다. 이로써 신라의 삼국 통일 후에도 서로 갈등을 빚고 대립하던 옛 고구려와 백제 사람들이 고려에서 다시 하나로 모이는 계기를 맞이했다. 고려 이후 우리 민족은 1,000년 넘게 통일된 국가에서 공동체 생활을 영위하면서 민족의 동질성을 다져왔다. 분단으로 민족이 대립하는 현재의 상황을 극복하는 일이 얼마나 중요한 역사적 과제인지 다시금 느낄 수 있다.

– 정용숙

14

유랑민 출신의 개국공신, 신숭겸

崇謙初名能山 光海州人 長大有武勇 十年太祖與甄萱戰於公山桐藪
不利萱兵圍太祖甚急 崇謙時爲大將與元甫金樂 力戰死之 太祖甚哀
之諡壯節 以其弟能吉子甫樂弟鐵並爲元尹 創智妙寺以資冥福

《고려사》권92, 열전5, 홍유 중 일부

숭겸(崇謙)은 처음 이름이 능산(能山)이고 광해주(光海州) 사람이다. 체격이 장대하고 무예에 뛰어나고 용감하였다. (태조) 10년에 태조가 공산(公山) 동수(桐藪)에서 견훤(甄萱)과 싸우다가 불리하게 되어 견훤의 병사가 태조를 포위하였는데 형세가 심히 위급하였다. 숭겸은 이때 대장(大將)이었는데 원보(元甫) 김락(金樂)과 더불어 힘껏 싸우다가 전사하였다. 태조가 그의 전사를 매우 슬퍼하였으며 시호를 장절(壯節)이라 하고 그의 동생 능길(能吉), 아들 보락(甫樂)·철(鐵)을 모두 원윤(元尹)으로 삼았고 지묘사(智妙寺)를 창건하여 그의 명복을 빌게 하였다.

떠돌이 유랑민에서 고위 무관으로

우리 민족은 역사상 수많은 전쟁을 치렀다. 세월이 지난 오늘날, 그것을 역사의 일부로 만나는 우리들은 그 당시의 상황과 백성들의 고초와 함께, 당대에 피고 진 영웅들을 떠올린다. 난세에 명장이 많다고 했던가.

신라가 최초로 민족을 통일했지만, 후백제와 고려가 성립함으로써 우리 민족은 다시금 분열 상태에 놓이게 되었다. 더욱이 후백제와 고려 역시 통일의 주체가 되고자 했다. 절대 강자가 존재하지 않던 시절에는 힘깨나 쓴다는 각 고을 건달에서부터 문무를 겸비한 장수들에 이르기까지 자신의 무술을 뽐내는 이들이 많았다. 각 지역을 호령하던 장수들은 당시 새로운 강자로 부상한 견훤과 왕건을 군주로 섬기며 전장으로 나아갔다. 이때 자신의 무술을 과시하며 군주에게 인정받으려고 했던 사내가 어디 한둘이었으리.

후백제와 고려 그리고 신라에 대한 평가가 그러하듯이 후삼국기라는 혼란한 시대를 풍미한 인물을 평가하는 것은 그리 단순한 일이 아니다. 1,100여 년 전의 전환기에 극적인 입신과 죽음을 맞이하여 오늘날까지 수많은 일화와 전설로 회자되고 있는 신숭겸의 일생도 이러한 시대상을 고스란히 반영하고 있다.

신숭겸의 출생과 입신 과정에 대해서는 명확히 알려진 바가 없다. 다만, 그의 원래 이름은 능산(能山)이었다. 당시 일반민들은 성씨를 갖지 못한 채 이름으로만 불리던 점을 감안하면, 능산은 지방 토호나 관리가 아닌 평범한 농민이었음이 틀림없다. 따라서 그는 출신 가문이나 지역적 기반의 도움 없이 개인적인 능력을 발휘해서 출세했다고 할 수 있다.

신숭겸의 출생지에 대해 《고려사》 열전에는 광해주(光海州, 지금의 춘천)로 되어 있지만, 《동국여지승람》 등 여러 기록을 살펴보면, 전남 곡성(谷城)에서 출생하여 광해주에서 잠시 살았음을 알 수 있다. 현재 그의 묘소는 춘천시 의암호 산기슭에 위치해 있다. 이는 광해주가 고향이기 때문이 아니라 그가 죽었을 당시 고향 곡성이 후백제 영역이었기 때문이다. 현재 곡성군 목사동면(木寺洞面)에는 신숭겸이 태어난 곳으로 알려진 용산재(龍山齋), 그의 태(胎)를 묻었다는 용산단(龍山壇) 그리고 계마석(繫馬石), 신공정(申公井), 신유봉(申遊峰) 등 신숭겸의 행적과 관련한 유적이 많이 남아 있다.

출생과 마찬가지로 능산의 입신 과정도 확실하진 않지만, 고향이 곡성인 점과 광해주에서 임시로 살았던 점 그리고 궁예의 세력 형성 과정 등과 관련하여 몇 가지 사실들을 연결해보면 추정 가능하다.

무예 실력으로 궁예의 신임을 얻다

앞에서 말했다시피 능산은 곡성에서 유년 시절을 보냈다. 그러다 능산 집안도 이 시기의 다른 농가들처럼 무리한 세금 징수와 고된 역역 징발을 피해 유랑 길에 올랐을 것이다. 고향을 떠나 광해주에서 임시로 살았다는 기록은 능산 가족이 곡성에서 북상하여 강원도 일대로 이동하였음을 말한다. 유랑 도중에 사벌주(상주)를 지나면서, 그곳에서 전국적인 농민 봉기의 서막을 연 원종과 애노의 반란(889)을 접했는지도 모른다. 890년 즈음에 광해주 인근을 옮겨 다니며 오가는 사람들에게 서남해를 점령한 견훤과 북원경(원주)의

춘천시 서면 방동리에 위치한 신숭겸 묘소. 금으로 만들어 대치한 머리의 도굴을 막기 위해 3기의 봉분을 두었다고 한다.

양길에게 투신한 궁예에 대해서도 들었을 것이다. 이렇게 격변하는 정세 속에서 능산은 가난한 자신이 타향에서 어떤 일을 해서 생계를 꾸려야 할지 고민했을 것이다.

893년(진성여왕 7)에 궁예는 명주(강릉)에서 장군을 자칭하였고, 이듬해에는 양길의 휘하에 있으면서 3,400여 명의 독자적인 병력을 보유하였다. 이어 895년에 명주에서 인제, 화천 등 10여 군현을 거쳐 철원을 취하고 후고구려를 건국하였다. 궁예가 이러한 이동 루트를 선택한 것은 북원경의 양길을 의식하였기 때문이다. 궁예군은 능산 일행이 머무는 곳을 지나 철원으로 진격, 또 진격하였다. 아마 능산은 그 이전에 명주에서 들려온 궁예의 선정(善政)이나 미륵부처가 나타났다는 소문을 들었을 것이다. 따라서 궁예군이 가까이 다가오고 있다는 소식을 들었을 때, 능산은 많은 생각을 하지 않을 수 없었다.

그리고 마침내 자신이 갈 길을 결정한 능산은 강원도 일대의 이·

유민(移·流民), 도적, 품팔이꾼 등 하층민들과 함께 궁예의 철원 진격군 대열에 합류하였다. 능산을 포함한 하층민들은 궁예군을 해방군으로 알았을 것이다.

말단 병사에 불과하던 능산은 줄곧 무공을 쌓아 승진을 거듭하였다. 능산의 승진은 그야말로 그의 노력과 능력 덕분이었다. 그 능력은 다름 아닌 무예였다. 당시는 힘이 좌우하는 시기였던 만큼 자신의 뛰어난 무예를 통해 무장으로서 성공하는 사례가 많았다. 《고려사》 열전에 "행오(行伍, 일반 병사)에서 일어나 누차 승진하여……" 라는 기록이 있는 평민 출신의 고려 개국 일등 공신인 배현경도 능산처럼 궁예군의 말단부터 시작한 무장이다.

평산 신씨 문중에 전해오는 신숭겸 장군 〈행장(行狀)〉에 의하면, "공(公)은 태어나면서부터 몸이 장대하고 천성이 용맹스러웠으며, 신령한 자질과 기민한 지략을 갖추었고, 활 쏘는 재주가 뛰어나 백발백중하니 참으로 장수다운 인재였다"고 한다. 이렇게 뛰어난 무예 실력과 기개는 수많은 전투에서 그 진가를 발하였고, 능산이 "누차 승진할" 수 있는 밑거름이 되었다. 유랑 시절, 무도한 도적에게서 자신과 일행을 보호하는 데 쓰인 능산의 무예 솜씨는 이제 전장에서 빛을 발했다. 전장에 나가면 나갈수록 능산의 전공은 높아져 갔다. 물론 궁예에 대한 충성심이 주 원동력이었겠지만, 능산 자신의 입신 의지도 크게 작용했을 것이다.

이러한 정황으로 보아, 능산은 궁예의 세력 확장과 집권 과정에 적극적으로 동참했을 가능성이 높다. 궁예 집권 말기에는 궁예의 신임을 받아 기장(騎將)에까지 올랐다. 능산은 이후 다른 어떤 무장보다도 풍부한 전쟁 경험과 지략을 발휘하여 시대 변화에 대응해 나갔다. 그러한 만큼 궁예를 둘러싼 주변 정세는 물론이고, 새 시대를 이끌어갈 왕건의 야망도 읽고 있었는지 모른다.

평산 신씨의 시조가 된 사연

능산은 궁예군에 들어가 20여 년 동안 무장으로 성장하며 왕건을 비롯한 장수들과 함께 궁예에게 충성을 바쳤다. 그러다 918년 여름, 신숭겸은 천명을 살펴 기군(騎軍)장군 홍유, 배현경, 복지겸과 함께 은밀히 '송악(松嶽, 개성)의 용(龍)' 왕건을 임금으로 추대하고자 했다. 이들은 "어리석은 임금을 몰아내고 어진 임금을 내세우는 것은 천하의 대의(大義)"라는 말로 왕건을 설득하였다. 그러나 왕건이 여러 번 거절한 것으로 보아 정변이 실패할 가능성이 높았던 것 같다. 그러나 기군을 중심으로 한 군사 집단은 궁예의 실정을 빌미 삼아 반(反) 궁예 세력을 결집시켜 쿠데타를 일으켰다.

왕건이 옥좌에 앉자, 신숭겸은 고려 개국 일등 공신이 되고 금·은·비단을 하사 받았으며, 그해 9월에 마군(馬軍)장군으로 임명되었다. 왕건 즉위 후에도 신숭겸의 칼날은 쉬지 않았다. 고려에 불복하거나 이탈하여 후백제로 귀부하려는 지방 호족을 상대로 여전히 녹슬지 않은 칼날을 휘둘렀다. 이처럼 항상 싸움의 선봉에 서서 공을 세운 신숭겸은 승진을 거듭하여 공산 전투 출정 시에는 대장의 지위에 올라 있었다.

다음 일화는 신숭겸, 곧 능산의 무예가 얼마나 탁월했는지 보여준다. 능산 등이 왕을 따라 (황해도) 평산으로 사냥을 하러 갔는데, 삼탄(三灘)이라는 개울을 지날 때 기러기 세 마리가 날아갔다. 왕건이 여러 장수들을 돌아보며 말하길 "누가 저 기러기를 쏘겠는가" 하였다. 능산이 절하면서 "신(臣)이 쏘겠습니다. 몇 번째 기러기를 맞힐까요?"라고 하니 왕건이 웃으며 말하기를 "세 번째의 왼쪽 날개를 맞혀라" 했다. 능산이 시위를 당기는 순간 기러기가 떨어졌다. 왕건이 감탄하며 세 마리 기러기가 지나가던 땅을 둘레로 하여 궁위전(弓位田, 활 재간을 기려 하사 받은 전지) 300결을 하사하고, 그곳을 신숭겸의 관향(貫鄕)으로 삼게 했다.

이 이야기는 신숭겸이 평산 신씨의 시조가 된 일화로 전한다. 이렇게 신숭겸을 비롯한 네 명의 일등 개국공신들은 모두 성씨를 하사 받아 각 성씨의 시조가 되었다. 즉 홍유는 의성 홍씨, 배현경은 경주 배씨, 복지겸은 면천(충남 당진군 면천면) 복씨의 시조이다.

왕건을 대신하여 목숨을 버리다

927년(태조 10) 가을, 후백제는 신라의 왕도를 맘껏 유린하였다. 이는 당시 상황을 고려하면 충분히 일어날 수 있는 일이었다. 그러나 왕건은 무척 흥분하였고, 그의 친정(親征)에 대한 대소 신료들의 의견도 엇갈렸다. 점복(占卜)에 용한 최지몽도 점괘가 불길하다고 만류하였다. 그럼에도 불구하고 왕건은 친히 신숭겸과 김락을 앞세워 정예 기병 5,000명을 거느리고 남쪽으로 내달렸다. 그리고 공산 동수(公山桐藪, 팔공산 동화사 인근)에 이르렀을 때 소기의 목적을 달성하고 회군하는 후백제군과 맞부딪쳤다.

당대 최고의 자웅(雌雄), 견훤과 왕건이 대면한 공산 전투는 왕건군의 선제 공격으로 불붙었다. 하지만 고려군이 수치스럽게 패배한 싸움이라 그런지 《고려사》는 전쟁 상황과 결과에 대해서 간략히 약술해놓았다. 그나마 "견훤의 군사가 왕(왕건)을 포위하여 사태가 매우 위급하였다"거나 "신숭겸과 김락의 희생으로 왕이 겨우 몸만 피하였다"는 기록을 보면, 왕건이나 고려로서는 악몽과도 같은 며칠이었을 것이다.

그날 밤, 후백제군은 왕건의 목을 베기 위해 포위망을 좁혀 오고 있었다. 고려군은 후백제군의 파상 공세에 속수무책이었다. 이대로라면 고려군은 물론 왕건의 야망도 수포로 돌아 갈 지경이었다.

바로 이때 신숭겸은 자신의 목숨을 건 지략을 내놓았다. 신숭겸은 자신의 용모와 체격이 왕건과 흡사한 점을 이용하여 왕건으로 위장한 뒤 임금의 수레에 올라타고 김락과 더불어 적진으로 향하였다. 그는 왕을 대신하여 죽을 각오로 힘껏 싸웠고, 그 틈을 타서 왕건을 애수(礙藪, 팔공산 부인사 인근)에 숨게 하였다.

얼마 뒤 그를 에워싼 후백제군은 "왕건의 목을 베었다"라고 외치며 목을 창에 꿰어 승리를 자축한 뒤 포위망을 풀고 돌아갔다. 이렇게 왕건은 신숭겸 등 여러 장수의 죽음을 대가로 겨우 죽음을 모면했지만, 생애 최대의 패배가 아닐 수 없었다. 물론 견훤에게는 삼한 통일의 이상을 실감하는 장면으로 기억되었을 것이다.

아마도 공산에서 왕건은 신숭겸과 김락을 포함한 심복지인(心腹之人) 여덟 명을 잃었던 것 같다. 그런 연유로 산의 이름을 '여덟 명의 장군이 전사한 곳'이라는 의미에서 팔공산(八公山)이라고 했다는 이야기도 전한다. 지금도 팔공산 자락에는 신숭겸 장군의 숭고한 절의를 느낄 수 있는 유적지가 조성되어 있다. 신숭겸 장군이 전사한 땅에 단(壇)을 봉하여 표시한 순절단(殉節壇)을 비롯하여 신숭겸 장군과 직접적으로 관련된 유적지 외에도 파군재(破軍峙), 반야월(半夜月) 등 당시의 처참했던 상황을 알려주는 현장이 남아 있다. 곡성에서는 신숭겸이 죽자 그의 말이 장군의 고향과 가까운 태안사 뒷산으로 와서 3일 간 울다가 굶어 죽었다는 이야기도 전한다.

2,500년 가는 명당에 묻혀

공산 전투에서 승리한 후백제군이 완산주(전주)로 향할 즈음에 왕건은 공산으로 되돌아가 신숭겸의 시신을 찾으려 하였으나 목이 베인 터라 시신을 구분할 수 없었다. 이때 유금필 장군 등이 말하기를, "신 장군의 왼발 아래에 사마귀[黑子] 무늬가 있었는데 북두칠성과 같았습니다" 하여 이로써 신숭겸의 시신을 거둘 수 있었다.

왕건은 신숭겸의 지략에 탄복하였고 그의 죽음을 애통해했다. 그리하여 목공에게 명하여 신숭겸의 머리와 얼굴을 새겨 만들어 친히 제례를 행하여 장지(葬地)로 옮기게 했다. 현재 소양강이 내려다보이는 화악산 기슭에 위치한 신숭겸 장군 묘역은 손꼽히는 명당 가운데 하나이다. 그러한 만큼 당시 왕건이 이 자리를 신 장군의 묘역으로 쓰려고 하자, 많은 신하들이 "도선대사의 말씀에 의하면, 이 땅의 지기(地氣)는 2,500년 정도의 기운이 보장되는 동기(動機) 감응의 위력이 있는 땅입니다" 하며 왕을 위해 반대하였다고 한다.

그러나 왕건은 이러한 명당에 장군을 예장(禮葬)한 뒤, 제전(祭田) 9,000보(步)를 하사하고, 묘를 지키는 집 30호(戶)를 두었다. 장군이 전사한 팔공산에는 원찰(願刹, 죽은 이의 위패를 모시고 명복을 비는 절)로 지묘사(智妙寺)를 두어 명복을 빌게 하고, 해안현(解顏縣, 대구시 공산1동)에서 절에 기름을 바쳐 연등을 밝히게 했다. 또한 장군의 시호를 장절공(壯節公)이라 하고, 그 아우 능길과 아들 보락·철을 모두 원윤(元尹)으로 삼았다.

그리고 고려의 6대 왕인 성종에 이르러 신숭겸은 배현경·홍유·복지겸·유금필과 함께 역대 임금의 신주(神主)를 모시는 대묘(大廟)의 태조사당[太祖室]에 배향 공신으로 책봉되었다. 이 가운데 개국공신이 아닌 유금필은 태조 곁에서 끝까지 공로를 세워 이 시기

신숭겸 장군의 위패와 영정이 모셔져 있는 대구 팔공산 자락의 순절단. 신숭겸 장군이 전사한 곳으로, 태조가 시신을 찾아 제례하고 단(壇)을 쌓아 표시했다고 전한다.

최고의 명장으로 평가되는 인물이다. 이후 현종대에 와서 문신 관료로는 유일하게 최응이 태조의 배향 공신이 되었다. 신숭겸을 비롯한 여섯 명의 태조 배향 공신들은 왕의 생존 당시 가장 많이 왕을 도왔던 신하로, 고려 왕조 내내 매우 존중을 받았고, 그의 후손들도 음서(蔭敍, 과거에 의하지 않고 관리로 채용되는 것) 등의 여러 혜택을 받았다.

후대에는 마을의 수호신으로

신숭겸과 관련하여 유명한 문학 작품도 전하고 있다. 936년(태조 19) 후삼국을 통일한 뒤 왕은 팔관회를 베풀어 여러 신하들과 더불어 즐겼는데, 전사한 공신들은 당연히 참석하지 못했다. 이에 왕은 신숭겸과 김락의 형상을 짚으로 만들게 하여, 반열에 앉히고 술과 음식을 내리니 술이 문득 닳아 마르고 우상(偶像)이 살아 있을 때처럼 일어나서 춤을 추었다. 이 일이 있은 뒤부터는 음악을 연주하는 자리에 우상을 배치하여 이를 상례(常例)로 삼게 하였다고 한다.

1120년(예종 15) 가을에는 왕이 평양에 순행하여 팔관회를 베풀었는데, 우상이 나타나서 말을 타고 뛰어 달리며 뜰을 돌아다녔다. 왕이 기이하게 여겨 이를 물으니 좌우에서 "이는 신성대왕(神聖大王, 태조)이 삼한을 통일할 때 대왕을 대신해 죽은 공신[代死功臣]인 대장 신숭겸과 김락입니다"라고 아뢰었다.

그때 임금이 감개하여 읊은 시가 〈도이장가(悼二將歌)〉라는 향가로 전해온다.

임을 보전케 하신 마음은 하늘 끝까지 미쳤는데,
主乙完乎白乎心開際天乙及昆
비록 넋은 갔어도 삼으신 벼슬만은 또 대단하구나.
魂是去賜矣中三烏賜敎職麻
바라보니 알겠노라 그때의 두 공신이여!
又欲望彌阿里剌及彼可二功臣
오래도록 곧은 자취는 나타나 빛나는구나.
良久乃直隱跡烏隱現乎賜丁

신숭겸 장군의 절의에 대한 칭송과 제향은 조선시대에 와서도 면면히 이어졌다. 《동국여지승람》에서 "신숭겸은 죽어서 곡성의 성황신으로 모셔진다"고 한 것처럼, 장군은 마을의 수호신으로 자리잡게 되었다. - 한정훈

이상향을 추구한 지식인, 최응 15

崔凝 黃州土山人 父大相祐達 初凝母有娠 家有黃瓜蔓 忽結甛瓜 邑人以告弓
裔 裔卜之曰 生男則不利於國 愼勿擧 父母匿而養之 自幼力學 旣長通五經善
屬文爲裔翰林郎 草制誥甚 其意 裔曰 所謂聖人得非斯人耶 一日裔召太祖誣
以謀叛太祖辨之 凝爲掌奏在裔側伴 墜筆下庭取之 因趍過太祖微語曰 不服
則危 太祖悟遂誣服 由是得免 及太祖卽位仍舊職知元鳳省事 俄拜廣評郎中
凝有公輔器曉達吏事 甚獲時譽

《고려사》 권92, 열전5, 최응

최응은 황주 토산 사람이니 부친은 대상(大相) 최우달(祐達)이다. 처음에 최응의 모친이 임신하였을 때에 그 집 밭에 오이가 열렸는데 꿈에 홀연이 거기에 참외가 열렸다. 읍 사람들이 이 이야기를 궁예에게 알렸더니 궁예가 점을 쳐보니 "남아가 태어나면 나라에 이롭지 않을 것이니 절대로 키우지 말라"는 것이었다. 그래서 부모가 그를 숨겨두고 양육하였다. 어려서부터 공부에 힘썼으며 장성하여서는 5경(五經)을 통달하고 글을 잘 지었으므로 궁예의 한림랑(翰林郎)으로 되었으므로 제고(制誥)를 기초할 때마다 그 뜻을 매우 만족시켰다. 그래서 궁예가 말하기를 "소위 성인(聖人)이란 아마 이런 사람이 아닌가?"라고까지 하였다. 하루는 궁예가 태조를 불러 놓고 반란을 음모한다고 허망한 말을 하였으므로 태조는 변명하였다. 최응이 장주(掌奏)로서 궁예의 곁에 있다가 일부러 붓을 땅에 떨어뜨리고 뜰에 내려서서 집고 태조의 옆을 지나면서 귓속말로 "음모했다고 하지 않으면 위험하오"라고 하였다. 태조는 그 의미를 깨닫고 드디어 거짓으로 복죄했더니 이렇게 해서 화를 모면하였다. 태조가 즉위하자 옛 관직 그대로 지원봉성사(知元鳳省事)로 임명하였다가 곧 광평랑중(光評郎中)으로 임명하였다. 최응은 대신될 만한 도량이 있고 행정 실무에도 통달하여 당시에 명망이 대단히 높았다.

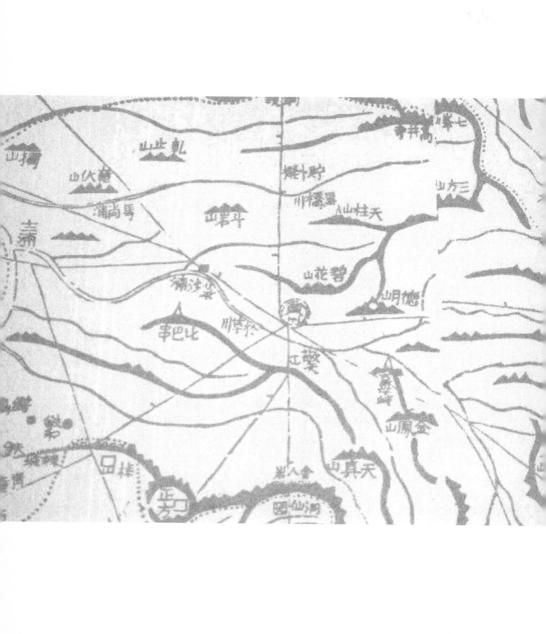

변혁의 주역으로 떠오른 지방 출신 문사들

최응(崔凝)이라는 이름은 아직 우리에게 낯설다. 도당 유학생 출신으로 당나라의 빈공과에 급제하여 문명을 날린 최치원·최언위·최승우의 이른바 '신라말의 3최'에 비해 최응이나 최지몽, 최승로 같은 고려초 문인 학자들은 그다지 많이 알려지지 않았다.

최응은 도당 유학생 출신도, 신라의 6두품 출신도 아니었다. 그러나 그가 문인 지식인으로서 품었던 이상과 새 사회 건설에 바친 헌신, 그리고 실제로 해낸 역할과 활동은 고려 사회의 기본 틀을 세우는 실로 중대한 것이었다. 서북 변경 지역에서 태어나 성장하고 수학한 지방 출신 문사 최응은, 나말여초의 변화를 주도한 중세 지성 가운데서도 가장 비중 있는 인물의 하나로 주목받아야 한다.

나말여초는 독자적인 군사력을 보유한 지방의 호족 세력들이 각축을 벌인 시기다. 후삼국의 치열한 쟁패전에서 독자적 통치 조직과 독립된 군사력을 보유하고 지방에 웅거하던 호족 세력들은 통일을 성취하는 주역으로 부상했다.

당시 이들과 국왕이 맺은 관계는 상호 호혜적인 연합 정권의 성격을 띠었을 것으로 보인다. 이러한 이해의 방향에는 이 시기를, 군사력을 매개로 지방분권적인 봉건제 사회를 형성한 유럽의 중세와 유사한 형태로 파악하려는 시각이 내포돼 있다. 실제로 우리 역사상 봉건제를 지향하는 경향이 가장 두드러진 시기는 나말여초라고 할 수 있을 것이다.

그러나 고려는 막부 체제로 이뤄진 무인정권의 형태를 띠지 않았다. 또 유럽의 봉건제처럼 봉토의 수수에 입각하여 영주와 신하가 주종 간의 쌍무적 계약 관계를 맺고 각 지방이 분권적으로 존재하거나, 자급자족의 고립적 경제 단위인 장원을 형성한 것도 아니었다.

신라라는 고대 사회를 극복하고 형성된 고려 사회는 유럽형 중세 사회로 이행할 수 있는 가능성이 충분히 있었음에도 불구하고, 오히려 유교적 정치 이념에 입각한 중앙집권적 관료 체제 아래 지식인 정치를 행하는 동양의 전형적 중세 사회로 이행했다. 나말 문인 지식층의 존재와 활동을 주목해야 할 이유가 바로 여기에 있다.

이 시기 지식층의 역할에 대해서 알아보기 위해서는 먼저 신라의 6두품을 살펴야 한다. 그들은 신라 진골 지배층의 모순과 골품제적 제한을 가장 첨예하게 인식한 계층이었으며, 진골 다음가는 신분으로서 진골을 대신할 수 있는 역량을 소유한 집단이었고, 자신들의 신분적 제한을 종교와 학문을 통해 극복하고자 한 이 시대 최고의 지식층이었다. 그러나 그들 자신도 골품제 하의 특권 계층에 속했기 때문에 6두품의 개혁 의지와 방향은 당나라를 모방하는 수준에 머물고 있었고, 그나마 정치적 주도권을 완전히 행사하지 못했기 때문에 그 한계가 분명했다.

신라 6두품보다 더 주목해야 할 지식인 계층이 당시 지방 사회에서 성장한 지방 문사들이다. 이들은 문화적 선진 지역을 형성한 서북이나 소경 등 지방의 문화적 토양에서 성장하고 수학하여 학문과 문장력, 호족으로서의 기반, 지방 관부로서의 경험을 바탕으로 궁예 정부에 진출하였다.

궁예 정부가 조직과 제도에서 신라를 답습하지 않고 독자적 체계를 갖출 수 있었던 것은 이들의 경험과 역량 때문이었다. 이들은 신

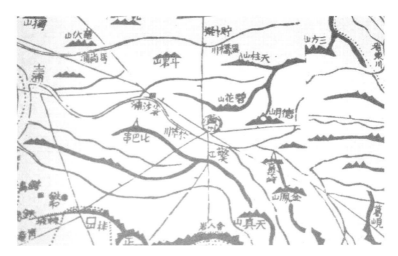

대동여지도에 나타난 황주목. 최응은 황주 토산에서 태어났다.

라의 억압과 수탈에 저항하는 한편, 지방정부를 구성하는 데 참여하여 자신들의 이상을 실현하고자 했다. 그러나 그후 궁예의 정치가 종교적 카리스마로 왕권을 전제화하고, 호족을 억압하며, 농민을 수탈하는 비합리적인 방향으로 나아가자 왕건을 추대하는 데 적극 가담하였다.

　박유 · 태평 · 최응 · 윤봉 · 한신일 · 송함홍 · 김언규 등 궁예 정부 출신 문사들은 고려 정부의 중심에서 활약했다. 이들은 문장과 학문으로 국가에 봉사하는 문신 관료로서, 대외 교섭을 담당하는 외교가로서, 태조의 정치를 보좌하고 통일전에 직접 참여하기도 하는 정치 참모로서 고려 개국에 참여한 개국공신들이었다. 특히 최응은 지방 출신 문신 관료의 전형이라고 할 수 있는데, 그를 통해 도덕적 가치관의 실천과 유교적 정치 이념의 실현을 추구한 고려초 지식인의 모습을 엿볼 수 있다.

왕건을 구하다

최응은 황주 토산 출신이다. 그의 아버지 대상 우달(祐達)은 일찍부터 서북 지역으로 진출하여 궁예와 관계를 맺은 지방 호족이었다. 최응에게는 출생에 관한 일화가 전한다.

최응의 어머니가 임신하였을 때 집의 누런 오이 줄기에 문득 참외가 열리므로 그 읍의 사람들이 이것을 궁예에게 고하였다. 궁예가 점을 쳐 보고 말하기를 "남자 아이를 낳으면 나라에 이롭지 않을 것이니 삼가여 기르지 말라"고 하였으나 부모가 몰래 숨겨 길렀다(《고려사》 92, 〈최응전〉).

최응이 출생한 해는 효공왕 1년(897)으로, 궁예가 아직 정식으로 개국하기 이전이다. 이 무렵, 궁예 세력은 패서 지역에 진출하기 시작하여 895년에는 패서의 지방 세력이 궁예에게 투항하였고, 896년에는 송악의 왕건 부자가 귀부했으며, 897년에는 인물현(개풍군 덕수)이 항복하여, 898년 마침내 궁예는 패서도와 한산주 관내의 30여 성을 차지하고 송악에 도읍을 정하였다.

최응의 아버지 우달도 이때 패서 지역의 유력자로서 궁예와 관계를 맺은 것으로 보이나, 궁예의 명을 거역하고 태어난 아들을 몰래 길렀다는 기록을 보면 궁예와 그리 깊은 관계는 아니었을 것이다. 오히려 이들 부자는 같은 서북 지역의 왕건과 더 밀착하였을 것으로 보이는데, 이러한 점은 최응이 왕건의 위기를 구해준 다음의 일화를 통하여 알 수 있다.

하루는 급히 태조를 부르므로 궁 안으로 들어가보니 궁예가 주살한 사

람들에게 몰수한 금은보기와 상 위의 기구를 검점하고 있다가 눈을 부릅
뜨고 태조를 노려보며 말하기를 "경이 어젯밤 여러 사람을 모아놓고 반
역을 모의한 것은 무엇 때문이냐"고 하였다. 태조는 얼굴빛이 자약하여
웃으며 말하기를 "어찌 그런 일이 있었겠습니까"라고 하였다. 궁예는
"경은 나를 속이지 말라. 나는 관심법으로 알 수 있으니 내가 이제 입정
하여 관심하고 그 일을 다 말하겠다" 하고 눈을 감고 뒷짐을 진 채 얼마
동안 하늘을 우러러보고 있었다. 이때 장주 최응이 곁에 있다가 일부러
붓을 떨어뜨리고는 뜰에 내려와서 이것을 주워 태조의 곁을 지나며 귓속
말로 말하기를 "복종하지 않으면 위태롭습니다"고 하므로 태조가 이에
깨닫고 "신이 진실로 반역을 꾀하였으니 그 죄는 죽어 마땅합니다"라고
하였다. 궁예는 크게 웃으며 "경은 가히 정직하다 하겠다"고 하고, 금은
으로 장식한 안장과 고삐를 하사하고는 "경은 다시는 나를 속이지 말라"
고 하였다(《고려사》1, 태조 즉위전 조).

궁예가 관심법으로 정적을 숙청할 때 왕건 또한 위기를 맞았는데
이를 최응의 기지로 모면하였다는 내용이다. 시중의 지위에 있던
왕건은 궁예가 가장 신뢰하는 장수였을 뿐만 아니라, 당시 많은 사
람들의 신망을 얻고 있었기 때문에 무단히 그에게 반역의 죄를 씌
우지 않았을 것이다. 여기에는 반 왕건 세력의 충동이나 모종의 제
보가 있었을 것이며, 궁예의 측근에서 이러한 사정을 누구보다 잘
알고 있었던 최응은 생명의 위협을 무릅쓰고 왕건을 보호하였던 것
이다.

유교 이념에 입각한 문치주의
궁예가 축출 당하고 고려 정부가 성립하자 궁예 정부의 주요 관료

들은 대부분 고려에 흡수되었다. 최응도 예외가 아니었다. 그는 고려의 관료로서 새 국가 건설에 힘을 다했다. 그와 관련한 몇 가지 일화를 통해 최응의 인간적인 면모와, 그가 고려초 전형적인 문신 관료로서 보여준 면모를 찾아보기로 한다.

우선 최응은 정부 조직의 관료로서 뛰어난 능력과 자질을 보였다. 채 20세가 되지 않은 어린 나이에 이미 궁예의 측근에서 한림랑, 장주, 지원봉성사의 직임을 거쳤으며, 고려 정부에서는 지원봉성사를 거쳐 일약 광평낭중으로 발탁되었다. 《고려사》 열전에서는 최응을 "재상의 그릇을 가졌으며, 관리의 일에도 밝게 통달하여 당시의 영예를 크게 얻었다"고 평가하였다.

최응은 태조와 뜻이 잘 통하여 정책을 건의한 것이 많았고, 태조는 이를 매양 받아들였다고 한다. 태조는 최응에게 "경은 학문이 풍부하고 재주와 식견이 높은데다 겸하여 통치의 체통을 알며 나라를 근심하고 공공에 봉사하여 몸을 돌보지 않고 충성을 다하니 옛적의 명신도 이보다 더할 수 없을 것"이라고 칭송하고, 그를 내봉경으로 옮겼다가 다시 광평시랑에 제수했으나 최응은 이를 사양했다. 이와 같은 급속한 승진은 태조가 최응이 관료로서 가진 능력과 자질을 그만큼 인정했다는 뜻이다.

최응은 고려 정부에서 문한(文翰)을 담당하며 문장가로서도 명성을 얻었다. 일찍이 궁예 정부에서 한림랑으로 왕의 명령을 기초했을 때에는 궁예에게 "이른바 성인을 얻는다 함은 이 사람을 두고 하는 말이 아니겠는가"라는 격찬을 받기도 했다. 그 결과 20세 이전에 이미 장주(掌奏)가 되었고, 지원봉성사로 문한을 장악했다. 고려 정부에 와서도 옛 직위를 이어받아 문한을 담당하고, 개경 7층탑과 서경 9층탑의 발원소를 지으라는 태조의 명을 받아 이를 제술했다. 아

《고려사》〈최응열전〉에 최응의 일생이 소개되어 있다.

마 태조 10년, 후백제의 견훤이 보내온 서한에 대한 답서도 그가 작성한 것이 아닐까 한다.

최응은 유교적 정치 이념과 문치주의를 제시하고 실행할 것을 주장했다. 고려 고종 때 최자가 지은 시화집 《보한집》에는 태조와 최응의 대화가 전한다.

건국 초의 전란기에 태조는 음양과 부도(浮屠, 불교)에 뜻을 두고 있었다. 참모 최응이 간하기를 "전(傳)에 말하기를 어지러운 세상이 되면 문을 닦아 인심을 얻어야 한다고 하였습니다. 왕이 된 자는 비록 전쟁의 때를 당하더라도 반드시 문덕(文德)을 닦아야 하며, 부도나 음양으로 천하를 얻었다는 말은 듣지 못하였습니다"라고 하였다.

태조는 "그 말을 내가 어찌 모르겠는가. 그러나 우리 나라는 산수가 영험하고 기이하며 황벽한 지역에 있으므로 사람들의 성품이 부처나 신을 좋아하여 복리를 얻고자 하는데 지금은 전쟁이 그치지 않았고 안위가 결정되지 않아 아침저녁으로 두려워하며 어찌할 바를 모른다. 그러므로 오직 부처와 신명의 도움과 산수의 영험이 혹 고식적인 효과라도 있을까 생각할 뿐이지 어찌 이것으로서 나라를 다스리고 백성을 얻는 큰 법으로 삼겠는가. 난이 진정되고 편안히 사는 때를 기다려 풍속을 바꾸고 교화를 아름답게 할 것이다"라고 하였다(최자, 《보한집》 상).

이 대화를 통해 유교적 이념에 입각한 문치를 요구하는 유학자 최응의 모습과, 전란을 헤치며 창업의 길을 가야 하는 군왕 태조의 처지를 살필 수 있다. 안정된 사회의 치국과 수성(守成)의 도인 유학의 통치 이념이 창업의 전란기에 수용되기는 어려웠고, 태조는 이 점을 인식하고 전란이 끝난 후를 기약하였다. 실제로 유교적 이념은 광종 이후 그 다음 세대들의 노력에 의해 비로소 실현될 수 있었다. 그러나 건국 초에 이미 최응 같은 지방 출신 문사들이 유교적 이념을 제시했음은 크게 주목할 만하다.

이런 맥락에서 최응은 관인 사회의 공적 질서 체계를 확립하기 위해 노력했으며, 그 자신이 경건한 생활을 하여 유학의 교훈을 몸소 실천했다.

태조가 최응을 내봉경으로 삼은 지 얼마 되지 않아 다시 그를 광평시랑으로 옮기려 했을 때, 최응은 동료인 윤봉이 10년 연장임을 들어 먼저 그를 승진시키라고 하였다. 관직 체계의 공적 질서를 유지하는 데 승급 서열과 원칙은 매우 중요한 요소인데, 최응은 바로 이 점을 태조에게 밝힌 것으로 보인다. 태조는 이 뜻을 이해하고 "능히 예양(禮讓)으로써 하면 나라를 다스림에 무슨 어려움이 있겠는가. 옛적에 그 말을 들었는데 이제 그 사람을 보겠구나"라고 칭찬하며 최응의 요구에 따랐다.

최응은 개인적으로도 항상 몸을 씻어 단정히 하고 고기를 먹지 않는 등 경건한 생활 태도를 유지했다. 그가 몸을 돌보지 않고 과로하여 병을 얻으니 태조가 동궁을 보내어 병문안을 하게 하고 육식을 권했으나 최응은 사양하고 듣지 않았다. 이에 태조는 직접 최응을 찾아와 "경이 육식을 하지 않으면 두 가지 손실이 있으니 그 몸을 보전하지 못하여 끝까지 어머니를 봉양하지 못하니 이는 불효요, 명이 길지 못하여 나로 하여금 일찍 좋은 보필을 잃게 하면 이는 곧 불충"이라고 했다. 이 말을 듣고 최응이 비로소 고기를 먹어 과연 병이 나았다고 한다.

육식을 하지 않는 것이 불효이며 불충이 된다는 태조의 협박 섞인 강요도 흥미롭지만, 유교의 기본 덕목인 충효의 명분 앞에 자신의 금기를 꺾은 최응의 유교적 실천 자세도 돋보인다. 이 외의 각종 기록을 보아도 태조와 최응이 서로 각별한 애정으로 결합해 있었음을 알 수 있다.

고려초 문신 관료의 이상적인 모델

최응은 서북 지역에서 태어난 지방 출신 문사로서 당대 일급의 문장가이자 유교 이념의 실현을 추구한 유학자였고, 뛰어난 행정 능력을 발휘한 관료였다. 일찍이 궁예 정부에 참여하여 궁예의 측근에서 신임과 존경을 받았으나, 궁예의 정치가 유교적 이념을 실현하는 것과 멀어지자 왕건을 지지하는 쪽으로 태도를 바꾸어 생명의 위협을 무릅쓰고 위기에 빠진 왕건을 구했으며, 고려 정부에 이르러서는 태조의 정치 참모이자 문신 관료로서 태조의 각별한 애정과 존경을 받으며 활약하였다.

최응은 구도자와 같은 경건한 자세로 공적 질서 체계를 확립하는 데 노력했는데, 고려에 대한 그의 봉사는 태조 개인에 대한 것이기보다는 새로 건설되는 고려 사회의 이념과 그 실현을 위한 것이었다고 하겠다. 최응의 이러한 모습은 고려 초기 문신 관료의 이상적 전형이었다고 할 수 있다.

최응은 비록 통일과 유교적 이념의 실현을 보지 못한 채 태조 15년, 35세의 젊은 나이로 죽음을 맞았으나 그의 이상은 이후 세대 지식인들에게 이어져 결실을 보았다. 따라서 고려 문신 관료층의 연원과 기본적 성격을 최응에게서 찾는 것이 무리는 아닐 것이다. 최응은 현종 18년에 이르러 문신 관료로는 유일하게 태조의 배향 공신이 되었다. - 전기웅

왕건의 야심 많은 부인, 나주 오씨 장화왕후

16

莊和王后吳氏 羅州人 祖富伅父多憐君 世家州之木浦 多憐君娶沙干
連位女德交生后 后嘗夢浦龍來入腹中 驚覺以語父母 共奇之 未幾太
祖以水軍將軍 出鎭羅州泊舟木浦 望見川上有五色雲氣 至則后浣布
太祖召幸之以側微 不欲有娠宣于寢席

《고려사》 권85, 열전1, 장화왕후 중 일부

장화왕후 오씨는 나주 사람이다. 할아버지는 부둔이었고, 아버지 다련군은 대대로 이 주의 목포에 살았다. 다련군은 사간(沙干) 연위의 딸, 덕교에게 장가를 들어 후(后)를 낳았다. 후는 일찍이 포구에서 용이 나와서 뱃속으로 들어가는 꿈을 꾸다가 놀래 깨어 부모에게 이야기하니 모두 기이하게 여겼다. 얼마 후 태조가 수군장군으로서 나주에 진주하여 배를 목포에 정박시키고 멀리 냇가 위를 바라보니 오색 구름이 떠 있었다. 가서 보니 후(后)가 빨래를 하고 있었다. 태조가 그를 불러 침석에 들게 하였으나 한미하여 임신시키는 것을 원치 않았다.

非科玉后身代羅州人祖富柳

蒙州之木浦多憐君聖沙千達位女德交生

后妃睿嫠浦龍來入腹中旣覺以語父母共

之未幾太祖以水軍將軍出鎮羅州泊舟木

木浦望見川上有五色雲氣至則后浣布右

祖召辛之以側微不欲有娠宣于寢席后即

之遂有娠生子是為患宗面有席紋世謂

曰楄主帶以水硯鑵席又以大瓶貯水洗碎

해상 세력가 나주 오씨

TV 드라마에서 태조 왕건의 둘째 부인인 나주 오씨 장화왕후는 활달하고 장부 같은 기질을 가진 여걸로 묘사되었다. 장화왕후는 결혼한 후 왕건의 첫째 부인인 신혜왕후를 형님으로 모시며 왕건을 위해 노력하는 부인으로 그려졌다. 물론 이는 극적 흥미를 높이기 위해 역사적 사실에 문학적 상상력을 덧입힌 것이다. 그렇다면 실제 역사 기록 속에 등장하는 장화왕후는 어떤 모습일까?

서남해 지역 호족들은 신라말부터 해상 활동으로 세력을 쌓아왔다. 특히 장보고가 활약한 신라 말기에는 소규모 해상 세력들이 각지에서 일어나 성장하고 있었다. 서남해 지역 호족인 나주 오씨 역시 해상 활동을 통해 세력 기반을 축적한 것으로 알려져 있다.

상고 때부터 한말에 이르기까지의 문물 제도를 총망라하여 분류·정리한 《증보문헌비고(增補文獻備考)》 권49, 제계고10, 씨족4, 오씨 기록에 의하면 오씨의 조상은 중국에서 상인으로 일어나서 해외 무역상을 따라 신라로 건너왔다고 한다. 이 자료를 그대로 믿기는 어려우나, 당시 사정으로 보아 어느 정도 시사하는 바가 있다. 나주와 영암 지역은 나말여초 시기 서남해 지역의 대당 교통과 해상 무역의 중심지였다. 따라서 나주 오씨는 나주 지역을 중심으로 한 해상 활동을 통해 세력 기반을 구축했다고 볼 수 있다.

나주 오씨가 태조 왕건과 관계를 맺은 것은 궁예와 견훤 세력이 대립하던 903년, 왕건이 나주 지역을 공략·장악하면서이다. 당시 나주 지역은 견훤의 지배하에 있었을 것이다. 견훤이 무진주(武珍州, 지금의 광주)를 점령한 후 '신라서면도통(新羅西面都統)'이라고 칭한 해가 889년이었다는 점을 고려하면, 이때쯤부터 견훤은 나주 지역을 자신의 세력권에 넣었을 것이다. 견훤은 900년에 완산주(完山州, 지금의 전주)에 도읍을 정하고, 901년에는 금성(錦城, 지금의 나주)의 남쪽을 공략하였다.

그러나 왕건이 903년 나주 지역을 공략하여 군대를 주둔시켰기 때문에 견훤이 전주로 도읍을 정한 시기를 전후하여 나주는 견훤의 세력권에서 벗어났다. 그 결과, 이후 상당 기간 동안 나주가 궁예 정권의 세력권 내로 편입됨으로써 견훤은 배후에서 궁예 정권의 위협을 받았다.

이런 상황에서 나주 오씨는 왕건과 관계를 맺었다. 장화왕후 오씨의 조부는 부둔(富伅), 아버지는 다련군(多憐君)이었다. 이들 부자는 나주에서 대대로 살았는데, 다련군이 사간(沙干) 연위(連位)의 딸 덕교(德交)에게 장가를 가서 장화왕후 오씨를 낳았다.

나주 오씨와 왕건의 인연

왕건은 903년 나주 지역으로 진출한 후 오랫동안 나주 지역을 중심으로 활동했다. 왕건은 903년 나주 지역을 공략한 이래로 여러 차례 나주 지역에 파견되었다. 909년 왕건은 한찬(韓粲) 해군대장군 직을 맡아 세 차례에 걸쳐 나주를 정벌하였다. 1차 정벌에서는 견훤이 오월에 보내는 선박을 염해현(鹽海縣)에서 붙잡았고, 2차 정벌 때에는 진도군 고이도(皐夷島)를 공격하여 차지하고 목포와 덕진포 사이에서 견훤과 싸워 크게 이겼으며, 3차 정벌에서는 견훤이 신뢰하는 압해현의 장수 능창을 사로잡았다.

전남 나주시 송월동에 있는 완사천. 왕건이 후일 장화왕후가 된 오씨를 만난 곳이다. 완사천은 삼실을 씻던 곳이라는 의미로, 도 지정 기념물 93호로 지정되었다.

911년에 왕건은 다시 나주를 정벌했다. 이때 궁예는 금성의 이름을 나주로 고치고 왕건의 공을 인정하여 대아찬 장군으로 삼았다. 따라서 왕건은 903년 이래 나주 지역을 여러 차례 공략했으나, 확실하게 나주 지역을 장악한 것은 금성을 나주로 고친 911년 무렵이었을 것이다. 왕건과 오씨 사이에서 고려의 제2대 왕이 되는 왕자 무(武)가 태어난 해가 건화(乾化, 중국 5대 최초 왕조인 후량의 연호) 2년(912)이니, 여러 가지 정황으로 보아 왕건이 오씨와 혼인한 해는 건화 원년(911) 무렵이었을 것이다.

《고려사》 권88, 열전1, 후비1 장화왕후 오씨조에는 왕건이 수군장군으로 나주에 출진했을 때 빨래를 하고 있던 오씨를 만났다는 내용이 실려 있다. 여기서 수군장군이란 명칭은 왕건이 911년 금성을 정벌한 후 그 공으로 대아찬 장군이 되었다는 사실과 관련이 있다.

지금도 나주에 가면 완사천(浣沙川)이라고 하여 장화왕후가 빨래를 하던 우물이 있으며, 그 우물 뒷산에 나주산성이 위치해 있다. 《고려사》는 왕건이 목포에 도착하여 배를 정박하고 멀리 완사천 위를 바라보니 오색 구름이 있어 그곳에 가니 오씨가 빨래를 하고 있었다고 하여 왕건과 오씨의 만남을 신비스럽게 꾸미고 있다.

왕건이 오씨를 장화왕후로 삼은 것은 오씨가 아들을 낳은 것이 계기가 되었을 것으로 보인다. 이와 관련하여 《고려사》 장화왕후 오씨 전은 재미있는 사실을 전하고 있다. 왕건은 오씨를 만나 하루 잠자리를 같이했지만, 오씨가 미천하다고 생각했기 때문에 임신이 되는 것을 원치 않았다. 그러나 오씨의 적극적인 행동으로 임신이 되어 결국 왕자 무를 낳았다.

이러한 사실로 보아 왕건은 오씨와의 혼인에 별로 적극적이지 않았고, 오히려 나주 오씨 세력이 이 결혼에 더 적극적이었던 것 같다. 견훤 세력과 대립적 관계에 있던 나주 오씨 쪽에서 볼 때 왕건과 혼인하면 든든한 후원 세력을 얻을 수 있다는 이점이 있었을 것이다. 이상의 내용을 보면 오씨 부인의 적극성은 나주 오씨 세력의 처지를 반영하는 것일 수 있다. 그러나 오씨 부인에게서 여걸 같은 이미지를 찾기는 어렵다.

왕자 무의 출생과 왕위 계승

견훤이 서남해 지역에서 봉기한 후 나주 지역을 장악했는지는 정확하게 알 수 없다. 그러나 901년 무렵에 견훤이 금성의 남쪽 연변 부락을 약탈하였다는 사실은 이 시기 나주 지역이 견훤의 세력권이 아니었음을 의미한다. 그리고 903년 왕건이 나주 지역을 공략하면서 나주 지역을 둘러싼 궁예와 견훤 간의 본격적인 각축전이 시작

《고려사》의 〈장화왕후전〉. 장화왕후의 행적을 기록한 열전으로 《고려사》 권88, 열전1, 후비1에 들어 있다.

되었다.

이 과정에서 나주 지역은 909년 전후 무렵에 일시적으로 견훤의 세력권에 들어갔으나 이후 왕건에게 투항하였다. 이에 분노한 견훤은 910년 3,000명의 군사를 동원하여 나주를 공격하였다. 이로 보아 나주 지역은 궁예나 견훤에게 대단히 중요한 지역이었음을 알 수 있다. 911년 궁예가 이곳에 왕건을 보내어 정벌하고 지명을 나주로 바꿈으로써, 나주 지역은 명실상부한 궁예의 영역으로 편입되었다. 이에 따라 나주의 호족 세력은 더 적극적으로 왕건과 관계를 맺고자 했을 것이다.

애초에 왕건은 나주 오씨가 미천하다는 이유로 혼인에 소극적이었다. 이 점은 혜종이 장성하여 태자로 책봉되는 과정에서도 유추해볼 수 있다. 왕건은 첫째 부인인 신혜왕후 유씨에게서 자식이 없자, 장화왕후 오씨의 자식을 후계로 삼고자 하였다. 이와 관련하여

《고려사》〈장화왕후 오씨전〉에 의하면 혜종은 항상 잠자리에 물을 부어두었고, 또 큰 병에 물을 담아두고 팔을 씻으며 놀기를 즐겨 용의 아들이라고 하였다. 이 말 속에는 혜종이 태조의 진정한 아들이며, 세자가 될 만한 자격을 갖추었다는 의미가 내포되어 있다.

이를 뒷받침하듯《고려사》에는 장화왕후 오씨가 미천하여 혜종에게 왕위를 물려줄 수 없을까 염려하자, 태조가 낡은 옷 상자에 자황포(柘黃袍)를 넣어 장화왕후에게 주었다는 기록이 나온다. 왕후가 이를 박술희에게 보이자, 박술희가 태조의 뜻을 알아차리고 무를 왕위 계승자로 정할 것을 청했다고 한다. 태조는 이 옷 상자로 장화왕후에게 자신의 뜻을 간접적으로 암시하였고, 박술희가 이 뜻을 실현시켰다.

그러나《고려사》권92, 박술희전을 보면 태조가 아들 무를 태자로 책봉하려 한 해는 무가 일곱 살 되던 태조 원년으로, 태조가 즉위한 해에 태자 책봉 의사를 밝혔다는 사실은 태조의 의지가 그만큼 확고했음을 의미한다. 그러나 무의 태자 책봉은 그로부터 3년 뒤인 태조 4년 12월에야 이루어졌다. 이는 나주 오씨의 세력이 미약했고, 무의 태자 책봉에 반대한 세력이 있었음을 의미한다. 태조는 이에 대한 대비책으로 박술희를 무의 후견인으로 내세웠던 것이다.

무의 태자 책봉에 반대한 세력은 박질영, 김행파, 박수경 등 당시 고려 조정 내에서 강력한 정치 세력을 형성하고 있던 패서 호족들이었다. 태조는 무를 태자로 내세우고, 나주 호족과 긴밀한 관계에 있던 박술희를 후견인으로 하여 진주인(鎭州人) 대광(大匡) 임희(林曦)의 딸을 태자비로 삼았으며, 이어 광주인 왕규의 딸을 두 번째 태자비로 세워 패서 호족을 비롯한 여타 호족들을 견제하려 했다.

태조 13년(930)에서 18년(935) 무렵, 나주 지역이 다시 견훤의 지배에 들어가자 고려 정부 내에서 서남 해안 출신 호족들의 입지가 일시 약화했으나, 고려가 나주를 수복한 후 다시 상대적으로 향상되었다. 태조가 후백제와 벌인 최후의 결전인 일리천(一利川) 전투에 태자 무와 박술희를 선발대로 파견한 사실은 이와 관련이 있을 것이다.

왕위를 둘러싼 호족들의 대결

943년 태조에 이어 즉위한 무 왕자, 곧 혜종은 끊임없는 위협에 시달렸다. 특히 이복형제인 요(堯)와 소(昭)가 패서 호족을 등에 업고 왕위를 노렸다. 당시의 왕위 쟁탈전은 기본적으로 혜종과 요·소의 대립이었지만, 여기에 혜종의 장인인 왕규가 개입함으로써 삼파전 양상이 되었다. 예초에 왕규는 요와 소가 다른 뜻이 있음을 혜종에게 고했으나, 혜종은 별다른 조치를 취하지 않고 오히려 두 사람을 회유하려고 했다. 이에 실망한 왕규는 자신의 외손자인 광주원군을 왕으로 세우기 위해 요·소 세력과 대립하고, 급기야 두 차례에 걸쳐 혜종을 살해하려고 했다. 이에 혜종은 극도의 불안에 시달리다가 결국 병을 얻는다.

혜종이 임종하자 요가 바로 즉위하였다. 이 사람이 정종이다. 정종은 태조의 사촌 아우이자 공신인 왕식렴의 군대를 이끌고 와서 왕규를 견제했는데, 혜종이 임종한 바로 다음날 왕규를 모역죄로 붙잡아 죽였다.

이처럼 정종은 신속하게 패서 호족을 이용하여 왕규를 제거하였고, 혜종의 후견인인 박술희까지 갑곶으로 유배 보냈다가 제거하였다. 여기서 누가 박술희를 죽였는지에 대해서는 의문이 있다. 《고려사》 기록에는 왕규가 정종의 명이라고 속이고 박술희를 죽였다고 한다. 그러나 혜종이 병석에 누운 후부터 임종할 때까지 왕규는 요와 패서 호족들이 견제를 받고 있었기 때문에 사실상 박술희를 제거하기 어려웠다. 또한 왕규의 실질적인 적은 요와 소 세력이었기 때문에 굳이 박술희를 죽일 이유도 없었다. 이러한 전후 사실에 근거하여 박술희를 제거한 사람은 요, 곧 정종일 것이라고 보는 역사가들이 있다.

궁극적으로 혜종 대의 왕위 쟁탈전은 혜종과 박술희 등 서남 해안 호족 세력과 패서 호족 세력 사이 권력 투쟁으로 파악할 수 있으며, 혜종의 임종 이후 서남 해안 호족의 패배로 나주 호족의 세력도 현저히 약화되었다.

장화왕후 오씨는 태조 왕건의 두 번째 부인이자, 고려 왕조의 두 번째 왕인 혜종의 어머니로서 한 생애를 마감하면서 장화왕후라는 시호를 받았다. 그러나 그의 정확한 생몰연대는 알 수 없다. 장화왕후 오씨는 나주의 측미한 가문 출신이었음에도 불구하고 자신의 아들을 왕위에 오르게 하는 능력과 기지를 발휘하였지만, 고려 전기 정치 사회의 냉엄한 현실하에서 패서 호족의 강력한 견제를 받을 수밖에 없었다. 그 결과 그의 아들 혜종은 이복 형제인 요(堯, 고려 3대 왕 정종)와 소(昭, 고려 4대 왕)의 위협 속에 불안한 나날을 보내다, 결국에는 그들에게 왕위를 물려주어야 했다. – 김기섭

17

술수에 뛰어난 정치가, 최지몽

崔知夢初名聰進 南海靈巖郡人 元甫相昕之子 性淸儉慈和聰敏嗜學
學於大匡玄一 博涉經史 尤精於天文卜筮 年十八太祖聞其名 召使占
夢得吉兆曰 必將統御三韓 太祖喜改今名 賜錦衣授供奉職 常從征伐
不離左右 統合之後侍禁中備顧問

《고려사》 권92, 열전5, 최지몽

최지몽의 처음 이름은 최총진(崔聰進)이고 남해 영암군 사람으로, 원보(元甫) 최상흔(崔相昕)의 아들이다. 그는 성품이 청백 검박하고 인자 온화하며 총명 예민하고 학문을 즐겼으며 대광 현일(玄一)에게서 배웠다. 경서와 사기를 많이 연구하였고 더욱이 천문과 복술(卜筮)에 정통하였다. 18세 때에 태조가 그의 명성을 듣고 불러서 꿈을 해석하게 하였더니 길조를 얻었다. 그리고 설명하기를 "반드시 앞으로 삼한을 통어하게 되시리다"라고 하니 태조가 기뻐서 지금 이름으로 고치게 하고 비단 옷을 주고 공봉직(供奉職)에 임명하였으며 항상 종군하여 태조의 곁을 떠나지 않았다. 삼한을 통일한 후에는 궁중에서 왕을 모시었고 왕의 자문에 응하고 있었다.

점술과 예언에 능통한 문신 관료

서남 해안 출신의 정치가이면서 점술가로도 활약한 최지몽(崔知夢)은 서북 지역 출신인 최응과 함께 고려 초기 문신 관료의 또 다른 유형을 대표한다.

최지몽은 남해 영암군 사람으로, 그의 아버지는 원보 상흔이다. 지몽은 타고난 성품이 청렴하고 검소하였으며, 인자하고 온화하며 총민하고 학문을 좋아하였다고 한다. 대광(大匡) 현일(玄一)에게 수학하여 경전과 사서를 섭렵하였으며, 특히 천문과 점술에 정통했다. 그러다 열여덟 살 때인 태조 7년(924)에 태조에게 이름이 알려져 부름을 받았다. 이때 태조는 자신이 꾼 꿈을 해몽하게 했는데, 최지몽은 그 꿈이 "장차 삼한을 다스릴" 길조라고 했다. 이에 태조는 기뻐하며 지몽이란 이름을 하사하고 공봉 직을 제수하였다.

태조가 꾼 꿈의 내용이 무엇인지는 알려져 있지 않으나《고려사》1. 태조 즉위전조에 "일찍이 나이 30에 꿈을 꾸었는데 9층 금탑이 바다 가운데 서 있는 것을 보고 스스로 그 위에 올라갔다"는 기록이 있는 것으로 보아 최지몽이 해몽한 꿈이란 바로 이것이 아닌가 한다. 이후 최지몽은 태조의 측근에서 참모가 되어 항상 정벌에 동행하는 등 좌우를 떠나지 않았고, 삼국 통합 후에도 궁중에서 임금을 수행하며 고문에 대비하였다고 한다.

최지몽은 유학자로서보다는 천문 점술가로 이름이 알려져 있으나, 그가 학문을 좋아하고 경전와 역사서를 두루 섭렵했다고 한 것으로 보아 문신 관료였음을 알 수 있다. 그 스승인 대광 현일이 어떤 인물인지는 정확히 알 수 없으나, 당시 영암 지역이 중국과의 주요 교통로로서 신라의 도당 유학생이나 승려들의 출입이 빈번하였고, 그가 대광이라는 고려 초기의 최고 벼슬 등급을 지녔던 점으로 보아 당나라에 유학한 경력이 있는 인물로 추측된다.

한편 최지몽이 천문과 복무(卜巫, 점술과 무당)에 능통하였다는 점에서 같은 지역 출신인 도선(道詵)과 맥을 이어 생각할 수 있다. 승려였던 도선은 풍수지리설을 가장 먼저 주창한 비조(鼻祖)로서 《도선비기》라는 예언서를 남겼다고 전하는데, 일찍이 왕건이 삼한의 주인이 될 것이라는 예언을 하여 왕건가와 밀접한 관련을 맺은 사람이다. 도선과 최지몽이 직접적인 학맥으로 연결되었는지는 확인할 수 없지만, 같은 영암 지역 출신으로서 둘 다 점술과 예언에 뛰어났다는 점을 단순히 우연이라고 하기도 어렵다. 더욱이 최지몽의 아버지가 원보라는 벼슬 등급을 갖고 있었고, 대광 등급을 가진 사람을 스승으로 모신 것으로 보아 최지몽의 집안이 일찍부터 왕건가와 연결된 지방 세력가로서 토착적 기반을 갖고 있었음을 짐작할 수 있다.

실제로 최지몽의 출신지인 남해 영암은 왕건이 나주를 경략하고 자신의 독립적 근거지로 삼은 지역으로, 나주 오씨 소생인 혜종의 모향(母鄕)과도 근접하여 이 지역의 유력가인 최지몽 가와 태조 왕가는 매우 밀접한 관계였다. 최지몽은 항상 태조의 측근에서 떠나지 않고 고문(顧問)에 임했으며, 태조 사후에도 왕규의 모해에서 혜종을 구출하는 등 왕실을 보위하는 데 전력을 기울였다.

개성시 송도면에 남아 있는 고려시대의 첨성대 기단. 이 천문 관측용 석대를 통해 천문과 역술에 능했다고 하는 최지몽의 자취를 짐작해볼 수 있다.

천문을 보고 왕실을 구원하다

최지몽의 정치적 역할은 태조 때보다 혜종 등극 후 왕권이 도전받던 혼란기에 더욱 두드러졌다.

혜종 2년에 왕규가 왕의 동생인 요(堯)와 소(昭)가 다른 뜻을 품고 있다고 참소하였으나, 혜종은 그것이 무고임을 알고 은혜와 대우를 더욱 두텁게 했다. 여기에 사천공봉 최지몽이 주하기를 "유성이 자미성을 범하였으니 나라에 반드시 적이 있을 것입니다" 하므로, 혜종은 왕규가 요와 소를 모해하려는 반응이라고 생각하고 자신의 맏공주를 소의 아내로 삼아 그 가족을 강성하게 하니 왕규가 모해하지 못하였다. (중략) 하루는 혜종이 몸이 불편하여 신덕전에 있었는데 지몽이 또 말하기를 "장차 곧 변이 있을 것이니 빨리 몸을 옮기셔야 합니다" 하므로 혜종이 몰래 중광전으로 옮겼다. 왕규가 밤에 그 무리를 거느리고 벽을 뚫고 들어가

보니 침석이 이미 비어 있었다. 왕규가 최지몽을 보고는 칼을 빼어들고 꾸짖으며 "임금이 침석을 옮긴 것은 반드시 너의 술책이다"라고 하였으나, 최지몽이 끝내 말을 하지 않으므로 왕규가 물러갔다(《고려사》 127, 〈왕규전〉).

여기에서 주목할 점은 태조의 아들들인 혜종과 요(정종), 소(광종)가 모두 왕규에게 해를 입게 될 상황에서 최지몽이 생명의 위협을 무릅쓰고 번번이 이들을 구원했다는 점이다. 왕규는 태조에게 두 딸을 시집 보낸 광주 출신의 대호족으로, 혜종에게도 딸 하나를 시집 보내어 왕실과 중첩된 혼인 관계를 맺고 있었다. 그러나 혜종의 비호로 요와 소에 대한 견제가 실패로 돌아가자 왕규는 아예 혜종을 죽이고 외손인 광주원군을 왕으로 삼으려 일을 꾸몄다. 이를 왕규의 난이라고 부른다.

이때 최지몽의 활약은 눈부시다. 그는 천문을 보고 요와 소에 대한 왕규의 모해를 경고하였고, 왕규의 동정을 미리 파악하여 혜종이 시해 위기를 모면할 수 있도록 했다. 최지몽이 칼을 빼들고 위협하는 왕규 앞에서 입을 다물고 혜종을 보호했다는 일화는 궁예의 위협에서 왕건을 구한 최응의 일을 연상시킨다. 왕규의 사위였던 혜종이 오히려 왕규를 배척하고 충주 유씨 소생의 배다른 형제인 요와 소를 옹호하는 한편, 자신의 맏공주를 소의 처로 삼아 태조 왕가의 세력권을 결집시키려 한 배후에는 당대 일급의 책략가인 최지몽의 노력이 있었을 것으로 보인다.

고려 왕조 6대에 걸친 정치적 부침
최지몽은 정종 즉위 후에도 후대를 받았다. 정종은 왕규의 음모를 제보한 공으로 최지몽을 표창하고 노비와 말 안장, 은 그릇을 하사하였다. 최지몽은 광종대에도 숭문 정책과 왕권 강화에 협조하며 왕실 측근에 머물렀던 것으로 보인다.

광종 원년 정월에 큰 바람으로 나무가 뽑히자 왕이 재앙을 물리치는 방법을 물으니 사천관이 "덕을 닦음만 같지 못합니다"라고 하여 왕이 항상《정관정요》를 읽었다고 한다.《정관정요》는 당나라 태종대의 정치와 이념을 기술한 책으로 제왕의 통치학이라고 하겠다. 여기서 광종에게 덕을 닦고《정관정요》를 읽도록 권유한 사천(司天)은 당시 사천관으로 있던 최지몽으로 보인다. 본래 천문 관상을 관장하는 사천관이 정치 참모로서의 역할까지 수행하였음을 알 수 있다.

최지몽은 광종 초기의 문신 관료를 대표하는 위치에 있었다. 광종 9년에 실시한 과거제를 비롯하여 일련의 개혁정책과 왕권 강화책, 이를 위한 호족 숙청을 주도한 세력은 당시의 문신 관료층이었다고 보이므로, 최지몽 또한 개혁 작업에 일정한 역할을 담당했을 것이다.

그러나 광종 21년 무렵, 최지몽은 왕을 따라 귀법사에 갔다가 술에 취하여 예의를 잃었다는 이유로 축출되었다. 왕실 측근의 원로 공신으로 문신 관료를 이끌어나가는 위치에 있던 그가 대체 어떤 실례를 범했기에 쫓겨나 귀양까지 갔는지 그 구체적인 내용은 알 수 없다. 다만 이 시기에 신라 6두품 출신으로 국초의 문한을 장악했던 최언위의 아들 최행귀가 죄에 연좌되어 죽임을 당하고, 그와 가까웠던 승려 균여가 모함으로 위기에 처하는 등 문신 관료 계통의 인물들이 숙청되었다는 사실로 보아 이러한 사태와 관련이 있을 것으로 보인다.

그러나 광종의 뒤를 이은 경종 5년에 이르러 최지몽은 대광 내의

령 동래군후 식읍일천호 주국을 제수 받으며 다시 정치의 중심으로 복귀한다. 이때 그는 왕승의 모변을 예고하여 대비하게 했는데, 왕승의 무리는 모역을 꾀하다가 발각되어 죽임을 당하였다. 광종대를 지나면서 그 힘이 약화되었던 공신들은 이 사건을 통해 회복하기 어려운 타격을 입는다. 그 결과 경종을 거쳐 성종이 즉위할 무렵에는 문신 관료들이 다시 정치의 전면에 나섰다.

경종대 문신 관료층의 구심점으로 부상한 최지몽은 성종 초기까지 조정에서 주도적 역할을 했다. 성종 원년에는 좌집정 수내사령 상주국의 직위와 홍문숭화치리공신의 호를 받았으며, 성종의 지극한 존경과 대접을 받아 성종 3년에는 78세 고령의 최지몽이 세 차례나 표를 올리어 사직을 청했으나 끝내 허락 받지 못하고 아침 조회에 참석하는 것만을 면하였다.

최지몽에 대한 성종의 존경과 정성은 여기서 그치지 않았다. 성종

《고려사》 〈최지몽 열전〉. 이 기록을 통해 최지몽의 활동상을 알 수 있다.

6년에 최지몽이 병이 들었을 때에는 의원에게 명하여 약을 내리고 친히 문병하는 한편, 말 두 필을 귀법사와 해안사에 시주하고 승려 3,000명을 공양하여 기도하게 하는 등 최지몽의 병을 고칠 수 있는 일이라면 무엇이나 다했다고 한다. 성종 6년, 최지몽이 81세의 나이로 죽으니 성종은 관(官)에서 장사를 치르게 하는 한편, 태자태부를 증직하고 시호를 민휴라고 하여 경종 묘정에 배향하였다.

최지몽과 최응의 차이점

최지몽은 나말여초의 혼란기에 태어나 남해 영암이라는 지방 사회에서 학문을 닦으며 성장하였다. 일찍이 태조의 측근이 되어 항상 그 곁을 떠나지 않고 참모의 역할을 맡아 정벌 때마다 수행하여 통일 과정의 크고 작은 일들을 보좌하였다. 전란이 종식된 후에는 태조 왕가를 수호하는 데 진력하여 태조 사후에 왕규 등 호족 세력의 전횡을 막고, 혜종은 물론 정종과 광종을 위험에서 구해냈다.

광종 이후의 안정된 왕권 아래에서는 왕권 강화와 숭문 정치를 주도한 문신 관료층을 이끌었으며, 광종 말에 폄출되었다가 경종 대에 복귀했다. 이후 왕승 등 호족 세력의 도전을 다시 물리쳐 마침내 성종대에 이르러 유교적 정치 이념에 바탕한 중앙집권적 관료 사회를 실현했다.

이러한 활동과 정치적 역할을 수행한 최지몽은 최응과 더불어 고려 초기의 대표적 지방 출신 문신 관료이면서, 최응과는 또 다른 유형에 속하는 인물이라고 하겠다. 즉 최응은 태조 왕가를 위해 봉사했다기보다 국가와 정부의 공적인 질서 체제를 위해 노력한 반면, 최지몽은 국왕의 측근에서 왕실의 보위를 위해 봉사하였다. 또한 최응은 정치가로서보다는 행정 관료나 문장가로서의 활동이 두드러졌던 것에 비해, 최지몽은 관료보다는 정치적 역할이 컸던 인물이다.

 최응이 서북 지역의 황주 토산 출신으로 정통 유학에 기반한 학자적 관료 지식인이었다면, 최지몽은 서남 해안의 영암 지역 출신으로 천문 복무와 같은 술사 또는 정치적 책략가로서의 면모가 두드러진다. 또 최응은 궁예 정부 출신으로 고려 건국에 공훈을 세우고 태조 15년에 35세의 나이로 통일을 보지 못한 채 일찍 죽었지만, 최지몽은 통일 이후에 더 활발한 활동을 보이며 국초의 혼란을 이겨내고 유교적 정치이념의 완성을 이루었다. 이 두 사람은 신라 6두품 출신의 최승로와 함께 고려 초기 지방 출신 문신 관료의 전형을 보여주는 대표적인 인물들이라고 할 수 있을 것이다. - 전기웅

18

동방의 천재, 최치원의 선택

崔致遠 字孤雲 或云海雲 王京沙梁部人也 史傳泯滅 不知其世系 致
遠少 精敏好學 至年十二 將隨海舶入唐求學 其父謂曰 十年不第 卽
非吾子也 行矣勉之 致遠至唐 追師學問無怠 乾符元年甲午 禮部侍
郎裴瓚下 一擧及第 調授宣州溧水縣尉 考績 爲承務郎侍御史內供奉
賜紫金魚袋

《삼국사기》권46, 열전6, 최치원 서두

최치원의 자(字)는 고운(孤雲)이요, 서울 사량부(沙梁部) 사람이다. 사전(史傳)이 없어져
서 그 세계(世系)는 알 수 없다. 치원(致遠)은 어려서부터 총민하여 학문을 좋아하였다.
나이 12세에 해박(海舶)을 따라 당(唐)에 들어가서 공부하려 하였는데, 아버지가 이르기
를 "10년에 급제하지 못하면 내 아들이 아니다. 가서 힘쓰라"고 하였다. 치원(致遠)이 당
에서 가서 스승을 따라 배우며 학문에 전념하였다. 그리하여 건부(乾符) 원년 갑오(甲午)
에 예부시랑(禮部侍郎) 배찬(裴瓚)의 고시(考試) 아래 단번에 급제하여 선주(宣州) 율수
현위(溧水縣尉)에 등용되고 성적이 좋아서 다시 승무랑시어사내공봉(承務郎侍御史內供
奉)이 되고 자금어대(紫金魚袋)를 받았다.

신비스런 행적의 경주 최씨 시조

요즘 들어 조기 유학이 급증하고 있지만 1,100년 전에 이미 조기 유학에 성공한 인물이 있으니, 그가 바로 최치원이다. 최치원이 최근 1,000년의 세월을 뛰어넘어 중국에서 되살아나고 있다. 인구 500만 명의 강소성 양주시에서 한·중 교류의 일환으로 최치원 기념 사업을 벌이기로 한 것이다. 양주시는 최치원이 과거 급제 후 잠시 관리로 있었던 곳으로 그와 관련한 유적과 유물이 많이 남아 있는데, 그가 근무했던 관청 건물 뒤에 기념관을 건립할 예정이라고 한다. 이처럼 중국에서도 높이 평가받고 있는 최치원에 대해서는 출생에 대해서도 신비스러운 이야기가 전한다.

최치원의 어머니가 그를 잉태한 지 4개월 만에 금돼지에게 납치되어 최치원을 낳았는데, 이를 불길하게 여긴 그의 아버지가 최치원을 무인도에 버렸다는 것이다. 그러다가 선녀들이 그를 양육하고 있는 것을 알게 된 아버지가 마음을 바꾸어 다시 최치원을 집으로 데려와 길렀다고 한다. 아버지가 세상을 떠나자 최치원은 머슴살이를 하러 재상의 집으로 들어갔는데, 여기서 재상의 딸과 서로 사랑하게 된다. 그후 최치원은 당나라에 가던 도중 용궁에 들르기도 하고, 위이도(魏耳島)라는 섬에서 비를 내리게 하는 비법과 신인(神人)의 화를 면할 수 있는 비법을 전수 받는 등 초인적인 능력을 갖추었다. 당나라에서는 벼슬길에 오르지만 간신들의 모함으로 고난을 겪다가 귀국을 결심하는데, 이때 당나라 황제가 무릎을 꿇고 사죄하였다고 한다. 물론 여기서 최치원이 당나라에서 벼슬을 했다는 대목을 제외하고는 설화적인 이야기이지만, 최치원에 대한 신비한 이야기는 그의 발자취가 머물렀던 곳이면 어디에나 많이 남아 있다.

이처럼 최치원 본인에 대한 이야기는 무성한 반면 그의 가계에 대해서는 부조(父祖) 이상으로 전혀 알려진 게 없다. 그의 부친에 대해서는 이름이 견일(肩逸)이며, 6두품 신분으로 대숭복사(大崇福寺)라는 사찰을 건립하는 데 종사했다는 기록이 있다. 이 외의 가족으로는 현준(賢俊)이라는 승려가 된 형과, 최치원이 귀국할 때 당나라까지 마중 갔다는 서원(棲遠)이라는 동생이 있다. 최치원의 부인은 그가 지은 시에 한 번 등장할 뿐이고, 그 자식들에 대해서는 아무런 기록이 없다. 그러나 경주 최씨 족보에 그의 6대손이 고려에서 벼슬을 하는 등 크게 출세했다고 나와 있는 점을 보면 자식들이 있었던 것은 분명한 듯하다.

최치원의 가계만큼이나 그의 출생지에 대해서도 정확히 알려진 바가 없어서 어떤 기록에는 전라남도 옥구(沃溝)라고도 나오지만, 아무래도 경주로 보는 것이 옳을 것 같다. 본래 신라에는 시가지의 중심에 자리잡은 박·석·김씨 집단과 그 주변으로 사로6촌의 여섯 성씨 즉 양산촌(후의 급량부)의 이씨·고허촌(사량부)의 최씨·대수촌(모량부)의 손씨·진지촌(본피부)의 정씨·고야촌(습비부)의 설씨 거주촌이 있었다. 최치원의 유택(幽宅)이 황룡사 남쪽에 남아 있었다는 기록이 있는 것으로 보아 그는 사로6촌 가운데 최씨 동족 부락인 사량부에서 태어난 것 같다. 최치원이 한국의 대성(大姓) 중 하나인 경주 최씨의 시조로 추앙되고 있는 것도 이런 이유에서이다.

최치원 영정. 정읍 무성서원에 소장되어 있다.

1,000년 전의 조기 유학생

최치원의 자는 고운(孤雲) 또는 그 유명한 해운대의 어원이 된 해운(海雲)이다. 그가 태어난 해는 신라 헌안왕 1년(857)이며, 사망한 연도는 그가 어느 날 집을 나간 뒤 갓과 신발만 숲 속에 남겨놓은 채 홀연히 사라져 신선이 되었다는 기록만 있어 물음표로 남아 있다.

최치원은 풍의(風儀)도 아름답고 어려서부터 총명하고 학문을 좋아했다는 기록으로 보아 주위의 기대를 한 몸에 받고 자랐던 것 같다. 이런 자질 때문에 그의 집안에서는 3형제 가운데 유독 최치원만을 요즘 학령으로 보면 초등학교 5학년에 해당하는 12세의 어린 나이에 중국 유학을 보냈을 것이다.

최치원의 유학 형태를 보는 시각은 두 가지로 나뉜다. 하나는 최치원의 업적이나 당에서의 활동, 귀국 후 국가에서 한 대우로 보아 신라에서 중국에 공식 파견한 숙위(宿衛) 학생, 오늘날로 말하면 일종의 국비 유학생 자격이었다는 견해이다. 이와 달리 최치원이 쓴 어떤 글에도 직접적으로 국비 유학생이라는 내용이 없다는 점과, 그의 유학 당시를 기록한 《삼국사기》에도 '수해박 입당구학(隨海舶入唐求學)'이라 하여 숙위 학생을 인도하는 입조사(入朝使)를 따라간 것이 아니고 개인적으로 떠났다고 한 점을 들어 그가 사비로 유학했을 것이라는 견해도 있다.

어떤 경우이든지 간에 그가 어려서부터 입신양명의 큰 뜻을 품고 있었음은 분명하다. 당시 신라는 신분에 따라 개인의 능력을 억압하는 골품제 사회였기 때문에 6두품 출신이라는 골품상의 열세를 당의 권위와 학문의 힘으로 만회하기 위해 유학의 길을 선택했을 것이다. 또 어려서부터 최치원이 학자적 자질이나 품은 뜻도 남달

랐겠지만, 또 유학을 결심한 데는 부친의 교육 방식이 중요한 역할을 했다. 이는 어린 아들을 당으로 떠나 보내는 부친의 태도에서 여실히 드러난다. 그의 부친은 아들이 어린 나이에 먼 타국으로 가는데도 불구하고 "10년 안에 진사에 급제하지 못하면 내 아들이 아니다. 가라! 부지런히 하여 네 힘을 나태히 말라"며 티끌만큼도 안쓰러움을 드러내지 않았다. 부친의 말 속에는 아들의 능력에 대한 믿음과 목표 달성을 위해 꿋꿋하게 매진하도록 아들을 채찍질하는 준엄함이 배어 있다.

최치원은 중국에 건너간 후 부친의 당부를 마음에 새기며 당의 수도 장안에서 중국어를 익히면서 학문에 매진하였다. 당시 최치원의 유학 생활은 이국 땅에서 생활하는 외로움에다 물질적인 곤궁까지 겹쳐, 훗날 어려움이 있을 때마다 장안 시절을 회고하며 "장안의 옛적 신고(辛苦)를 생각한다면 어찌 차마 고향의 봄을 허송하리요"라고 했을 정도로 힘겨운 것이었다.

최치원은 이 어려운 유학 생활 속에서 피나는 노력을 한 결과, 중국에 유학한 지 6년 만인 18세에 당당히 빈공과(賓貢科)에 급제하였다. 빈공과는 당나라가 신라나 발해 등 주변 국가 외국인들을 위해 실시한 과거 제도로, 엄격한 최치원의 부친도 과거 급제 기한을 10년으로 잡았을 정도로 어려운 시험이었다. 그런데 최치원은 이 기간을 4년이나 앞당겨 목적을 달성한 것이다.

쌍녀분 설화와 어려운 타향살이

과거에 급제했지만, 최치원은 이에 안주하지 않고 신라에서는 얻을 수 없는 풍부한 식견을 쌓기 위해 계속 중국에 머물렀다. 그러나 도와주는 이 하나 없는 이국 생활은 여전히 고달픔의 연속이었다.

과거에 급제했다고 해서 생활이 금방 좋아지는 것은 아니었기 때문이다. 그는 진사에 급제한 뒤 낙양으로 옮겨 가서 생계를 유지하기 위해 글을 썼지만 가난한 생활은 여전했다. 다음의 〈도중작(途中作)〉이란 시는 머나먼 타국에서 떠돌아야 했던 그의 적막한 심경을 잘 보여준다.

갈림 길 먼지 속에
이리 날리고 저리 굴러
파리한 말 혼자 타고
고생이 얼마던가?
돌아가는 것이 좋은 줄
모르지 않지마는
돌아간다 하더라도
가난하기 때문일세.

고국에 돌아가고 싶은 생각은 간절하지만 가난한 탓에 귀국마저 마음대로 할 수 없는 아픔이 생생하게 표현되고 있다. 그러나 최치원은 이처럼 어려운 생활 속에서도 부(賦) 50수와 시 100수, 잡부시(雜賦詩) 30수를 짓는 등 학문 연마를 게을리하지 않았다. 그리고 20세 때 처음 관직에 나가는데, 강소성 선주의 율수현이라는 작은 고을의 현위(縣尉) 직이었다. 현위는 업무가 그다지 바쁘지 않은 한직이어서 학문과 저술에 정진할 수 있었다. 이때 저술한 것이 공사 시문(公私詩文)을 모은 《중산복궤집(中山覆匱集)》 다섯 권이며, 쌍녀분(雙女墳) 기담(寄談)이 생긴 시기도 이때이다.

쌍녀분 기담은 최치원의 뛰어난 문학적 재능을 알려주는 일화이다. 쌍녀분은 율수현의 남쪽에 있는 오래된 무덤인데, 최치원이 이 무덤 앞에 있는 석문에다 무덤의 주인인 두 처자에 대한 안타까운 마음을 담은 시를 써넣자, 이에 감동한 두 여인이 최치원의 꿈에 나타나 회포를 풀고 사라졌다는 내용이다. 중국 설화가 최치원의 재능과 결부되어 나타난 이 이야기는 그의 시가 죽은 여인의 혼까지 움직일 정도로 뛰어났음을 반영하고 있다.

최치원이 학문 연구에 대해 품었던 갈망은 현실 생활에 안주하는 것을 용납하지 않았다. 그는 21세 때 현위 직책을 미련 없이 버리고, 빈공과보다 한 단계 높은 박학굉사과(博學宏詞科)에 응시하고자 다시 산에 은거하였다. 직업을 버리고 아무런 도움 없이 시험 준비를 하다 보니 날이 갈수록 먹고사는 문제를 해결하기가 어려워졌다. 이러한 상황에서도 최치원이 고국에 돌아가지 못했던 것은, 자랑스런 아들이 되어 고국 땅을 밟고자 하는 부모에 대한 효성과 조국에 대한 사명감 때문이었다.

이렇게 곤란을 겪고 있는 최치원에게 식량을 보내주어 배고픔을 면해준 사람이 고변(高騈)이었다. 워낙 생활이 곤란했던 최치원은 당시 회남절도사로 있던 고변에게 공자의 문하에도 타향 사람이 있었으니 자신을 받아달라고 간청했는데, 고변이 그 청을 받아들여 최치원은 고변의 문객(門客)이 되었다가 다시 그의 추천으로 관역순관(館驛巡官)이 되었다.

붓으로 황소군을 물리치다

최치원이 당에서 활약하게 된 직접적인 계기는 고변이 황소의 난(875~884)을 토벌하는 제도행영병마도통(諸道行營兵馬都統)이 되면서였다. 최치원은 그의 종사관이 되어 서기의 책임을 맡았다. 이

때 최치원의 나이 불과 24세로 그는 4년 간 군무에 종사하였다. 당시 중국은 강남 지방의 황소가 일으킨 농민 반란으로 온통 전란의 도가니에 휩싸여 있었다. 최치원은 황소를 토벌하기에 앞서 지금까지도 너무나 유명한 '격황소서(檄黃巢書)'를 작성한다.

이 토황소 격문은 그 문장이 너무나 웅장하고 위엄이 있는 것으로 잘 알려져 있다. 특히 "……천하의 모든 사람들이 다 너를 죽이려고 생각할 뿐 아니라, 문득 땅 속의 귀신도 벌써 남몰래 베기로 결의하였다"는 글귀는 황소가 읽다가 너무 놀라 침상에서 떨어졌을 정도로 충격을 주었다고 한다. 이 충격의 여파로 황소의 반란군은 기세가 한풀 꺾여 쉽게 토벌되었다 하니 이야말로 붓으로 칼을 꺾은 셈이다.

반란군 토벌 후 고변의 보고를 받은 중국 황제는 "황소를 토벌한 것은 칼의 힘이 아니라, 최치원이 쓴 격황소서의 힘이로구나"라고 격찬하였다. 많은 인재를 가진 중국에서 중국인도 하지 못한 일을 24세의 신라 젊은이가 이룬 쾌거였다. 그는 종사관으로 있으면서 후에《계원필경집》의 모체가 되는 1만 여 편의 시문을 지었다.

최치원은 이 공으로 승진은 물론이고, 당 황제에게 자금어대(紫金漁袋)를 하사 받는 영광을 누렸다. 자금어대란 붉은 금빛으로 장식한 고기 그림이 있는 주머니로, 이 속에는 이름을 적은 신표(信表)가 들어 있어 이것을 차면 마음대로 대궐을 드나들 수 있는 일종의 VIP 신분증이었다.

또 최치원은 자기만의 숙소에서 시중을 받는 등 풍족한 생활을 누리게 되었다. 의식주를 위해 불철주야 동분서주했던 지난날의 힘겨운 생활도 막을 내린 것이다. 최치원이 활약하던 당시 중국에는 워낙 콧대가 높아 다른 사람의 재능을 인정하지 않는 나은(羅隱)이라는 강동 지방의 시인이 있었는데, 이 나은마저 최치원에게는 직접 지은 시를 보여줄 정도로 중국에서 최치원의 명성은 확고부동해졌다.

금의환향을 했건만……

중국에서 상당한 명성을 쌓고 부족함 없는 생활을 누리던 최치원이었지만, 그의 소망은 갈고 닦은 자신의 재능을 고국을 위해 쓰는 것이었다. 그래서 화려한 생활에 대한 유혹을 과감히 뿌리치고 28세 되던 해(884), 최치원은 드디어 중국 황제인 희종에게 귀국 결심을 밝혔다. 희종은 최치원의 뜻이 변할 수 없는 것임을 알고 최치원이 중국에 끼친 공에 걸맞는 최대한의 예우를 베풀어 그가 당나라 사신 자격으로 신라에 귀국하도록 하는 파격적인 조치를 단행했다.

이는 요즘으로 말하면 미국 시민권이 없는 사람을 미국 대통령 특사 자격으로 한국에 보내는 것과 같은 대접이었다. 최치원은 중국인이 아님에도 불구하고 중국의 사신 자격으로 당의 많은 문사들의 전송을 받으며, 신라를 떠난 지 16년 만에 꿈에 그리던 신라 땅을 밟게 되었다. 당시 중국에서 최치원의 명성이 얼마나 높았는지는 중국에서 같이 진사에 급제하고 사귄 고운(顧雲)이 지은 다음의 송별시에서 알 수 있다.

들자니 바다 위에 금(金) 자라 셋 있어,
그 머리로 높고 높은 산 이고 있네.
(중략)
그 곁에 찍은 한 점, 계림(雞林)이 푸른데,
자라산 빼어난 기운 기특(奇特)한 이 낳았도다.

12세에 배를 타고 바다 건너 와

문장으로 중화국을 감동시켰고,

열여덟에 과거장(科擧場) 횡행하여

한 번의 화살로 금문책(金門策, 과거)을 맞추었노라.

《삼국사기》 권46, 〈최치원 열전〉)

　위의 시가 격찬한 것처럼, 우리 나라 한문학은 최치원의 등장으로 4·6병려체를 갖추었으니 최치원은 명실공히 우리 문학의 초석을 닦은 인물이다. 이 때문에 "우리 나라의 문장은 최치원에게서 비롯된다"(성현의 《용재총화》)라든지, "수나라, 당나라 이래 간책(簡冊)이 있다 하나 극히 적으며, 신라의 최치원에 이르러 문체가 고루 갖추어져 문학의 조종(祖宗)이 되었다"(홍만종의 《소화시평》)는 등 여러 기록에서 그의 업적을 기리고 있다.

　이처럼 중원에서 큰 명성을 떨친 최치원이 귀국하자 신라의 헌강왕은 그에게 시독 겸 한림학사 수병부시랑 지서서감사(侍讀兼 翰林學士 守兵部侍郎 知瑞書監事)를 제수하였다. 그러나 최치원의 부모님은 아들의 성공을 보지 못한 채 세상을 떠난 뒤여서 그는 "과거에 급제해서 돌아오니 효도해야 할 부모는 계시지 않는다"는 자로(子路)의 탄식으로 아픔을 달래야 했다. 최치원은 당나라에서 지은 여러 글들을 정리하는 데 몰두하였다. 그리고 이때 헌강왕에게 많은 저술을 올렸는데, 그 결과 탄생한 것이 현존하는 최고(最古)의 한시문집인 《계원필경집》이다.

　하지만 당시 신라는 최치원이 중국에서 닦은 능력을 마음껏 펼 수 있는 여건과 거리가 멀었다. 사회 곳곳에서는 이미 붕괴의 조짐이 드러나고 있었다. 골품제에 의한 신분 차별이 엄존하는 상황에서

전북 정읍군 칠보면 무성리에 위치한 무성서원. 최치원이 지방관을 지낸 태산군에 위치하여 최치원을 제사 지내기 위해 태산사(泰山祠)라고 하였으나, 1696년(숙종 22)에 사액을 받아 무성서원이 되었다.

조정에서는 진골 귀족들의 권력 다툼이 벌어졌으며, 지방에서는 호족들이 세력을 키워가고 있었다. 그 결과 세금이 제대로 걷히지 않아 나라 살림이 말이 아니었고, 농민들도 이중 삼중의 부담으로 끼니를 연명하기조차 힘든 경우가 많았다.

중국에서 화려한 명성을 쌓은 최치원이었지만 6두품 신분인 그가 신라 사회에서 부딪혀야 하는 신분의 벽은 너무나 두터웠다. 귀족들의 질투와 시기를 견딜 수 없었던 최치원은 마침내 지방 장관을 자원하여 태산군(태인), 함양, 부성(富城, 서산) 등의 태수(太守) 직을 전전하였다.

그러나 최치원은 신라 사회를 바로잡으려는 노력을 포기하지 않고 38세 때인 진성여왕 8년(894)에 왕에게 시무(時務) 10조를 건의했다. 현재 그 시무책의 내용은 무엇인지 알 수 없지만, 왕은 이를 받아들여 그에게 6두품이 받을 수 있는 최고 직급인 아찬 벼슬을 내렸다.

최치원의 개혁책은 왕실에서 그것을 흔쾌히 수락한 것을 보면 아마도 왕권을 강화하고, 귀족 세력을 견제할 수 있는 6두품 출신 인사를 등용하는 방안이었을 것이다. 그러나 중앙집권을 기반으로 국정을 바로잡으려던 그의 개혁책은 이미 기울대로 기운 신라 사회에서는 도저히 실현 불가능한 것이었다.

꿈을 접고 가야산으로

마침내 최치원은 신라 부흥의 꿈을 접은 채 한창 나이인 42세에 벼슬을 그만두고 가야산으로 입산하였다. 이때 그가 입산한 산에 대해서는 경남 합천의 가야산이라는 종래의 설 외에, 충남 홍성과 서산·예산의 접경지에 있는 가야산이라는 주장이 새롭게 제기되었다. 이 주장의 근거로는 최치원 친필이 충남 홍성군의 쌍계계곡에서 13점이나 발견되었고, 최치원이 생전에 쌍계계곡에서 멀지 않은 충남 서산에서 수령을 지낸 점 등이 제시되고 있다.

그러나 최치원이 말년에 불교 관계 저술을 했고, 그 가운데 〈해인사 선안주원벽기(善安住院壁記)〉 등이 포함되어 있는 것으로 보아 해인사가 속해 있는 합천의 가야산이 맞는 것 같다. 최치원은 이 시기에 울적한 마음을 달래느라 경주 남산, 협천 청량사(淸凉寺), 지리산 쌍계사, 합포현 별서(別墅, 현 창원 월영대), 양산 임경대(臨鏡臺), 부산 해운대, 김해 청룡대 등 명승지를 소요했는데, 오늘날 숱한 곳에서 그의 발자취가 발견되는 것은 바로 이 때문이다.

그러나 최치원이 입산 후 명승지나 배회하면서 무위도식한 것은 아니다. 가야산 은거는 오히려 학문의 깊이와 다양성을 더해준 시기였다. 최치원이 입당할 무렵 당나라는 유교, 불교, 도교가 혼합적으로 존재하던 시기여서 그는 다양한 사상을 접할 수 있었다. 신라에서도 지식인들은 불교, 특히 선승(禪僧)들과 밀접한 교류를 가졌고, 선승 역시 유학에 대한 이해가 높았으므로 유불 양쪽에 깊은 소양이 있는 경우가 많았다.

최치원은 유학을 중시하는 6두품 출신 가문이었으므로 유학할 당시부터 유교에 가까웠고, 여기에다 과거 급제를 위해 다양한 유교 경전을 섭렵했으므로 그의 정치적 이념은 유교를 바탕으로 하고 있었다. 이 때문에 그는 신라인으로서는 유일하게 유교의 선성(先聖)으로 문묘에 배향되었다. 또 그가 모셨던 고변은 신선을 믿고 도원(道院)을 세운 인물이었으므로, 최치원 역시 도교에 관심을 가졌다. 최치원이 우리 나라에 도맥(道脈)을 전해준 대표적 인물로 추앙되는 것이나, 그가 마지막에 홀연히 신선이 되었다고 전해지는 것은 그가 도교와 맺은 관계 때문이다.

최치원은 귀국 후 왕명을 받고 불교 관계 비문들을 저술하면서 불교에도 깊은 관심을 가지게 되었다. 나중에는 유교보다 불교에 더 기울었는데, 그 시기는 그가 정치에 대한 뜻을 접고 가야산에 입산한 후이다. 그는 불교에 심취하여 불교의 진리가 유교, 도교보다 더 위대한 것이라 하였으며, 왕명이 아닌 자신의 의지에 따라 많은 불교 관련 저술을 하였다.

이러한 이유로 조선시대에 이르러 최치원의 문묘 배향이 합당하지 않다는 비판이 끊이지 않았다. 주자 성리학의 입장에서 보면 최치원은 유학자로서의 순수성이 의심되는 인물이었기 때문이다. 그러나 사상사적 입장에서 보면 후일 서산대사가 "유학을 배우는 사람으로서 고운과 같이 된 이후에야 불(佛)이 불(佛)인 까닭을 알게된다"라고 했듯이 최치원은 유와 불에 정통한 신라를 대표하는 학자라 할 수 있다.

지식인 최치원의 한계

최치원에 대한 초인적인 설화가 많은 것은 신라에서는 물론이고 당나라에서도 그를 세상에 드문 문호(文豪)로 숭배한 탓에 그의 명성이 점차 신격화되었기 때문이다. 최치원은 수많은 저술을 남겼으나, 오늘날에는《계원필경집》만 온전히 전하고, 그밖에 약간의 시문(詩文)과 금석문 몇 편이 남아 있다.

《계원필경집》은 한문학사상 최고(最古)의 문집으로 매우 중요한 위상을 차지하고, 최치원이 신라에 귀국한 후 지은《사산비명(四山碑銘)》은 금석문의 신기원을 여는 백미로 평가받고 있다. 이 때문에 최치원은 설총을 제외하면 신라인으로는 유일하게 문묘에 배향된 문인군자(文人君子)이며, 현인으로 추앙받고 있는 인물이다.

고려의 현종은 최치원이 창업에 은밀한 공이 있다 하여 내시령의 증직(贈職)과 문창후(文昌候)의 증시(贈諡)를 내리기도 하였다.《삼국사기》에 의하면 최치원이 "계림은 시들어가는 누런 잎이고, 개경의 고니재(鵠嶺)는 푸른 솔이다"라 하여 신라가 망하고 고려가 일어날 것을 예언한 서한을 보낸 것으로 되어 있다. 그러나 최치원은 자신과 함께 3최로 손꼽히던 최언위가 태조 왕건의 신하가 된 것과 달리 신라 왕실에 대한 충성심을 버리지 않았다. 따라서 이 내용은 사실 여부를 떠나 고려 왕조의 창업을 합리화하는 데 거론될 정도로 그의 명성이 빛났음을 보여주는 예이다.

그러나 이처럼 뛰어난 지식인임에도 불구하고 최치원의 현실 인식에 대해서는 아쉬움이 남는다. 그 가운데 하나가 발해사에 대한 인식이다. 최치원은 발해를 '북국', 신라를 '남국'으로 보는 '남북국시대'라는 시각을 갖고 있었으나 이를 민족사적으로 자각하지 못했다. 즉 신라는 당의 '대번(大藩)', 발해는 '소번(小藩)'이므로 당나라가 양자를 동격에 두어서는 안 된다고 호소할 정도로 사대주의적 인식에 매몰되어 당의 이간 정책을 극복하지 못했던 것이다.

또 최치원은 3최로 불린 최언위나 최승우에 비해 지식인이 갖춰야 할 신념이나 용기가 부족했다고 평가받을 수 있다. 골품제라는 족쇄를 차고 있었던 신라의 6두품 지식인들이 진보된 역사를 추구한 것은 당연한 일이었다. 그 결과 최언위는 신라에 대한 미련을 버리고 태조 왕건을 택함으로써 이후 경주 최씨들이 고려 사회에서 문신 귀족으로 부상하는 단초를 연 행동하는 지식인이 되었다. 최승우 역시 비록 역사적 판단이 정확하지 못했던 셈이 되었지만, 후백제의 견훤에게서 새로운 도약을 계획한 점에서 최언위와 맥을 같이한다.

이들에 비해 신라 왕실에 대한 충성심에 얽매여 벼슬도 지키지 못하고 은둔한 최치원은 역사적 전환기에 뜻을 펴지 못한 채 고뇌하는 지식인으로 머물고 말았다. 하지만 최치원이 신라를 떠나 태조 왕건에 귀부하지 않았다는 사실은 그의 뜻이 그만큼 현실적인 공명과는 거리가 먼 것이었음을 보여주는 증거가 될 수도 있다. - 이정희

왕건과 손잡은 화엄 고승,
희랑 | 19

新羅末 僧統希朗 住持此寺 得華嚴神衆三昧 時 我太祖與百濟王子
月光戰 月光保美崇山 食足兵强 其敵如神 太祖力不能制 入於海印
寺師事朗公 師遣勇敵大軍助之 月光見金甲滿空 知其神兵 懼以乃降
太祖由是敬重奉事 納田加五百結 重新其舊

《가야산해인사고적》 중 일부

신라말에 승통(僧統) 희랑이 이 절에 주지하여 화엄신중삼매(華嚴神衆三昧)를 얻었다.
이때 고려 태조가 백제 왕자 월광(月光)과 싸웠는데, 월광은 미숭산(美崇山)을 의지하여
식량이 넉넉하고 군사가 강하여, 그 적은 신과 같아서, 태조의 힘으로는 이를 능히 제압
할 수 없었다. 이에 태조는 해인사에 들어가서 희랑에게 사사하였는데, 희랑은 용적대군
(勇敵大軍)을 보내어 왕건의 군사를 도왔다. 월광은 금갑의 군사가 허공에 가득 찬 것을
보고, 그것이 신병(神兵)임을 알고, 드디어 태조에게 항복하였다. 이 때문에 태조는 희랑
을 경중봉사(敬重奉事)하여 전지(田地) 500결을 시사(施事)하고 옛 사우를 중신하였다.

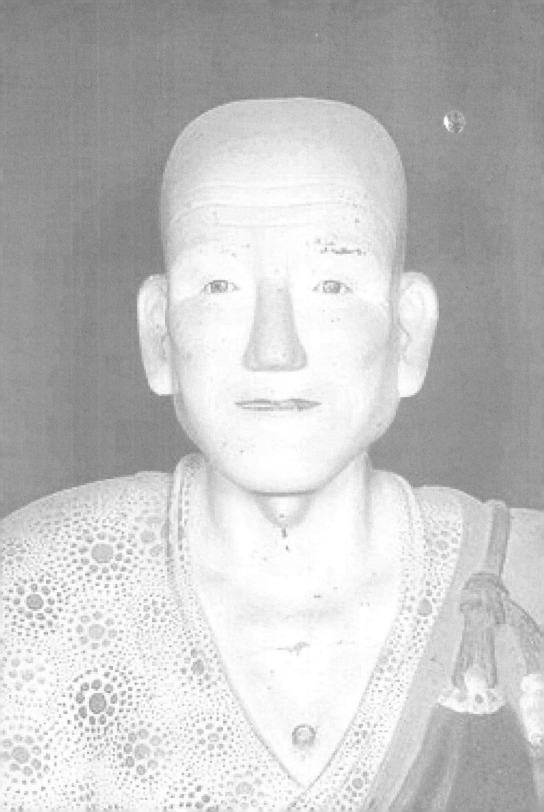

신라 하대 화엄종단의 상황

신라 통일기 사회는 8세기 후반 경덕왕 대에 이르러 절정을 구가하였다. 신라가 삼국을 통합하고 찬란한 문화를 꽃피울 수 있었던 사상적 토대는 불교, 특히 화엄(華嚴) 사상이었다. 화엄 사상은 의상이 화엄종을 개창하면서 본격적으로 신라 불교계에 자리잡았다.

의상의 화엄 사상은 그의 그림시 〈화엄일승법계도(華嚴一乘法界圖)〉를 통해 잘 드러난다. 그 요점은 연기법(緣起法)을 바로 알아 상대적인 관계 속에서 유지되는 세계의 모습을 바로 보고, 거기서 하나와 전체, 일념(一念)과 한량없는 시간, 진리와 현상의 운용을 중도관(中道觀)으로 꿰뚫어 보는 것이라 할 수 있다. 아울러 의상은 실천적 경향이 강했기 때문에 화엄 사상 체계에 아미타정토 신앙과 관음 신앙을 수용하는 면모를 보였다. 의상의 이러한 성향은 그가 화엄종 교단 운영에 평등한 면을 수용한 것이나, 그가 세운 부석사와 낙산사의 사원 건축 구조에서도 잘 드러난다.

의상 이후 화엄종은 통일기 신라 사회를 이끌어가는 주도적 사상이라는 면모를 지니고 있었다. 이러한 점은 통일기 신라문화를 대표하는 불국사나 석굴암을 통해 잘 구현되어 있다. 아울러 해인사, 범어사 등 화엄십찰(華嚴十刹)로 일컬어지는 사원이 각 지방에 개창하면서 화엄종은 경주뿐만 아니라 지방 불교계로까지 확산되었다. 그런데 신라 하대로 접어들면서 실천적인 경향이 차츰 약화되고, 대신 이론적인 측면이 강조되면서 화엄종은 관념적이고 보수적인 경향으로 나아갔다.

이러한 화엄종의 퇴락에 실망한 화엄종 승려들은 당시 새롭게 수용되고 있었던 선(禪) 사상에 점차 관심을 갖기 시작하였다. 선 사상은 교조화된 경전의 권위를 벗어나 선의 실천을 통한 깨달음을 추구하며, 아울러 평범한 인간의 일상생활 속에서 깨달음의 진실한 세계를 구현하는 일상성의 종교라고 할 수 있다. 선 사상은 9세기를 전후한 중국 당나라시대에 널리 확산되면서 신라 불교계에도 그 사상적 동향이 알려졌다. 이에 따라 많은 승려들이 중국 선종계로 구도 행각을 떠나는 것이 당시 하나의 유행처럼 퍼져나갔다.

그런데 당 회창 연간(841~846)에 이르러 무종이 전국의 사원을 철폐하고 승려를 환속시키는 대대적인 불교 탄압 정책을 단행하자, 신라의 유학승들은 법난을 피하기 위해 대거 귀국했다. 기존의 교종이 경주를 중심으로 자리잡고 있던 것과 달리, 이들 선승들은 각 지방에서 지방 호족의 후원을 받아 선종 사원을 건립하면서 점차 그 세력을 확산해 나갔다. 그리하여 9세기 말, 10세기 초에 이르러서는 선종이 화엄종을 능가할 정도로 융성해졌다.

이처럼 선종이 확산하면서 화엄종 내부에서는 이에 대한 대응 방안이 다각적으로 모색되었다. 해인사의 현준(賢俊)처럼 개인적으로 화엄종단 내부의 자체 반성을 촉구하는 경우도 있었고, 종단에서도 화엄 조사(祖師)에 대한 숭배나 활발한 결사운동의 전개 등 조직적인 대응을 모색하였다.

먼저 화엄 조사에 대한 숭배나 선양 사업은 주로 신라 화엄종의 초조(初祖)인 의상을 새롭게 부각시키는 데 초점이 맞추어졌다. 이러한 동향은 최치원이 지은 〈부석존자전(浮石尊者傳)〉과 작자 미상의 〈부석존자예찬문(浮石尊者禮讚文)〉이 유포된 사실을 통해 잘 드러난다. 이 글들에는 의상의 화엄 사상이 지닌 오묘함과 그의 신비로운 행적이 구체적으로 묘사되어 있다. 한편 성기(性起) 등의 화엄종 승려는 9세기 말경에 의상의 법은(法恩)을 갚기 위하여 결사를 하기도 했다. 이와 관련한 사항은 최치원이 지은 〈해동화엄초조기신원문(海東華嚴初祖忌晨願文)〉에 잘 드러난다.

말했다시피 9세기 말경에는 화엄 결사(華嚴結社)가 성행했다. 가령 헌강왕 10년(884)에 화엄종 대덕인 결언(決言)과 현준(賢俊) 등이 종남산엄화상보은사회(終南山儼和尙報恩社會)를 조직했는데, 이 결사는 화엄 대교를 의상에게 부촉한 당의 지엄(智儼)을 비롯하여, 인도와 중국의 조사를 받들기 위한 모임이었다. 이러한 화엄 결사의 목표는 화엄교학을 재강화하는 데 있었다. 역대 조사의 법은을 재인식하려는 움직임은 선종의 비판으로 야기된 위기의식에서 생겨난 것으로, 전업제자(傳業弟子)로서 지닌 새로운 사명감이 결사의 형태로 나타난 것이다. 이후 화엄 결사는 화엄종 내의 새로운 신앙운동으로 전개되었다.

왕건을 지지하는 북악 vs 견훤을 지지하는 남악

이러한 노력을 통해 화엄종은 교단의 체계를 어느 정도 정비하였다. 그러나 당시의 혼란한 시대 상황이 후삼국 정립기로 이어지면서 화엄종 교단은 또다시 갈등을 빚어 남·북악의 대립으로 이어졌다. 후삼국시대, 즉 10세기 전반에 남악과 북악으로 대립한 화엄종의 분열은 고려 광종 대에 이르러 균여에 의해 다시 통합될 때까지 지속했다. 이는 다음의 자료에서 확인할 수 있다.

균여사는 북악의 법손(法孫)이다. 옛날 신라말 가야산 해인사에 두

분의 화엄사종이 있었는데, 한 분은 관혜공(觀惠公)으로 후백제 괴수 견훤(甄萱)의 복전(福田)이었고, 또 한 분은 희랑공(希朗公)으로 우리 태조대왕의 복전이었다. 두 분은 신심을 받아서 향화의 원(願) 맺기를 청했지만, 원(願)이 이미 달랐는데 마음이 어찌 같았으랴. 그 문도에 미쳐서는 차차 물과 불처럼 되었으니, 하물며 법미(法味)이겠는가. 시고 짠맛을 각각 받았으니, 이 폐단을 제거하기 어려움은 이미 그 유래가 오래였다. 그때 세상 사람들은 관혜공의 법문을 남악이라고 했고, 희랑공의 법문을 북악이라고 하였다. 균여사는 매양 남북의 종지가 모순되어 분간하지 못하는 것을 개탄하고, 많은 갈래를 막아 한 길로 돌리고자 했다(혁련정의《균여전》).

위의 자료에 의하면, 당시 화엄종은 희랑과 관혜로 대표되는 북악

희랑이 머물렀던 해인사 전경. 고려 태조는 희랑에 대한 보답으로 이 절을 국찰(國刹)로 삼아 해동 제일의 도량으로 만들었다. 조선 태조 때 강화도 선원사에 있던 팔만대장경판을 이곳으로 옮겨와 호국신앙의 요람으로 삼았다.

과 남악으로 분열, 대립하고 있었다. 분열은 애초에 북악의 희랑이 고려 왕건을 지지하고, 남악의 관혜가 후백제 견훤을 지지하면서 시작했으나, 그 문도들에 이르러서는 대립이 더욱 심각해져 이론적인 차이까지 나타났다고 한다. 후삼국시대의 정치 세력들은 각기 유력한 사원의 후원을 획득하고자 했고, 승려들 또한 정치 세력의 지지를 받고자 했다. 남·북악의 대립과 갈등도 이러한 상황과 관련한 것으로 보인다. 이는 다음의 자료를 통해 짐작해볼 수 있다.

> 신라말에 승통(僧統) 희랑이 이 절(해인사)에 주지하여 화엄신중삼매(華嚴神衆三昧)를 얻었다. 이때 고려 태조가 백제 왕자 월광(月光)과 싸웠는데, 월광은 미숭산(美崇山)을 의지하여 식량이 넉넉하고 군사가 강하여, 그 적은 신과 같아서, 태조의 힘으로는 이를 능히 제압할 수 없었다. 이에 태조는 해인사에 들어가서 희랑에게 사사하였는데, 희랑은 용적대군(勇敵大軍)을 보내어 왕건의 군사를 도왔다. 월광은 금갑의 군사가 허공에 가득 찬 것을 보고 그것이 신병(神兵)임을 알고, 드디어 태조에게 항복하였다. 이 때문에 태조는 희랑을 경중봉사(敬重奉事)하여 전지(田地) 500결을 시사(施事)하고 옛 사우를 중신하였다(〈가야산해인사고적(伽倻山海印寺古蹟)〉《조선사찰사료(朝鮮寺刹史料)》상, 495~496쪽).

위 자료에 의하면 고려 태조는 후백제와의 전투 과정에서 희랑의 도움을 받아 승리를 거두었다. 여기서 태조가 대적한 인물로 후백제의 왕자 월광이 거명되고 있는데, 실제 견훤의 아들 중에서 월광이란 이름은 찾을 수 없다. 따라서 자료의 신빙성이 떨어지는 문제점이 있지만, 왕건의 남진 정책과 견훤의 동진 정책이 상충하는 상주, 안동, 성주, 합천, 진주 등지에서 920년대에 자주 격전이 벌어졌던 사실을 고려하면 이 설화를 전적인 허구로 일축해버릴 수도 없다. 특히 합천, 가야 지방에서 후백제와 고려가 접전하였을 때 왕건이 해인사의 도움을 받았을 가능성은 크다고 할 수 있다.

해인사는 창건 당시부터 신라의 제40대 왕인 애장왕에게 2,500결이라는 막대한 토지를 시납받았고, 이어 헌강왕이 동왕 4년(878)부터 3차에 걸쳐 토지를 기진하였고, 진성여왕도 두 차례나 기진하여 재정적으로 풍부한 편이었다. 그리하여 해인사는 효공왕 2년(898)에 사찰의 안전을 고려하여 새로이 결계(結界), 곧 일정 지역을 정해 행동에 제한을 가하고, 3층의 집과 4층의 누각을 신축했다. 불도 수행에 방해가 되는 것은 일체 들어오지 못하게 한다는 명목으로 결계까지 치면서 자체 방어를 하였던 것이다.

진성여왕 9년(895)에 전후 7년 동안 전란에 희생된 이들을 공양하기 위해 건립된 묘길상탑(妙吉祥塔)의 지석을 보면 해인사가 독자적으로 승병을 기초로 한 사찰방위군을 조직하였다고 나오는데, 해인사의 독립적인 면모는 여기서도 잘 드러난다.

고려 태조와 해인사 희랑이 맺은 인연
한편 태조의 후삼국 통일 전쟁에 도움을 준 지방 사원으로는 해인사 외에도 용문사, 김천의 직지사 등이 있었다. 태조에게 포섭된 이들 지방 사원의 승려들은 통일전쟁의 이념과 민심, 그리고 불교계의 지지를 확보해주었다. 일례로 직지사의 능여대사가 태조의 고창(古昌, 안동) 전투를 신력으로 도와주고 승리할 수 있는 시기를 예고해준 인연으로 해서 직지사는 태조, 혜종, 정종, 광종조에 이르기까지 지극한 봉숭을 받았다. 이러한 예를 통해 해인사의 희랑과 고려 왕실이 맺은 인연도 쉽게 추측해볼 수 있다.

이러한 해석은 해인사에서 행하는 국가적인 연중 불사를 정하고, 그 재료에 소용될 수납권 등을 태조 26년(943)에 성문화했다고 하는 등 해인사와 왕건의 관계를 구체적으로 지적한 사료에서도 나타난다. 또 광종이 즉위년(945) 5월에 희랑에게 '해인존사원융무애부동상적연기상유조양시조대지존자(海印尊師圓融無碍不動常寂緣起相由照揚始祖大智尊者)'라는 시호를 부여한 사실을 통해서도 희랑에 대한 고려 왕실의 예우가 지속적으로 이어졌음을 알 수 있다. 고려 왕실에서 희랑을 깊이 예우한 것은 후삼국 통합 과정에서 희랑이 담당한 역할과, 이후 불교계의 재편 과정과 밀접한 연관이 있다고 할 수 있다.

그렇다면 남 · 북악의 대립이 나타난 사상적인 차이는 무엇이었을까? 아직까지 이와 관련한 구체적인 문헌이 없고, 희랑이나 관혜의 화엄 사상이 어떠했는지 알 수 없는 상황에서 무어라 말하기는 어렵다. 다만 화엄종 사상이 변화한 양상을 통해 간접적으로 추론해볼 뿐이다.

주지하듯이 신라 중대 의상의 화엄사상은 통일기 이후 신라 사회의 구심점 역할을 했으며, 그 공간적 무대는 의상대에 창건한 부석사라고 할 수 있다. 그러나 부석사는 하대 이후 교학(敎學)적인 발전을 보이지 못하고 정체된 양상을 드러냈다. 그리하여 하대에 이르러 부석사 계열의 화엄학승들이 대거 선종으로 이탈했다.

이에 비해 9세기 초에 창건된 해인사는 교학적인 면에서 여러 가지 변화한 모습을 보였다. 신라 중대에 화엄학계 전체에 수용된 60권본 화엄경, 80권본 화엄경과 함께 40권본 화엄경을 수용하여 대단히 실천적인 경향을 표방하였다. 80권본의 사례를 보면 징관(澄

觀)의 소초(疏鈔), 현담(玄談) 등을 수용하였다. 주지하듯이 징관의 화엄교학은 선사상을 포용하고 있었다. 따라서 해인사 계열의 선승들은 그렇게 선종으로 전향하는 경우가 많지 않아 선종과 대응하는 과정에서 화엄종단을 유지, 발전시켜 나가는 구심점 역할을 할 수 있었다.

북악을 대표한 고승, 희랑

그렇다면 신라말 해인사를 중심으로 화엄종단을 이끌어간 대표적인 승려였던 희랑은 어떤 인물이었을까? 그에 관한 자료가 거의 없기 때문에 위에서 서술한 내용 이 외에 희랑과 관련한 사실을 언급하기는 대단히 어렵다. 〈사전(寺傳)〉에 따르면 희랑은 진성여왕 3년(889)에 태어나 15세에 해인사로 출가하여, 광종 7년(956) 77세에 입적한 것으로 알려져 있다. 이러한 단편적인 사실 외에 희랑을 이해할 수 있는 간접적인 자료로서 현재 해인사에 전해지는 목조 조각상이 있다.

〈사전〉에 의하면 희랑은 생전에 자신의 모습을 조각하도록 했다고 한다. 지금 현재 해인사에 보관되어 있는 '목조희랑대사상'은 높이가 82센티미터이며, 보물 999호로 지정되어 있다. 조각상은 결가부좌에 가사와 장삼을 입었고, 선정삼매에 든 고승의 풍모를 느끼게 한다. 구체적인 묘사도 대단히 사실적으로 표현되어 있다. 길고 큼직한 머리, 인상적인 광대뼈, 눈동자까지 영롱한 형형한 눈, 이마에 선명한 세 가닥의 굵은 주름과 입 주위로 보이는 깊은 주름 등은 연륜과 함께 선정의 깊이를 잘 보여준다. 얼굴은 여위었으나 생동감이 느껴지는 전형적인 수행자의 모습을 하고 있다. 얼굴에서 내려온 목은 학같이 긴 편인데 툭 불거진 뼈대를 앙상하게 드러내어

경남 합천 해인사에 보관되어 있는 '목조희랑대사상'. 몇 토막의 나무에 조각하고, 베를 입혀 채색한, 한국에서는 희귀한 목조 초상 조각으로 알려져 있다.

얼굴과 멋진 조화를 이루고 있다. 이어 앙상한 가슴뼈, 가냘픈 어깨와 팔의 선, 노쇠한 체구, 뼈마디가 여실하게 드러나는 기다란 손 등이 조각상의 인물이 노구임을 단적으로 드러내고 있다.

아울러 나무를 쪼고 깎아서 만들었기 때문에 목조가 풍기는 인간적인 정감을 느낄 수 있으며, 생략할 곳은 과감하게 생략하고, 강조할 곳은 대담하게 강조하여 노승의 범상하지 않은 위용을 사실적으로 드러내고 있다.

희랑상은 조사나 고승대덕(高僧大德)의 초상을 표현하는 진영(眞影) 조각의 진수를 보여주는, 10세기 중엽 조각의 최고 걸작품으로 평가받고 있다. 특히 앞가슴에 구멍이 뚫려 있는 독특한 형태를 하고 있는데, 이로 인해 사적기에서는 희랑을 가리켜 흉혈국인(胸穴國人)이라고 하였다. 이 구멍은 희랑이 화엄삼매에서 방광(放光)을 한 자취라는 구전이 있으나, 이적을 남긴 고승으로서의 면모를 강조한 표현이 아닌가 한다. 따라서 목조희랑대사상은 희랑이라는 나말의 화엄종 고승이 어떤 인물이었는지 간접적으로 보여주고 있다.

신라 하대 이래 쇠퇴하던 화엄종단은 화엄 결사나 조사 선양 사업을 통해 그 힘을 어느 정도 회복했지만, 후삼국시대의 혼란한 시대 상황에서 내부적인 분열과 대립이라는 모순을 드러내고 있었다. 이는 남·북악의 대립이라는 양상을 통해 잘 알 수 있다. 이러한 신라 말 화엄종단의 분열 양상은 종래 그들을 강력하게 후원하던 신라 왕실이 몰락하고, 고려 왕건과 후백제 견훤이라는 새로운 세력이 등장한 상황에서 불가피하게 나타난 내부적인 대립이었다고 하겠다.

북악을 대표하는 희랑은 태조 왕건을 지지함으로써 고려 왕실과 연결되었으며, 그의 사상적 경향은 균여 계열로 계승된 것으로 보인다. 고려가 후삼국을 통합한 뒤 지방분권적인 지방 호족을 억압하고 중앙집권적 정책을 표방하는 과정에서 화엄종은 새롭게 부상했다. 이는 무엇보다도 화엄 사상이 지닌 융합적인 측면이 새로운 사회 통합을 모색하는 고려초의 시대 상황과 부합하였기 때문일 것이다. - 조명제

진성여왕을 위한 변명 20

二年春二月 少梁里石自行 王素與角干魏弘通 至是 常入內用事 仍
命與大矩和尙 修集鄕歌 謂之三代目云 及魏弘卒 追諡爲惠成大王
此後 潛引少年美丈夫兩三人淫亂 仍授其人以要職 委以國政 由是
佞倖肆志 貨賂公行 賞罰不公 紀綱壞弛 時有無名子 欺謗時政 構辭
榜於朝路 王命人搜索 不能得 或告王曰 此必文人不得志者所爲 殆
是大耶州隱者巨仁耶 王命拘巨仁京獄

《삼국사기》 권11, 신라본기11, 진성왕 중 일부

2년 봄 2월에, 소량리(少梁里)에서 돌이 저절로 움직였다. 왕이 본래 각간(角干) 위홍(魏
弘)과 더불어 간통하였기로 이에 이르러 위홍을 내전(內殿)에 불러들여 일을 맡겼다. 따
라서 그에게 명령하여 대구화상(大矩和尙)과 더불어 향가(鄕歌)를 수집하게 하고 책이름
은 삼대목(三代目)이라고 하였다. 위홍이 죽으니 혜성대왕(惠成大王)으로 추시(追諡)하
였다. 이후로 몰래 소년 미남자 두세 명을 끌어들여 음란하고, 그 사람에게 요직을 주어
국정을 위임하니 이로 말미암아 아첨하는 무리가 뜻을 펴고 뇌물이 공공연히 거래되어 상
(賞)과 벌(罰)이 공평하지 못하고 기강이 해이하였다. 이때에 어떤 무명씨(無名氏)가 시
정(市政)을 비난하여 글을 만들어 한길에 걸어놓으니 왕은 사람을 시켜 수색하였으나 잡
히지 않았다. 어떤 자가 왕에게 고(告)하기를 "이는 반드시 실지(失志)한 문인(文人)의
소행인즉 아마도 대야주(大耶州) 은사(隱士) 거인(巨仁)이 아닌가 합니다" 하였다. 이에
왕이 명하여 거인을 서울의 감옥에 가두었다.

真聖女王陛下朝有年乾旱鬼物交人損其夫
觀弘也干等三四寵臣擅權撓政盜賊蜂起國人患之
乃作陀羅尼書板路上王與權臣等得之謂曰此
作王居仁作此支乃因居仁於獄居仁作詩訴于天
天乃霆其獄四以免　詩曰燕丹泣血虹穿日鄒衍含悲
其落霜今歃失途遠怨曷長見天何事不垂祥　陀羅尼
曰南無三滿　多没馱喃　判尼判尼　陀羅尼
阿干　鬼伊婆達訶　判尼判尼蘇判尼于十三
判尼判尼蘇判尼者言三蘇判尼蘇判尼者言女王也
十也鬼伊者言鬼神也　此王代阿者良匹之孝子

명석하고 골격이 장부 같은 여왕

오늘날 유럽은 물론이거니와 필리핀, 인도 등 아시아권에서도 여자 대통령이 나오고 있지만, 우리 나라에서는 당분간은 여자 대통령이 나오는 것이 어렵지 않나 싶다. 여기에는 물론 가부장 사회라는 뿌리 깊은 역사적 전통이 큰 이유를 차지하지만, 우리 역사상 마지막 여왕인 진성여왕이 통일신라 붕괴의 원흉이라는 부정적인 이미지를 갖고 있다는 점도 한몫하고 있을 것 같다.

우리 나라 역사상 최후의 여왕인 진성여왕, 그는 어쩌다가 통일신라 붕괴의 원흉으로 폄하되었을까? 그리고 과연 그러한 평가는 옳은 것일까? 9세기 후반기로 되돌아가 그 진실을 찾아보자.

우리 역사 속에서 여왕이 존재한 시기는 신라시대가 유일하다. 진성여왕은 우리 나라 최초의 여왕인 선덕여왕과 그 뒤를 이은 진덕여왕대로부터 250여 년이 경과한 887년에 즉위하였다. 진덕여왕 이후로 한참 동안 여왕이 즉위하지 않다가 9세기 후반에 이르러 다시 여왕이 즉위한 것은 당시의 특수한 정치적 사정 때문이었다. 진성여왕이 즉위할 당시를 기록한 《삼국사기》정강왕조의 기록에서 이를 살펴볼 수 있다.

(정강왕이) 시중 준흥(俊興)에게 말하기를 "나의 병이 깊어 반드시 다시 일어날 수 없다. 내게는 불행히도 후계자가 없지만, 누이동생 만(蔓)이 태어난 자질이 명석하고 골법(骨法)이 장부와 같다. 경등은 마땅히

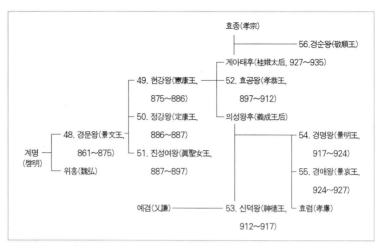

신라 말기의 왕실 계보도

선덕, 진덕의 옛일을 따라 왕으로 삼는 것이 옳을 것이다"고 하였다.

여기서 드러나는 사실은 두 가지이다. 하나는 왕이 직접 후계자를 결정한 것이 아니라 동생을 후계자로 삼도록 시중에게 부탁했다는 점이고, 또 다른 하나는 진성여왕의 골상이 장부와 같다는 점이다. 정강왕은 누이동생이 왕위를 계승해야 한다고 말하고 있는데, 진성여왕 즉위 전후의 왕실 가계도를 살펴보면 왕이 이러한 결정을 내려야 했던 특별한 사정을 알 수 있다.

신라시대에는 장남만 왕위에 올랐던 것이 아니고, 왕의 동생이나 사위도 왕위 계승을 할 수 있었다. 진성여왕이 즉위할 당시 왕위를 계승할 수 있는 진골 남자로는 경문왕의 동생이자 진성여왕의 숙부인 위홍과, 헌강왕의 서자로서 뒤에 효공왕이 되는 요(嶢)와, 헌강왕의 사위인 효종이 있었다. 그러나 요는 아직 돌도 되지 않은 아기였으므로 실질적으로는 위홍과 효종이 있었고, 그중에서 위홍이 가장 유력한 후보자였다. 왜냐하면 위홍은 헌강왕 2년에 귀족회의 최고의 우두머리이자, 정당한 왕위 계승자가 없을 경우 왕위 계승 후보 1순위인 상대등(上對等)에 임명되었기 때문이다.

경문왕가의 '신성한' 혈통을 잇기 위해

그럼에도 불구하고 위홍이 왕이 되지 못한 것은 위홍을 반대하는 세력들 때문이었다. 그 대표적인 인물로는 정강왕 당시의 시중(侍中, 지금의 국무총리에 해당)이었던 준흥(俊興)과 헌강왕 때 시중을 역임하다가 왕의 딸을 며느리로 맞아 왕과 사돈이 된 예겸(乂謙), 헌강왕의 사위인 효종을 들 수 있다. 이들은 모두 헌강왕의 측근이라는 공통점이 있다.

이들은 헌강왕 계열이나 헌강왕 아버지인 경문왕 계열의 왕위 계승자를 즉위시키고자 했으므로 경문왕 계열의 위홍이 즉위하는 것을 한 목소리로 반대했다. 위홍의 견제 세력들은 경문왕의 아들인 요가 왕위를 계승할 수 있는 연령이 될 때까지 임시 방편으로 진성여왕이 즉위하는 것을 추진했다.

이 모든 것은 경문왕가의 혈통을 신성시하던 당시의 분위기에서 비롯했다. 정강왕이 누이동생의 골법이 장부와 같으니 후계자로 삼으라고 한 것은, 경문왕가 혈통에 나타나는 신체적 특징을 말한 것이다. 이는 진성여왕이 효공왕에게 양위할 때의 기록에서도 그대로 나타난다.

앞에서 밝혔듯이 나중에 효공왕이 된 요는 헌강왕이 정식으로 혼인하여 낳은 아들이 아니었다. 헌강왕이 사냥 가던 길에서 만난 여자와 관계를 맺어 태어난 요는 민가에서 자라고 있었다. 이를 전해들은 진성여왕이 요를 불러서 등을 어루만지며 "나의 형제자매는 골법이 다른 사람과 다른데, 이 아이도 등 뒤에 두 뼈가 솟았으니 정말로 헌강왕의 아들이구나"라면서 태자로 삼았다. 경문왕 이후 신라의 마지막 왕인 경순왕까지 74년 동안 왕위가 모두 헌강왕의 후손, 즉 경문왕 계열로 계승된 것은 이런 이유에서다.

또 신라시대에는 여성의 지위가 조선시대와는 비교할 수 없을 정도로 매우 높았다. 그러다가 신라 후대로 내려올수록 남성 중심의 사회 분위기가 확산되었다. 진성여왕이 즉위할 자격이 있다면서, 그 자격으로 명석한 두뇌 외에 장부 같은 골격이라는 남성적 면모를 강조한 것은 이런 분위기와 밀접한 관계가 있다.

진성여왕에 대한 세 가지 비판

이렇게 진골 남성인 요가 왕위를 계승할 나이가 될 때까지 경문왕 가의 혈통을 유지하기 위한 '임시 방편'으로 왕위에 올랐던 진성여 왕이고 보니 그 통치에 대해서 왜곡된 평가가 나올 소지가 적지 않다. 다음의 사료는 이러한 점을 다분히 반영하고 있다.

왕이 평소 각간(角干) 위홍과 정을 통하여, 이로부터 (위홍이) 항상 궁내에 들어와 국사(國事)를 마음대로 하였다. (중략) 위홍이 죽었다 (중략) 이후로 미소년 두세 명을 몰래 끌어들여 음란하였으며, 그들에게 요직을 주어 국정을 내맡겼다. 이로부터 아첨하는 무리가 날뛰고 뇌물이 횡행하여 상벌이 고르지 못하고 기강이 해이해지니, 누군가가 비방하는 글을 큰 길가에 써 붙였다. (중략) 국내의 여러 주군(州郡)이 공부(貢 賦)를 바치지 않아 국고가 텅 비어, 왕이 사신을 파견하여 독촉하였다. 이로부터 도적이 사방에 일어났다(《삼국사기》11, 진성왕 2년 2월).

위의 기록을 근거로 진성여왕에 대한 비판을 세 가지로 압축해볼 수 있다. 첫째, 진성왕이 음란하여 위홍과 불륜 관계를 가졌으며 위홍이 나랏일을 마음대로 했다는 것이다. 둘째, 위홍이 죽은 뒤에도 계속 미소년을 끌어들여 음란한 일을 벌이며, 그들에게 요직을 주어 국정을 맡겼다는 점이다. 셋째, 이렇게 실정한 결과 뇌물이 횡행하고 상벌이 고르지 못하여 국가의 기강이 무너졌다는 점이다.

우선 첫째 비판에 대해 살펴보기로 하자. 진성여왕과 불륜 관계를 가졌다는 위홍은 앞에서 말한 것처럼 경문왕의 친동생이므로 여왕에게는 숙부가 된다. 위홍의 부인 부호(鳧好)부인은 진성여왕의 숙모로서 여왕을 키운 유모이기도 했다. 당시 신라 왕실에서 숙부와 조카의 결혼은 큰 문제가 아니었다. 앞의 표에서도 보듯이 신라 마지막 왕인 경순왕의 부모는 이복형제였을 정도로 당시 친척 간의 결혼, 곧 족내혼은 다반사였기 때문이다. 다만 위홍은 이미 부호부인이 있었기 때문에 위홍과 진성여왕과의 관계가 불륜으로 치부될 수도 있다. 그러나 《삼국유사》 왕력(王曆)에 의하면 진성여왕과 위홍은 확실한 혼인 시기만 모를 뿐이지 결혼한 부부 사이였다.

또 위홍이 국사를 마음대로 한 것은 진성여왕과 정을 통한 대가가 아니었다. 본래 위홍은 경문왕 재위 때부터 조정의 중요한 일을 주관하였고, 헌강왕 때에는 귀족 회의의 최고 우두머리인 상대등에 임명되어 국사에 관여하고 있었다. 위홍이 언제 상대등에서 물러났는지 기록은 없지만, 그가 진성왕 2년 졸거(卒去)할 때까지 다른 상대등에 관한 기록이 없는 것으로 보아 이때까지 계속 역임하고 있었을 가능성도 있다. 만약 그러했다면 상대등으로 나랏일을 주관하는 것은 지극히 자연스러운 일이다.

둘째 비판에 대해서도 반론의 여지가 있다. 진성여왕이 미소년을 불러들인 것은 단순한 애정 행각이 아니었다. 상당한 정치적 위상을 가지고 든든한 울타리 역할을 해주던 남편 위홍이 사망하자, 여왕에게는 홀로서기가 절대 과제가 되었다. 진성여왕은 충성을 최고 덕목으로 삼는 화랑 세력에게서 이 홀로서기, 곧 왕권 강화 방안을 찾았다.

화랑에 대한 진성여왕의 관심은 《삼대목(三大目)》의 편찬에서도 드러난다. 이 책은 위홍이 죽기 전 승려 대구(大矩)와 함께 향가를 집대성하여 편찬한 향가집이다. 본래 향가는 화랑이나 승려가 만든, 화랑과 밀접한 관계가 있는 시다. 통일 위업 달성 후 신라 사회에서 표면적으로 사라진 것처럼 보였던 화랑은, 하대 특히 경문왕 대 이후 그 세력이 점차 강화되고 있었다. 경문왕 자신이 화랑 출신이었기 때문에 화랑은 왕실의 중요한 지지 세력이 되어 활발히 정치에 참여하였다.

경문왕 소생인 진성여왕 역시 부친의 영향으로 평소부터 화랑 세력과 긴밀한 관계를 맺고 있었을 것이다. 또 경문왕 대부터 근시(近侍) 기구, 곧 임금을 가까이에서 보좌하는 기구가 확장되는 등 측근 정치를 지향하는 양상이 강화되고 있었다. 따라서 왕권 강화가 필요했던 여왕은 부친과 마찬가지로 화랑 세력을 이용하여 측근 정치를 시도했을 가능성이 높다.

설사 이 와중에 여왕이 미소년을 총애하는 일이 있었다 하더라도 진성여왕의 사생활이 곧바로 정치 혼란과 직결되는 문제는 아니었다. 예로부터 전제 군주는 여러 명의 왕비와 후궁을 두었지만, 이로 인해 국정을 문란하게 했다는 비난을 받지는 않았다. 그런데 미소년 문제와 연관지어 진성여왕의 도덕성을 비난하는 것은 남성 위주의 유교적 사관 때문이라고 하지 않을 수 없다.

셋째로 진성여왕 대에 뇌물이 횡행하여 기강이 무너졌다고 하는데,

이 책임을 여왕 혼자한테만 지우는 것도 문제다. 《삼국사기》의 기록은 진성여왕이 즉위한 지 만 1년도 되지 않은 상황을 기록한 것이기 때문에, 여왕이 즉위해서 갑자기 이러한 변화가 생겼다고 보기 어렵다. 사실 신라 사회의 기강은 이미 60여 년 전부터 흔들리고 있었다.

진성여왕보다 10대가 앞선 신라의 제41대 왕인 헌덕왕(809~825)대부터 이미 사(私)를 쫓아 공(公)을 버리며, 부족한 자라도 높은 지위를 주며, 미운 자는 유능하더라도 구렁텅이에 빠뜨리니 나랏일이 혼란하다고 개탄하고 있었던 것이다. 또 국고가 고갈된 것도 즉위한 지 채 1년도 되지 않은 진성여왕의 탓이라기보다 9년 전인 헌강왕 6년(880)에 "노랫소리가 끊이지 않았고", 7년에는 왕과 군신들이 임해전에서 성대한 연회를 베푸는 등 재정을 방만하게 운영해온 결과였다.

진성여왕을 위한 변명

《삼국사기》의 내용은 애초부터 여왕 즉위를 부정적으로 바라본 유교적인 관점에서 씌어졌을 가능성이 높다. 따라서 이 점을 감안하고 진성여왕을 평가해야 할 것이다. 그렇다면 사회적 모순이 축적되어 위기감이 증폭하던 어려운 시기에 즉위한 진성여왕은 대체 어떤 왕이었을까?

진성왕은 나름대로 정치적 위기를 수습하기 위해 많은 노력을 기울였다. 즉위하자마자 죄수를 사면하고, 1년 간 주군의 조세를 감면하는 등 민심 수습 정책을 폈다. 왕 8년에는 최치원의 시무 10여 조를 가납(嘉納)했다. 최치원이 건의한 시무책은 골품과 상관없이 능력에 따라 인재를 등용하는 것과 중앙집권을 강화하는 것이었다. 여왕이 이러한 최치원에게 6두품 최고의 벼슬인 아찬을 내린 것은 경륜을 쌓은 전문적 관료를 등용하여 국난을 타개하려고 한 열망 때문이었다.

또 진성왕은 황룡사를 찾아가 연등회를 여는 등 다른 왕보다 불교적인 행사를 더 자주 열었다. 황룡사는 신라 중흥의 군주인 진흥왕 때 창건되었으며, 황룡사 9층석탑은 선덕여왕 즉위 후 왕실의 권위가 동요하고 대외적으로도 국가적 위기를 맞았을 때 이를 극복하기 위해 세운 호국 영탑(靈塔)이다. 통일 이후 쇠약해진 황룡사는 경문왕대 이후 다시 왕실의 정신적 중추로 부상했다. 이러한 상징성을 지닌 황룡사를 진성왕이 자주 찾은 것은 그만큼 시련을 극복하고자 하는 의지가 강했다는 뜻이다.

하지만 수대에 걸쳐 누적되어온 신라의 모순은 진성여왕 혼자만의 힘으로 해결할 수 있는 일이 아니었다. 최치원의 개혁책도 기득권을 움켜쥔 진골 귀족의 완강한 반대로 무산됨으로써 그나마 개혁 세력이 등장할 수 있는 길이 차단되고, 신라 사회는 파국을 향해 치달았다. 예나 지금이나 기득권층의 뼈를 깎는 자기 반성과 양보 없이는 구조적 모순이 해결될 수 없다. 이렇게 폐쇄적이고 수구적인 사회 상황 하에서 헌덕왕 대부터 일어나기 시작한 농민 반란이 전국적으로 확대되었다.

진성여왕 대는 이전부터 발생하고 있던 농민 반란이 지방 농민들의 조세 저항으로 인해 전국적으로 폭발한 시기다. 왕 3년 지방 군현에서 공부(貢賦)가 수송되지 않자 중앙에서 관리를 파견하여 조세를 독촉한 것이 그 도화선이었다. 왕 3년에 사벌주(지금의 상주)에서 일어난 원종(元宗), 애노(哀奴) 등의 세력이 강대해서 토벌하러 간 정부군이 싸울 생각조차 못했을 정도이다. 또 5년 10월에는 북원의 양길(梁吉)이 궁예의 보좌를 받아 명주 관할 10여 군현을 습격하였으며, 왕 6년에는 견훤이 완산에서 일어나 후백제를 건국하였다.

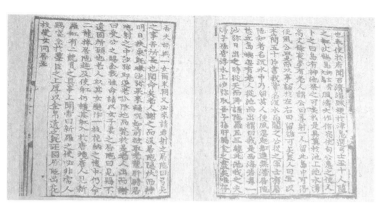

《삼국유사》 진성여왕조에는 왕의 막내 아들이 호위 군사로 선발하였다는 초인적인 영웅, 거타지 설화가 수록되어 있다.

심지어 왕 10년에는 붉은 바지를 표식으로 삼는 적과적(赤袴賊)이 일어나 서남쪽 주현을 휩쓸고 경주 근처의 모량리까지 침략해왔다.

결국 왕권을 지키려던 갖은 노력이 무위로 돌아가자 진성여왕은 도적이 횡행하고 지방 행정이 문란한 것이 자신의 부덕 때문이라고 하면서 아직 열세 살도 안 된 조카에게 왕위를 물려주었다. 이로써 한국 역사에서 여왕 통치 시대가 막을 내린다.

그러나 농민 반란이 일어나고, 그 결과 독립된 지방정부가 성장한 것이 어찌 여왕의 부덕 때문이었을까. 비록 여왕에게 어느 정도 잘못이 있었다고 해도 이를 인정하고 반성하며 깨끗이 물러서는 여왕의 자세는 책임감이 있는 처사였다고 할 수 있다. 처음부터 효공왕이 왕위 계승 연령이 될 때까지 진성여왕이 임시로 집권한 것이었다고 하더라도, 권력의 속성상 즉위 전의 약속을 지키지 않을 수도 있었다.

단지 여자라는 이유만으로

진성여왕은 역사 기록에서 나타나듯이 정치에 관심이 없는 방탕

한 군주가 아니었다. 비록 신라가 한국 역사상 유일하게 여왕이 존재한 시대였다고 하지만, 진성왕이 즉위하기 전에 이미 여왕을 비하하는 분위기가 팽배해 있었다. 중국 당태종이 선덕여왕 재위 당시 고구려나 백제가 신라에 침입한 것은 신라의 왕이 여자여서 위엄이 없었기 때문이라고 한 것이나, 진덕여왕이 즉위하려 하자 상대등 비담(毗曇)이 반란을 일으키며 내세운 명분이 여주(女主)였다는 점이 그러하다. 또 진성여왕이 즉위하기 26년 전인 861년, 헌안왕은 딸에게 왕위를 물려주는 것은 "암탉이 새벽에 우는 것"이라 하여 딸이 아닌 사위에게 왕위를 물려준 예도 있다.

이처럼 여왕의 즉위에 대한 부정적인 편견은 유교적 명분론이 퍼지면서 더욱 강화되었다. 고려 중기 《삼국사기》를 편찬한 김부식은 선덕여왕의 즉위를 논한 사론에서 "사람으로 말하면 남자는 높고 여자는 비천한데, 어찌 할미가 나와 국정을 결단하는가. 신라가 여자를 왕위에 오르게 했으니 진실로 난세의 일이다. 나라가 망하지 않음이 다행이다"라고 비판하였다. 영민했던 선덕왕에 대한 평가도 이 정도이니, 진성여왕에 대해서는 더 말할 나위 없다. 급기야 조선시대에 쓰인 《동국통감》에서는 "진성왕이 황음하니 하늘이 더러움을 미워하여 멸망하도록 하였다"라 하여 진성왕의 황음을 신라가 멸망한 첫째 원인으로 만들어놓았다.

한국사에는 진성여왕보다 훨씬 더 부도덕하고 무능한 왕들이 많았음에도 불구하고 진성여왕은 여자라는 이유로 유독 국가를 망친 주범으로 폄하되어왔다. 이런 점에서 남녀 공존의 시대를 여는 21세기를 맞아 어둠 속에 묻혔던 진성여왕에게 본래 자리를 찾아주는 것은 그 의미가 더 깊다고 하겠다. - 이정희

동방의 대보살, 무염

海東 兩朝國師禪和尙 盥浴已 趺坐示滅 國中人 如喪在右目… 上
聞之震悼 使馹弔以書 賻以穀 所以 資淨供而贍玄福… 法號無染
於圓覺祖師爲十世孫 俗姓金氏 以武烈大王爲八代祖 大父周川 品眞
骨 位韓粲 高僧出入皆將相戶知之 父範淸 族降眞骨一等曰得難

'성주사 낭혜화상탑비' 중 일부

신라의 양조국사를 지낸 선화상이 목욕재계한 뒤 가부좌한 채 입멸하였다. 온 나라 사람
들이 두 눈을 다 잃은 것 같았다. 임금께서 부음을 듣고 사신을 보내 조문하고 곡식으로
부의하니 청정한 공양으로 명복을 빌고자함이었다. 법호는 무염으로 달마대사의 10대 법
손이 된다. 속성은 김씨로 태종무열왕이 8대조이다. 할아버지는 주천으로 골품은 진골이
고 한찬을 지냈으며, 고조부와 증조부는 모두 재정에서는 재상, 나아가서는 장수를 지
내 집집에 널리 알려졌다. 아버지는 범청으로 골품이 진골에서 한 등급 떨어져서 득난
이 되었다.

불교계의 '태종 무열왕'

불교는 고타마 붓다 이후 약 2,500여 년의 유구한 역사 동안 인구 밀도가 높은 동아시아에 전파되어, 다양한 민족에게 중대한 발자취를 남기며 오늘날에 이르렀다. 그중에서도 한국 불교는 율장(律藏, 불교 전적을 총칭하는 經·律·論 삼장의 하나. 율장은 붓다가 제정한 일상생활에서 지켜야 할 규칙을 말한 전적)에 근거한 승복을 아직까지 입고 삭발 정진하는 승려가 건재하고, 안거(安居) 철이면 선방에 방부(房付) 드리는 승려가 수백 명이 넘는 등 오랜 세월이 흘렀음에도 부처님 법답게 살려는 혼이 살아 있는 곳이다. 이와 같은 전통은 통일신라 하대에 달마 선종을 수용하여 문화계 전체의 진보를 이룬 역사적 경험이 있었기 때문에 가능한 것이다.

이렇게 선종이 새로운 사상적 과제를 해결해나가는 과정에서 승려로서의 본분을 잃지 않으며, 누구보다도 지식인의 사회적 역할에 충실했던 분이 성주산문(聖住山門) 무염대사(無染大師)이다.

무염대사는 폐쇄적 신분 사회에서 지배 계층 출신이었다. 아마 스스로 뼈를 깎는 노력 없이도 일신을 안락하게 살 수 있었을 것이다. 그럼에도 취생몽사(醉生夢死)하는 중생계를 벗어나고자 출가하였고, 출가하여서는 수행 생활에 철저하였을 뿐 아니라 대중 교화에도 몸소 자비를 실천하였다. 또한 높은 법력으로 신라하대 문성왕과 헌강왕 2대에 걸쳐 국사(國師)로서 예우받아, 왕실에서 정책을 세울 때 자문 역을 마다하지 않았다. 이렇게 자비에 넘친 철저한 실천 수행으로 신분의 높고 낮음과 남녀노소, 승속(僧俗)을 뛰어넘어 모든 이들의 존경을 받았다 한다.

최치원이 무염대사의 성주산문 개창을 평하여 삼국 통일을 이룩한 무열왕의 업적과 비교했을 정도로, 무염대사는 한국 불교의 전통과 깊이를 살필 때 빼놓을 수 없는 인물이다.

무염대사에 관한 기록은 최치원이 진성왕의 명령을 받아 찬술한 〈성주사낭혜화상비(聖住寺朗慧和尙碑)〉가 남아 있고, 이에 앞서 김입지(金立之)가 찬술한 〈성주사비(聖住寺碑)〉와 헌강왕이 찬한 〈심묘사비(深妙寺碑)〉가 있었는데 일찍 파손되었다. 〈성주사비〉는 1961년부터 현재까지 12편이 수습되었다. 이 가운데 명문이 남아 있는 것은 11편인데, 여러 곳에 흩어져 있기 때문에 연구하는 데 어려움이 있다. 후대의 자료로는 중국 복건성 천주 초경사(招慶寺)에서 정(靜)과 균(筠)이라는 두 선사가 편집한 《조당집(祖堂集)》 20권 가운데 17권에 〈무염전〉이 나온다. 또 고려 후기 찬자가 확실치 않은 〈선문보장록(禪門寶藏錄)〉 권 상에 '해동무염국사무설토론(海東無染國師無說土論)'이라는 자료가 있다.

한편 화엄사의 전 주지 정휘헌(鄭彙憲) 노사(老師)가 집록한 한국 사찰 사료 관계 사본 1책 앞머리에 〈숭암산성주사사적〉이 필사체로 실려 있는데, 편찬자가 누구인지 알 수 없고 정확한 교감 작업과 역주가 필요하다. 최근 들어 무염이 창건한 성주사지 발굴 작업이 이루어져 1997년 충남대학교 박물관에서 무염에 대한 종합 보고서가 발간되었다.

이상의 전기 자료를 토대로 낭혜무염(朗慧無染, 800~888)의 생애와 그 교화 내용을 검토해보자.

성주사 낭혜화상탑비. 5천언(千言)에 달하는 긴 비문으로 진성여왕의 명을 받아 최치원이 글을 짓고
최인연이 글씨를 썼다. 현재 국보 제8호로 지정되어 있다.

중국에서 큰 지혜 찾아 몸으로 보시

무염대사는 속성(俗姓)이 김씨이고 무열왕의 9대 손으로 태어났다. 무염대사의 할아버지 대까지는 진골로서 중앙에서 큰 활약을 했는데, 그의 아버지 김범청(金範淸)에 이르러 한 등급 떨어져 6두품 신분이 되었다. 의복 색깔, 거기(車騎), 사용하는 물건, 가옥에 이르기까지 다른 계층과 구별되는 사회적 특권 계층인 진골귀족 계층에서 귀성(貴性)을 얻기 어려운 계층〔得難〕이란 6두품으로 강등된 일은 무염대사의 현실 인식에 심대한 영향을 끼쳤을 것이다. 구도(求道)에 대한 열망도 이때 시작됐을 것으로 보인다. 실제로 무염대사는 어린 시절부터 불교와 관련한 놀이를 하였다고 한다.

그러다 열세 살 되던 812년에 불교를 제외한 학문인 구류(九流, 儒家 · 道家 · 陰陽家 · 法家 · 名家 · 墨家 · 縱橫家 · 雜家 · 農家)를 비루하게 여기고 출가를 결심, 설악산 오색석사의 법성선사(法性禪師)를 찾아갔다. 법성선사는 무염에게 중국으로 유학할 것을 권했으나, 무염은 "진리라고 하는 것이 기다리거나 누구의 가르침에 의해 얻어지는 것이 아니라 직접 찾아야 하는 것이다" 하고는 부석사로 들어가 화엄을 배웠다. 당시의 부석사는 의상이 가르침을 연 이래 학문에 뜻을 둔 승려들이라면 반드시 거쳐야할 도량이었다.

여기서 화엄이니 선이니 하는 말에 대해 한번 알아보자.

붓다가 열반에 든 후 제자들은 그 말씀에 집착하여 여러 갈래의 부파로 나뉘어 서로 분쟁하였다. 이 부파들은 그 행위의 부질없음을 자각한 대보살들의 등장으로 붓다의 말을 성(性)의 견해(두괄식)로 정리한 화엄학 체계와, 상(相)의 견해(미괄식)로 정리한 유식학으로 정리되었다. 이것을 대승 불교 운동이라 하는데, 이 운동은 중국으로 건너가 화엄종과 법상종을 성립시켰다. 이는 붓다의 설교를 가르침으로 삼은 교종이다.

선종이란 붓다의 정법을 이은 가섭에서 보리달마로 이어져, 보리 달마가 면벽좌선하여 도를 통한 후 520년 중국으로 건너와 혜가에 게 법을 전해주면서 전해진 종파이다. 제5조 홍인에 이르러 혜능을 6조로 하는 남종선과 신수를 6조로 하는 북종선으로 나뉘었다. 북 종선은 후손이 끊어지고, 혜능 문하만 5가(家)7종(宗)으로 번성하 였다. 신라 하대에 우리 나라에 들어온 선종도 이 법을 이은 것이다.

그런데 무염대사는 화엄을 배우면서 어떤 한계에 부딪쳤던지 중 국 유학을 선택하였다. 1차 항해 길은 폭풍으로 실패하고, 재차 유 학을 시도하여 스물세 살에 하정사(賀正使)로 떠나는 김흔(金昕)의 배를 타고 중국으로 유학을 떠났다. 김흔은 무열왕계로 원성왕과의 왕위 계승전에서 패배하여 강릉으로 이주한 김주원(金周元)의 증손 이다.

무염대사는 822년 12월경 중국에 도착하여 화엄종 사찰인 섬서성 장안 종남산(終南山) 지상사(至相寺)로 갔다. 지상사는 화엄종 2대 조사인 지엄(智嚴, 577~654)이 주석한 곳이다. 아마 부석사에서 공부할 때 해동 화엄종의 초조(初祖)인 의상의 스승이 지엄이었음 을 듣고 화엄의 본산에 대해 깊은 관심을 가졌던 듯하다.

무염대사는 지상사를 나와 여러 곳을 돌아다니다가 장안에 있는 불광여만(佛光如滿)을 찾아갔다. 여만은 마조도일(馬祖道一, 709~788. 육조혜능-남악회양-마조도일)의 제자 가운데 당시까지 생 존한, 몇 안 되는 인물 중 한 사람으로 당대의 문장가인 백낙천(白 樂天, 722~846)과도 교유하고 있었다. 마조로 대표되던 홍주종(洪 州宗)은 화엄의 성기(性起) 사상과 잘 통하여 화엄을 배운 승려라면 자연스럽게 마조의 법을 이해할 수 있었다.

여만을 찾아간 무염대사는 바라던 바를 이루었을까? 여만은 무염대사의 물음에 답을 주지 못했다. 그래서 여만을 떠난 무염대사는 마곡보철(麻谷寶徹) 아래서 인가(印可, 스승이 제자의 득도를 증명하고 인가함)를 받았다. 마곡보철도 마조도일에게서 직접 법을 받은 유명한 선승이었다. 마조는 마음 그 자체가 부처이기 때문에 일부러 닦을 것이 없으며 자유 자재한 상태를 해탈이라고 하였다. 마곡은 무염을 맞아 스승 마조가 "신라 사람이 근기가 무르익었으니 마음 통할 자를 얻으면 잘 지도하라"고 당부했던 말을 기억하고, 무염대사가 뒷날에 해동(海東)의 큰 스승이 될 것이라고 예견했다.

무염대사는 마곡보철 아래 있으면서 남들이 어렵다고 하는 것을 쉽다고 하면서 수행에 노력하였다. 마곡보철이 열반에 든 후 무염대사는 여러 불교 유적과 선지식을 찾아다니면서 본격적인 보시행(布施行, 깨달음에 이르는 여섯 가지 수행 방편. 즉 보시(布施)·지계(持戒)·인욕(忍辱)·정진(精進)·선정(禪定)·반야(般若) 가운데 으뜸이며 참 지혜를 얻는 첫 단추)을 수행하였다. 위독한 병자를 돌보고 고아와 자식 없는 늙은이를 구해주는 것을 자신의 임무로 삼아 참선 수행만 고집하지 않고 육체적 고통을 감내하는 수련을 한 것이다. 이러한 무염대사의 보시행은 그 이름을 듣는 사람마다 그에 대한 예경을 표하게 했으며, 무염대사에게 '동방의 대보살'이라는 칭호를 붙여주었다.

"무염대사의 성주산문을 모르면 일세의 수치"

845년, 무염대사가 46세 되던 해에 당나라 무종이 불교를 탄압하여 외국인 승려들을 고국으로 돌려보내자 무염대사는 20여 년에 걸친 유학 생활을 마치고 귀국하였다. 이때 2차 중국 유학 길에 동행

무염대사가 개창한 성주사가 있던 자리. 성주사는 구산선문(九山禪門)의 하나인 성주산파의 중심 사찰로, 충청남도 보령군 미산면 성주리에 위치해 있다. 폐사터에는 많은 석물이 남아 있으며, 사적 제307호로 지정되어 있다.

했으며, 민애왕 대의 권력자 가운데 한 사람으로 당시 정계에서 물러나 있던 왕자 김흔이 충남 보령의 오합사(烏合寺) 터를 희사하고 머물기를 청하였다.

　이 터는 김흔과 김양(金陽)의 선조이자 무열왕의 둘째 아들인 김인문(金仁問)의 봉지(封地)였다. 김흔은 오합사 터가 성주사로 개창된 지 채 2년이 되기 전에 병으로 죽고, 문성왕의 장인이자 시중 겸 병부령 직에 있었던 김양이 성주사 불전과 영당(影堂) 건축의 최대 후원자가 되었다. 여기서 김흔, 김양과 무염대사의 관계를 살펴보자.

김흔과 김양, 무염대사는 모두 다 무열왕계라는 공통점을 갖고 있다. 그리고 김흔과 김양은 원성왕과의 왕위 계승전에서 패배한 후 강릉으로 이주한 김주원의 증손들이다. 홍덕왕 대에 둘 다 관직에 있었으나 홍덕왕 사후 치열한 왕위 계승전이 벌어지는 사이 서로 다른 정치적 행보를 밟으면서 김흔은 민애왕을, 김양은 신무왕을 후원하였다. 결국 김양이 승리하여 김흔은 문성왕 대에 소백산으로 은거하여 산중재상(山中宰相)으로 머물렀다.

김흔은 아마 같은 태종 무열왕계임을 강조하여 무염대사의 힘을 빌려 정치적 재기를 꿈꾸었을지도 모르지만, 정치력을 잃은 현실적인 한계를 극복하지 못했다. 그렇다면 김양은 왜 무염대사를 후원하였을까? 김양은 김흔이 아닌 자신이 중심이 되어 무열왕계를 연합할 생각을 했을 것이고, 성주사가 있는 웅천주 지역의 반란을 경험한 신라 왕실에서도 무염대사의 큰 덕화(德化)가 필요했기 때문에 무염대사를 후원했을 것이다.

그리하여 문성왕은 847년 임금이 훌륭한 정치를 펴는 것을 돕는다 하여 성주사라는 이름을 오합사에 내리니 성주사의 세력이 상당했음을 알 수 있다. 헌안왕이 856년 교서로 도움의 말을 청하니, 무염대사는 공자와 그의 제자 그리고 이후 학자들이 지은 예(禮) 이론과 실제를 서술한《예기(禮記)》의 고사를 좌우명으로 삼게 하였다. 또 경문왕 대에 이르러 왕을 비롯한 왕실 가족들이 존경하는 마음으로 초청했을 때에는 부처가 설법 후에 청중에서 어떤 이를 가려내어 그 법이 전해지기를 부탁한 사실을 생각하고 이를 받아들였다.

그러나 무염대사는 궁중 생활을 새장 속처럼 갑갑하게 여기었다. 이에 왕은 대궐에서 멀지 않은 상주 심묘사(深妙寺)에 대사를 머물게 했다. 헌강왕 2년(876)에 경문왕이 병이 들어 무염대사를 초청했는데, 법문으로 곧 왕의 병이 나았으므로 온 나라가 신비하게 여겼다. 그러나 무염대사는 헌강왕 4년(878)에 신분에 구애 받지 말고 능력 있는 관리를 등용하라는 의미의 '능관인(能官人)'이란 말을 남기고 거처를 떠난다. 헌강왕은 재세 7년(881)에도 사신을 파견하여 대사를 정중히 초청하였으나, 무염대사는 자신이 늙고 병들었다는 이유로 거절했다. 진성여왕이 왕위에 올라 90일 동안 서신을 열 번 보냈을 때에도 노병을 이유로 거절했고, 대사가 요통이 있어 왕이 국의(國醫)를 보냈을 때에도 노병(老病)이라 하여 치료를 거절하였다. 이렇게 진성여왕 이후 선사들이 신라 왕실에 등을 돌린 것만 보아도 당시 신라 왕실이 점차 재기 불능 상태로 나아가고 있었음을 알 수 있다.

지금까지 무염대사와 왕실 간의 관계를 살펴보았으나, 무염대사의 덕 높은 교화는 비단 왕실에만 머무르지 않았다. 대사가 중국에서 돌아온 뒤 대사의 선문에 대한 명성이 자자하게 퍼지자 벼슬아치들은 성주산문을 모르는 것을 일세의 수치로 여겼고, 무염대사를 만난 자는 물러나오며 탄식하길 "직접 뵙는 것이 귀로 듣는 것보다 백 배나 낫다. 입에서 말씀이 나오기도 전에 마음에 이미 와 닿았다"고 했다. 또 원숭이처럼 교활하고 호랑이 같은 사나운 성질을 가진 사람이라도 대사를 만난 뒤에는 그 조급함을 멈추었고 사나움을 고치어 마침내 착한 길로 다투어 나아갔다고 한다. 하층민에 속하는 역졸(驛卒)들조차 가는 곳이 성주사인 것을 알면 모두 뛸 듯이 기뻐하며 손을 모아 말고삐를 고쳐 잡고 서둘렀다고 한다. 그러면 무염대사의 이러한 대중적 감화력은 어디에서 연유하는 것일까?

"어찌 스스로 노력하여 먹지 아니하느냐"

무염대사는 도(道)를 이루는 데 신분의 높고 낮음이 없다고 하였다. 그리하여 농부일지라도 속세의 얽매임에서 벗어날 수 있다는 확신을 갖고 수행하였으며, 무염대사 스스로 자식 없는 늙은이 같은 어려운 사람들을 팽개치지 않고 친히 구휼하였다. 무염대사는 사찰 안에서도 출가자로서의 편안한 삶을 따르지 않고 고생을 달게 받아 두 팔과 두 다리를 종처럼 부리고, 마음은 임금처럼 받들면서 지독한 추위나 혹심한 더위가 닥치고 열이 나고 가슴이 답답하거나 손이 트고 발에 얼음이 박히더라도 게으른 기색이 없었다. 또 육체적인 고난을 당연한 것으로 받아들이며, 사심을 버리고 타인을 격려하였다.

무염대사의 실천 자세가 얼마나 철저했는지 보여주는 일화가 있다. 대사는 늘 죽과 밥 두끼만 먹었는데, 공양은 종소리로 시작되었다. 한번은 제자들이 스승의 기력이 약해질까봐 걱정하여 공양주에게 부탁하여 거짓으로 시간 전에 종을 치게 하였는데, 대사가 들창 밖을 내다보고 점심 시간이 안 되었으니 거둘 것을 명하였다고 한다. 과연 사방에서 진리를 묻는 사람들이 천 리를 반걸음으로 여기고 찾아올 만했다고 하겠다.

무염대사는 또 절을 짓거나 고칠 때에도 항상 "불조(佛祖)께서도 일찍이 진흙을 밟으셨는데 내가 어찌 잠깐이라도 편히 쉴 수 있으랴" 하면서 직접 물을 긷고 땔감을 나르는 일까지도 마다하지 않았다. 사람을 상대할 때에는 상대가 장년이건 노년이건 자신의 몸을 낮추는 것을 생활화하였고, 말은 삼갔으며, 밥을 먹을 때에는 양식을 달리하지 않았으며, 옷도 절 대중들과 똑같이 입었다. 손님을 대할 때 귀하고 천한 차별을 두지 않은 까닭에 방 안에는 항상 자비가 흘렀다. 사사로운 감정을 극복하여 자신에게는 엄격하고 타인을 격려함이 이러하니 제자들이고 신도들이 어찌 따르지 않을 수 있겠는가?

제자들을 가르칠 때에는 "마음이 비록 몸의 주인이지만 몸이 마음의 사표가 되어야 한다. 너희가 도를 생각하지 않는 것을 근심할 것이지 어찌 도가 너희를 멀리하겠는가" 하고, "저 사람이 마신 것으로 내 목마름을 해소할 수 없고 남이 먹은 밥으로는 나의 굶주림을 구하지 못한다. 어찌 노력하여 스스로 마시고 먹지 아니하느냐"고 하며 오직 자력으로 부지런히 수행할 것을 당부했다.

무염대사는 제자들의 공부를 지도할 때에도 그 방법이 매우 구체적이고 철저했는데, 5일을 기한으로 삼고 진리를 구하는 자로 하여금 공부한 것을 질문하게 하였다. 제자를 부를 때에도 항상 선사라 칭하여 출가 전의 신분에 구애되지 않도록 했다. 법을 베풀 때에는 목마를 때의 청정수(淸淨水)가 되고 온갖 질문에도 귀찮아하지 않고 자상히 알려주니, 찾아오는 자는 지혜로 그 눈을 뜨게 하고 법열(法悅)로 배를 채워주었으며, 뜻을 정하지 못한 무리들을 깨우쳐주고, 어리석고 저속한 풍속을 변화시켰다.

이처럼 낭혜화상 무염대사는 불도를 이루는 데 신분 차별을 두지 않았으며, 고통받는 생명을 구휼하고, 왕실의 극진한 예우에도 청빈한 생활과 몸소 노동하는 실천 수행을 게을리하지 않았다. 이로 인해 신라 하대의 여러 왕들은 대사에게 빈번히 치국책을 물었던 것이고, 사류(士類)에서부터 역졸들까지 그를 우러렀던 것이다. 그리하여 사방에서 진리를 묻는 사람들이 천 리를 한걸음으로 여기고 찾아와 그 수를 헤아릴 수 없을 정도로 산문이 번성하였다. 무염대사가 열반에 들자 온 나라 사람들은 두 눈을 잃은 듯 하였다. 무염

대사는 세상을 떠난 지 3일이 지나서도 자리에 기대어 있는 모습이
엄숙하고 꼭 살아 있는 듯 하였다 한다. - 조경시

'수달'이라 불린 해상 세력가, 능창

逐至光州西南界潘南縣浦口 縱諜賊境 時有壓海縣賊帥能昌 起海島 善水戰號曰
水獺 嘯聚亡命 遂與葛草島小賊相結 候太祖至 欲邀害之 太祖謂諸將曰 能昌已
知我至 必與島賊謀變 賊徒雖小 若幷力合勢前絶後 勝負未可知也 使善水者十
餘人 擐甲持矛乘輕舫 夜至葛草渡口 擒往來計事者 以沮其謀可也 諸將皆從之
果 獲一小舸 乃能昌也 執送于裔 裔大喜乃唾昌面曰 海賊皆推汝爲雄 今爲俘虜
豈非我神算乎 乃示衆斬之

《고려사》 권1, 세가1, 태조1 중 일부

태조는 드디어 광주 서남 지경 반남현(潘南縣) 포구에 이르러 적의 경내에 첩보망을 늘어놓았다. 그때에 압해현(壓海縣) 반란군의 두령 능창(能昌)이 섬에서 일어났는데 수전을 잘 하여 "수달"이라고 불리었다. 그는 망명한 자들을 끌어 모으고 갈초도(葛草島)에 있는 소수의 반란군들과도 서로 연계를 맺어 태조가 오는 것을 기다려서 태조를 해치려고 하였다. 태조는 여러 장수들에게 말하였다. "능창이 벌써 우리가 오는 것을 알고 있으니 반드시 섬의 도적들과 함께 사변을 일으킬 것이다. 도적의 무리는 비록 적으나 만일 세력을 규합하여 우리의 앞뒤를 막는다면 승부를 알 수가 없다. 그렇기 때문에 물에 익숙한 자 10여 명으로 하여금 갑옷을 입고 창을 들고 가벼운 배를 타고 밤에 갈초도 나룻가로 가서 음모하려고 왕래하는 자들을 사로잡아 그 계획을 좌절시키도록 하는 것이 좋을 것이다." 여러 장수들이 다 그 말을 좇아서 과연 한 척의 작은 배를 잡으니 그것이 바로 능창이었다. 태조는 그를 잡아서 궁예에게 보냈더니 궁예가 크게 기뻐하고 능창의 얼굴에 침을 뱉으면서 말하기를 "해적들이 다 너를 추대하여 두령으로 하였지만 지금은 나의 포로가 되었으니 어찌 나의 계책이 신기하지 않으냐" 하고 곧 여러 사람들에게 선포한 다음 그를 죽이었다.

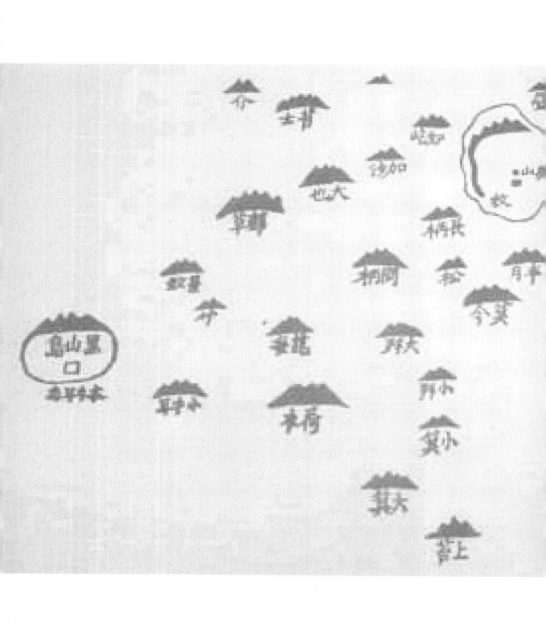

왕건이 나주에서 맞닥뜨린 또 다른 영웅

후삼국 통일 전쟁에서 최후의 승자가 된 왕건이 궁예 휘하에서 신임을 얻고, 뒷날 쿠데타를 통해 정권을 손아귀에 넣을 수 있었던 데에는 여러 가지 이유가 있다. 왕건이 궁예 휘하의 쟁쟁한 여러 장수와 심복들을 제치고, 궁예가 절대적으로 신뢰할 만한 인물로 성장한 결정적 계기는 무엇이었을까? 그 해답을 왕건이 당시 후백제 영토였던 영산강 일대의 나주 지역을 공략한 사건에서 찾는 것은 당시의 사서뿐만 아니라 후대의 연구자들도 마찬가지다.

선대로부터 대대로 중국을 상대로 한 교역에 종사한 왕건 가계가 궁예에게 귀부하기 훨씬 전부터 해상 세력가로서 독자적인 세력 기반을 갖추고 있었던 것은 이미 잘 알려진 사실이다.

궁예의 세력으로 들어간 왕건 가계는 왕건을 중심으로 세력을 키워갔다. 그리고 그 과정에서 왕건의 용맹을 안팎으로 과시한 결정적 사건이 일어나는데, 그것이 바로 나주 공략 사건이다. 나주 공략 과정에서 왕건이 맞닥뜨린 인물 가운데 단연 이채로운 이가 있었으니, 수전에 능하여 수달(水獺)이라는 별명이 붙었다고 사서에 기록된 능창(能昌)이 바로 그 사람이다.

사실 왕건의 나주 공략에서 왕건만큼이나 중요한 이름으로 기억해야 할 주인공이 능창이다. 역사서에 기록된 수많은 인물 가운데에는 시대를 이끌어간 영웅호걸의 그늘에 가려서 그 진면목을 알릴 기회를 놓치는 사례가 허다하다. 한 인물을 역사적 관점에서 냉철히 바라보려면, 그늘에 가려서 잘 보이지 않는 이면의 역사를 올바로 복원하려는 의지가 무엇보다 중요하다. 수달이라고 불린 능창의 진면목을 살피려는 이유도 여기에 있다. 먼저 나주를 공략하는 왕건의 발길을 따라가보자.

후백제와 고려군이 나주로 몰려든 이유

왕건이 나주를 공략한 것은 신라 효공왕 13년(909)으로, 왕건이 왕위에 오르기 바로 9년 전의 일이다. 나주 정벌에 나서기 3년 전에 이미 왕건은 궁예의 명을 받들어 3,000명의 군사를 이끌고 경북 상주의 사화진(沙火鎭)을 쳐서 영토를 확장하였다. 이 과정에서 견훤에 맞서 전투를 승리로 이끌어낸 왕건은 청년 장군으로서 명망을 드높였다. 왕건이 해전뿐만 아니라 지상전에서도 뛰어난 전략가였음을 보여주는 대목이라 하지 않을 수 없다. 이 승리를 기반으로 궁예는 후백제의 영토 깊숙한 곳으로 칼끝을 돌렸다. 왕건으로 하여금 수군을 이끌고 나주를 공략하도록 한 것이다.

나주 공략은 세 차례에 걸쳐 있었다. 염해현(鹽海縣)에서 벌어진 1차 공략에서 왕건은 견훤이 중국 오월국으로 보내는 배를 나포하는 전과를 올렸다. 현재 전남 영광군 관할에 속하는 염해현은 영광군에서 서쪽으로 26리쯤 떨어져 있는, 서해안과 인접한 포구에 있었다. 왕건이 나포한 배는 견훤이 오월국과 외교 관계를 맺기 위해 파견한 사신단 일행이 탄 배였을 것이다. 당시 이 일대의 지정학적 위치가 국제 무역뿐만 아니라 외교상으로도 매우 중요한 곳이었음을 말해준다. 이는 장보고가 활동한 시기에 이미 확인된 사실이다. 이로써 왕건은 후백제 정권의 외교 전선에도 일대 타격을 가한 셈이다.

대동여지도에 나타난 전남 해안의 다도해와 나주 일대. 왼쪽 바닷가의 섬 가운데 압해도(押海島)가 보인다. 영산강을 거슬러 올라가면 나주가 있다.

이어서 왕건은 경기도 정주(지금의 풍덕)에서 전함을 정비하여 수군 2,500명을 이끌고 1차 공략 때보다 더 남진하여 진도를 공략하고, 내친김에 고이도(皐夷島)까지 나아갔다. 그리고 영산강 줄기를 타고 한참을 거슬러 올라가, 전남 내륙의 물산이 집산되어 바다로 나가는 중간기지였던 나주까지 거침없이 뱃길을 내달렸던 것이다. 왕건이 이끄는 선단이 나주 포구에 이르렀을 때, 견훤도 이 지역을 사수하기 위해 친히 군사를 인솔하고 전함을 정돈하여 왕건군을 맞을 만반의 준비를 하고 있었다.

사서는 이때 동원된 견훤 군대의 수가 엄청났음을 전한다. 목포에서 덕진포(德眞浦, 현 위치 불명)까지의 먼 길을, 견훤의 군사가 수륙 양면 두 겹으로 서로 줄을 잇댈 만큼 수많은 군사가 동원되었다고 한다. 이는 이 전투가 당시 견훤과 왕건에게 얼마나 중요한 결전이었는지 잘 말해주는 대목이다. 이후 통일 전쟁이 마무리될 때까지, 왕건과 견훤 두 사람은 통일 전쟁의 운명을 건 전투를 여러 차례 벌이며 일진일퇴의 치열한 공방전을 거듭한다. 나주 공략은 바로 이러한 통일 전쟁의 서두를 화려하게 장식한 전투로 기록된 건곤일척의 대회전이었던 것이다.

엄청나게 많은 견훤의 병력에 놀라 여기저기 술렁이면서 동요하는 낯빛을 보이는 군사들을 차분히 독려하며 왕건은 급히 군사를 내몰아 후백제 선단을 공격하였다. 그리고 후백제 선단이 퇴각하기 시작했을 때, 때마침 불어온 바람을 이용하여 도망치는 후백제의 배에 불을 질러 큰 승리를 거두었다. 이 2차 나주 공략에서 왕건의 군사는 후백제 병사 500여 명의 목을 벨 만큼 눈부신 전과를 올렸으며, 견훤은 작은 배에 몸을 숨겨 겨우 목숨을 부지했다고 한다.

2차 공략을 통해 왕건은 전남 내륙 깊숙이 위치한 나주에서까지 군사 활동을 펼칠 수 있는 교두보를 마련하였다. 하지만 이때 왕건이 나주 공략을 성공리에 마무리하였다고 하는 것은 오늘날 전투를 통한 영토 점령과 근본적으로 다르다는 점을 염두에 둘 필요가 있다. 그것은 어디까지나 그 일대를 통치할 수 있는 거점을 마련한 것에 불과했다. 따라서 그 통치 영역이란 왕건 군대의 동선을 중심으로 좌우의 일정한 지역까지를 잠정적으로 점령한 것에 지나지 않았다.

특히 전남 해안 일대는 우리 나라에서도 다도해가 집중적으로 분포하는 지역이기 때문에 통일 권력으로 확고한 지배력을 갖추기란 전란의 상황에서 도무지 불가능에 가까운 일이 아닐 수 없었다. 왕건의 3차 나주 공략은 이런 상황에서 불가피한 일이었다.

수달이 견훤의 부하였을까?

왕건은 나주 지역을 세 번째 공략했을 때 문제의 인물 능창과 맞부딪친다. 왕건은 광주의 서남쪽에 있는 반남현(潘南縣, 현재 나주시와 영암군의 경계)에 이르러, 첩자를 풀어서 후백제의 동정을 살피게 하였다. 이때 압해현(壓海縣)의 세력가인 능창은 갈초도(葛草島) 무리들과 결탁하여, 반격에 필요한 만반의 준비를 갖춘 채 왕건이 도착하기를 기다리고 있었다. 압해현은 현재 목포시 바로 앞에 위치한 압해도(押海島)에 있었던 고을로서, 이 섬을 중심으로 인근 다도해에 여섯 개 이상의 섬을 거느리고 있었다.

능창이 거느리는 압해도와 함께 독자적 세력을 이루고 있었던 지역인 갈초도 역시 이 무렵에 압해도처럼 독자적 행정 고을로 편제돼 있었다. 갈초도는 후삼국을 통일한 고려 왕조 때에 육창현(陸昌縣)으로 이름만 바뀌었을 뿐 현으로서의 지위를 유지했으나, 조선시대 들어서 육창향(陸昌鄕)으로 개편되었다. 육창현일 당시 갈초도는 인근의 11개 섬을 관할 영역으로 거느리고 있었다.

조선 후기의 이름난 지리학자 김정호는 대동여지도에서, 고현(古縣)이던 육창현이 섬이 아닌 영광군 소속의 서남 해안 내륙에 위치한 것으로 표기했다. 갈초도가 육창현이었을 당시에 거느린 11개 섬 가운데 오늘날 이름이 확인되는 섬은 현재 신안군에 소속된 암태도와 자은도 정도를 들 수 있다. 따라서 육창현은 현재 신안군 일대에 있었던 섬으로 보는 것이 더 타당할 것으로 보이는데, 이에 대해서는 더 자세한 고증이 필요하다. 여기서는 당시 영광군에 소속된 섬으로서, 현재에는 신안군 일대의 다도해에 속한 섬으로 보고 이야기를 풀어가기로 한다.

갈초도는 능창이 있었던 압해도와 바다를 사이에 두고 서로 맞보고 있었다. 말하자면 동일한 생활권역에 속했던 지역으로서, 당시 다도해의 특성에 따라 각각 독자적인 세력으로 존재한 것이다. 그러던 두 세력이 왕건의 정벌에 맞서 일시 연합했던 것으로 여겨진다.

이 무렵 능창의 정치적 위상에 대해서는 두 가지 상반된 견해가 있다. 하나는 능창이 견훤에 복속되어 그의 휘하에서 활동하고 있었다고 보는 견해이고, 다른 하나는 견훤과 연결되지 않은 독자적인 세력으로 활동했다고 보는 견해이다. 다도해라는 이 일대의 지리적 특성을 고려할 때, 필자는 후자의 견해에 동조하고 싶다.

왕건은 수전에 능하고 다도해의 지리적 특성을 꿰뚫고 있는 능창을 효과적으로 제압하기 위해 나름대로 계책을 세웠다. 헤엄을 잘 치는 병사 10여 명을 뽑아 갑옷과 창으로 무장시킨 뒤, 작은 배로 밤중에 갈초도를 오가며 왕건에 대항하려는 자를 사로잡게 하였다. 그런데 이 계책에 걸려든 작은 배 한 척을 잡아보니, 놀랍게도 거기에 능창이 타고 있었던 것이다.

능창이 밤중에 압해도와 갈초도를 오간 까닭은 무엇이었을까. 그것은 왕건에 비해 열세인 군사력을 극복하기 위해 지리적 특성을 이용한 계책을 사용했기 때문으로 보인다. 능창이 구사한 전술은 훌륭한 것이었지만, 결국 왕건이 이를 역이용하여 승리를 낚았던 것으로 볼 수 있다. 왕건은 사로잡힌 능창을 바로 궁예에게 보냈다.

궁예는 해적의 괴수인 능창을 사로잡은 것은 왕건이 아닌 자신의 신묘한 계책 덕분이라고 내세웠다. 그리고 자신의 권위를 짐짓 높이려는 교만한 자세를 내보이며, 전시 효과를 한껏 극대화하려는 듯 여러 사람이 보는 데서 능창의 목을 가차없이 베어버렸다. 이렇게 능창은 한낱 전장의 이슬로 사라지고 말았다.

수달의 진면목

당시 사서에서는 능창을 일러 도적 무리의 우두머리를 일컫는 적수(賊帥)나 해적의 괴수(魁首)라고 기록했다. 신라말 고려초에 지방에서 세력을 떨친 세력가들을 흔히 호족이라 부르지만, 때에 따라서는 이들과 도적 우두머리를 구분하기 어려운 경우가 적지 않다. 그래서 최근 학계에서는 사서에 적수나 도적으로 기록된 무리를 호족 세력으로 보려는 견해가 더 우세해지고 있다. 이런 견해에 따른다면, 능창은 전남 서해안 일대의 다도해를 장악했던 호족 가운데 가장 유력한 인물이었다고 볼 수 있다.

한편 사서에서는 능창을 '수달'이라고 부를 만큼 수전에 능했던 인물로 묘사하였다. 본래 수달이라는 동물은 우리 나라 남부 지역을 비롯한 세계 각지에 서식하는 포유류 동물로서, 강기슭이나 늪가에 굴을 파고 살면서 발가락 사이에 난 물갈퀴를 이용하여 민첩하게 헤엄치는 것으로 알려져 있다. 따라서 이 별명은 능창이 전시에 보여준 민첩하고 날렵한 기동력을 비유한 것이다.

그렇다면 전시가 아닌 평상시, 능창의 진면목은 과연 어떠했을까. 필자의 생각으로는 수군 선단이 아닌 무역 선단을 이끈 바다의 왕자가 그의 참 모습이 아니었을까 싶다. 애초에 그는 한반도 서남 해안에서 성장하여 이 일대에서 활발히 전개되던 한국·중국·일본 사이의 국제 교역은 물론이요, 제주도·전남 내륙·전남 서해안, 멀리는 경남 해안까지 연결된 연안 교역에 종사했을 것이다. 그러나 후삼국 전란기에 휩싸이자 나름의 세력과 기반을 유지할 자위 조직이 필요했을 것이고, 이에 따라 자질이 출중한 그가 이 일대의 세력가로 등장한 것은 당시로서는 매우 자연스럽고 필연적인 과정이었을 것이다.

이렇게 본다면, 이보다 반세기 앞서 완도에 설치된 청해진(淸海鎭)에서 활동한 장보고(張保皐)의 해상 왕국과 능창의 관련성을 따져볼 필요가 있을 것이다. 종전에는 장보고 사후, 한반도 서남 해안을 중심으로 한 한·중·일 사이의 국제 교역망이 약화하면서 이 일대를 중심으로 활동한 해상 세력도 쇠퇴하였을 것이라는 것이 지배적인 견해였다. 그러나 최근 새로운 견해가 제기되었다. 말하자면 장보고 사후는 물론이고 고려의 후삼국 통일 후에도 중국을 상대로 한 남방 교역 루트로서 이 지역이 갖는 중요성은 줄어들지 않았다는 견해이다. 이는 다시 말해 장보고 사후에도 그를 잇는 해상 세력이 신라말부터 고려초까지 전라도 서남 해안 일대에서 활발히 활동하고 있었다는 것이다.

조선 전기에 편찬된 지리지 가운데 인문 지리서로서 으뜸가는 《신증동국여지승람(新增東國輿地勝覽)》에 이와 관련한 흥미로운 기록이 있다. 조선 초기에 군산도(群山島) 가운데에 마치 임금의 무덤 같은 큰 묘가 있었는데, 이웃 고을의 수령이 그 묘를 파내어 금은 그릇을 많이 얻자 사람들이 고발하여 수령이 도망갔다고 한다. 흡사 오늘날의 신문 가십 기사를 마주 대하는 듯하다. 군산도는 지금의 전북 군산시·변산반도와 삼각형을 이루는 지점의 앞바다에 위치한, 선유도를 비롯한 여러 섬들이 지척에 모여 있는 다도해이다. 지금 학계에서는 이 금은 그릇이 부장되어 있고, 임금의 무덤처럼 컸다는 묘가 장보고 이후 이 일대에서 활동한 해상 세력가의 무덤이었을 것이라고 보고 있다.

이런 사실을 토대로 유추한다면, 장보고 사후에도 한반도 서남 해안에는 장보고의 해상 활동을 이어받아 명맥을 이어간 세력이 꽤 있었던 듯하다. 비록 주된 활동 무대가 서남 해안은 아니지만 중부

청해진 목책(木柵). 완도 해안가에 설치된 청해진 수군 기지의 흔적을 보여주는 시설물이다. 능창은 장보고 사후 한반도 서남 해안을 호령한 해상 세력가였을 것이다.

서해안을 주름잡던 대표적인 해상 세력가 집안이던 왕건 가계도 크게 보면 이 부류에 속한다. 아울러 여기서 살펴본 능창 역시 그중 하나일 것이다. 따라서 장보고 사후에 한반도의 서남 해안을 호령한 해상 세력가, 그것이 왕건과 견훤이라는 두 영웅에 가려진 능창의 진면목이 아닐까 싶다. - 구산우 왕족 간의 정치적 실력과 무장력의 우열에 따라 결정되기에 이르렀다. 귀족들은 정권을 탈취하기 위해 막대한 경제적 부를 이용할 뿐만 아니라, 그들이 소유한 노동(奴僮)이나 유민(流民)을 모아 무장시켜 사병을 양성하고, 무력으로 왕위를 다투었다.

이렇게 권력을 장악한 경주 귀족들은 사치와 향락에 빠져들었다. 이와 함께 궁궐의 화려함도 극에 달해 궁궐 안에 못을 파고 산을 만들어 화초를 심고 진기한 새와 동물들을 길렀는데, 안압지가 대표적인 곳이다. 왕실뿐 아니라 귀족들도 호화로운 금입택(金入宅)에 살았다. 이러한 곳이 경주에 35곳이나 되었으며, 사계절 빼어난 풍광을 자랑하는 장소에는 귀족들의 놀이 장소인 사절유택(四節遊宅)도 있었다. 귀족들은 이러한 장소에서 연회를 열고 가무음주를 즐겨 당시 경주는 밤낮으로 노랫소리가 끊이지 않았다. 귀족들은 환경 오염을 막고 쾌적한 도시를 가꾸기 위하여 숯으로 밥을 지었다고 한다.

경주 귀족들의 호화·사치 생활은 지방 농민에 대한 철저한 수탈이 있었기에 가능한 것이었다. 경주 귀족이 소비를 늘리면 늘릴수록 지방 주민의 부담이 무거워질 수밖에 없는 경제 구조 속에서, 생활의 양극화 현상이 진행된다는 것은 국가 통합에 적신호를 보내고 분열과 대립의 격화를 예고하는 것임은 상식에 속한다 할 것이다.

골품제를 부정하는 사람들

이처럼 진골 귀족들이 권력을 독점하고 사치한 생활을 일삼자, 정계에서 소외된 6두품 귀족들이 신라의 골품제도에 대한 비판을 가하기 시작했다. 골품제의 특성은 왕족인 진골만이 최고 관직을 차지할 수 있고, 그외의 신분층은 아무리 유능한 능력을 보유했다 할

지라도 규정선 이상의 관직에는 오를 수 없다는 것이다. 이러한 체제에 대한 불만은 통일 이전부터 일부에서 제기됐으나, 신라 하대로 오면서 점차 표면으로 떠올랐다.

유학(儒學)은 통일 전에 수입되어 충효의 실천을 강조하는 세속오계(世俗五戒) 등으로 청소년 정신 교육의 지침이 되었다. 그리고 중대에 들어서는 전제 왕권과 중앙집권을 강화하는 데 필요한 사상과 지식을 제공해주었다. 그러나 한편으로 유학은 진골 중심의 골품제도와 이를 옹호하는 체제에 대항하는 성격도 띠고 있었다. 유학을 학문으로 익히고 그 실천을 강조한 계층은 주로 6두품 출신이었으며, 이들은 현세적인 도덕지상주의를 내세우고 불교의 불국토 중심의 신비적 세계관에 비판을 가했다.

신라 하대 6두품 유학자들의 사회 비판은 인재 등용 정책을 개선하라는 요구로 나타났다. 9세기 초 헌덕왕 때 녹진(祿眞)이란 사람은 신라의 관리 인선이 "사(私)를 쫓아 공(公)을 버리며, 사람을 위해 관직을 택하며, 좋아하면 비록 모자라는 사람이라도 높은 지위로 올리고, 미워하면 비록 유능한 사람이라도 구렁텅이에 빠뜨리는" 불공정한 체제라며 비판했다. 이러한 인식은 신라 하대로 내려갈수록 6두품 지식인들 사이에 점차 확산되고 공감대를 얻어갔다.

하대 들어서는 골품제의 속박에서 벗어나려는 6두품 세력의 움직임이 구체적으로 나타났다. 특히 숙위학생(宿衛學生)이라 불리던 도당 유학생 출신 지식인들이 그 선봉에 섰는데, 이들은 유교적 이념을 바탕으로 하는 중국의 정치 체제를 신라에서 구현하려고 노력하였다. 진성여왕에게 '시무(時務) 10여 조'를 올린 최치원(崔致遠)이 그 대표적 인물이다.

시무 10여 조의 핵심 내용은 골품을 초월한 인재 등용일 것으로 보이는데, 이는 지식층의 불만을 해소하고 국왕의 전제 왕권 강화에도 도움이 되는 방안이었다. 그러나 국왕의 재가에도 불구하고 진골 귀족들의 반대로 개혁은 좌절되었다. 이제 6두품 지식인들은 신라에 충성하는 대신, 새 나라 건설에 협력하는 반체제 인사로 변신하게 되었다.

정계를 떠나 유랑 생활로 일생을 마친 최치원, 신라를 등지고 후백제의 견훤에게 의탁한 최승우(崔承祐), 고려에 귀부한 최언위(崔彦撝) 등 신라 3최(崔)는 그 대표적 예인 것이다.

민중의 삶과 고통, 그리고 저항

통일신라시대의 수도 경주는 왕족과 귀족이 집중 거처하는 곳으로 관청과 성곽, 도로, 시장 등이 건설되어 있는 정치와 경제·문화의 중심지였다. 그러나 경주의 기능은 타지의 생산물을 집산하여 교환하는 소비도시 기능이 주축이었다. 생산 활동은 지방 주민들이 부담하는 중요한 책무였다. 중앙 귀족들이 막대한 부를 장악하여 사치스런 생활을 일삼고 왕위 싸움에 몰두할 때, 생산 활동에 종사하는 백성들은 고통에 시달릴 수밖에 없었다.

농민들은 촌에서 거주하며, 생산물의 상당 부분을 조세로 납부하였다. 1930년대 일본 동대사(東大寺)에서 발견된 서원경(西原京, 청주) 부근 4개 마을의 민정 문서에는 3년마다 한 번씩 조사한 촌락의 민호(民戶), 남녀별·연령별 인구, 토지 보유 결 수, 가축, 집 주위에 심은 각종 과일나무 수 등이 상세히 적혀 있다. 이 문서는 정부가 농민에게 조세를 부과하기 위해 작성한 것이므로, 당시 농민이 국가에 납부한 것이 비단 토지에서 생산한 농산물만이 아니었음을 알 수 있다.

호구와 인구 수를 철저히 파악한 것은 국가 기관에서 노동력을 수시로 동원하기 위함이었다. 실제로 당시 산성이나 수리시설의 설치 또는 보수 때 중앙에서 파견한 관리의 지원 아래 지방 촌주 같은 인물이 지역 주민을 동원, 지휘한 사례를 찾을 수 있다. 또 가축이나 과일나무에 이르기까지 철저하게 조사했다는 것은 이를 국가에서 현물로 거둘 필요가 있었음을 의미한다.

또 토지 종목에도 농민 보유지, 관청 소유지, 관리 보유지, 마(麻)와 같은 특정 작물 재배지 등이 구분되어 있는데, 이는 농민들이 자기 토지를 경작하는 데에서 끝나지 않고 국가가 지정한 종목의 농지까지 강제로 경작해야 했음을 확인해주는 사례라 할 것이다.

이처럼 지방에 거주하는 주민들은 생활에 필요한 모든 물품을 생산하고 이를 조세 명목으로 국가에 납부하여 왕실과 귀족의 경제적 토대를 마련해주었던 것이다. 지방 주민들이 각종 물품을 생산·수송하는 무거운 부담에 얽매여 있었던 것과 달리, 당시 경주에 거주하는 귀족들의 생활은 사치의 극을 치닫고 있었다.

귀족들이 토지를 사유화하여 전장(田莊)을 확대하고, 사원 또한 토지 겸병을 일삼아 나라의 부가 일부 특권층에만 편중되어감에 따라, 생산자 농민들은 토지를 잃고 농촌을 떠나 유랑하는 생활을 할 수밖에 없었다. 이들은 화전을 개간하거나 귀족의 노비로 팔려가고, 그도 아니면 유리 걸식을 통해 생계를 유지하다가 점차 체제에 반대하는 저항 세력으로 등장한다. 나말여초 시기에 이들은 농민항쟁에 참여하여 군도(群盜)나 도적(盜賊), 초적(草賊) 등으로 불렸는데, 이들이 항쟁에 참여한 것은 삶의 터전을 잃은 데다 생존 자체에 위협을 당하고 있는 현실을 타개하기 위함이었다.

신라 하대 농민항쟁은 8세기부터 시작하여 몇 년 간격을 두고 꾸

고려국 왕건의 근거지인 송악이 한반도의 제일가는 명당이고, 견훤의 후백제 지역은 고려와 마지막까지 다툼을 벌인 반대 세력의 근거지로서 배역처(背逆處)로 규정되었을 것이다. 고려 태조의 '훈요 10조(訓要十條)'에 나타나는 풍수지리설은 고려 왕실 중심의 지세관(地勢觀)을 그대로 반영한 것이다.

시대의 격변기를 넘어서

신라말의 정치 구조는 소수 중앙 귀족층의 특권을 옹호하는 폐쇄적 구조였고, 이에 불만을 가진 사람들이 다수 나타나고 있었다. 중앙의 6두품은 골품제의 틀에서 벗어나 능력에 따른 인재 선발 제도를 요구했고, 지방에서는 경제력과 군사력을 갖춘 호족 세력이 성주·장군을 자칭하며 중앙 정치권력에 대항할 수 있는 실질적 힘을 보유한 반(半) 독립 세력으로 성장하고 있었다. 여기에 사람들의 의식세계를 바꾸어놓을 수 있는 새로운 사상이 나타나 새 사회 도래를 예고했다.

마침내 이중 삼중의 수탈을 견디지 못한 농민들이 곳곳에서 조세 저항을 일으키고 봉기한다. 이 혼란기를 틈타 견훤이 892년에 후백제를, 궁예가 901년에 후고구려를 세워 주변 호족들을 아우르고 그 세력을 확장하니, 신라의 영토는 삼분되고 후삼국시대가 열린다. 후삼국의 쟁패전은 왕건이 궁예를 타도하고 고려를 건국한 뒤까지 치열하게 계속되다가, 936년 고려가 후백제를 통합하여 끝이 난다. 이 기간 동안 한반도는 전쟁과 평화가 교차하는 격변기를 겪는다.

이 과정을 거쳐 성립한 고려는 신라시대의 폐쇄적 정치 운영 구조를 지양하고, 일부나마 개방적 체제로 전환하였다. 지방 성주 출신인 왕건이 고려의 국왕으로 추대되고, 신라의 최북단 변경 지대였던 송악이 국도로 재편되었다. 여기에는 독자적 경제력과 무력을 가진 지방 호족 세력의 광범위한 지원이 있었고, 유학과 선종, 도참 사상 등 새로운 사상 체계로 무장한 지식인 계층의 협조가 있었다.

고려는 이러한 새로운 인재를 기반으로 국가를 건설하고 이들을 고려의 지배층으로 수용하기 시작했다. 이는 진골과 왕경(王京)에 국한돼 있던 혈족 중심의 폐쇄적 사회 구조가 더 넓은 지역과 인물에게 기회를 제공하는 개방형 구조로 진전하는 길을 열었으며, 새로이 지배층으로 부상할 수 있는 유자격자가 전국적으로 크게 늘어났음을 의미한다.

그러나 고려가 풀어야 할 과제는 산적해 있었다. 농토를 잃고 떠도는 유민들을 안착시키기 위해서 조세를 획기적으로 경감할 필요가 있었으며, 무력을 가진 호족들을 자극하지 않으면서 이들을 중앙정권에 복속시킬 수 있는 새로운 제도들을 만들어내야 했다. 노비안검법과 과거제 등은 호족 세력을 견제하고, 다수의 관계 진출 희망자를 공정한 경쟁으로 유도하는 장치로 개발되었다.

고려의 집권력이 강화되자 신라말에 성행한 선종은 교종과 통합하는 방향으로 나아갔다. 풍수지리설은 초기에는 개성 길지론에 힘입어 고려의 발전을 예고하는 희망찬 전망으로 기능했지만, 정치 상황이 불안할 때에는 지기(地氣)가 쇠약하기 때문이라는 불안을 조성하기도 했다. 실제로 이 때문에 왕기가 넘치는 장소로 천도하자는 논의가 여러 차례 제기되었다.

고려는 여러 가지 한계에도 불구하고 골품제를 타파하여 신라의 폐쇄적 정치 운영 체제를 극복하고, 새로운 개방된 사회 편제와 폭넓은 인재를 등용할 수 있는 기틀을 마련했다는 점에서 역사적으로 크게 진전한 국가 체제를 성립시켰다. - 정용숙

한 국		중 국		일 본	
822	웅천주 도독 김헌창의 반란 발발	826	당(唐) 문종(文宗) 즉위	823	다자이후(大宰府) 관내에 공영전(公營田) 설치
825	김범문(金梵文), 북한산주 공격	830	당고(黨錮)의 옥(獄)	824	발해사(渤海使)의 일본 방문, 12년에 1회로 정함
828	장보고(張保皐), 청해진 대사가 됨	835	감로(甘露)의 변(變)	828	교육 기관인 종예종지원(綜藝種智院)을 창립
	김대렴(金大廉), 당에서 차(茶) 전래	837	국자감(國子監) 설치	829	전국에 수차(水車) 축조 명함
830	혜소(慧昭), 당에서 귀국			838	마지막 견당사(遣唐使) 파견, 엔닌(圓仁) 동행
836	흥덕왕 사망, 희강왕 즉위				
838	상대등 김명(金明)·시중 이홍(利弘)의 난				
839	우징(祐徵)·김양(金陽), 달구벌에서 왕군 대파 / 민애왕 피살 / 우징, 신문왕으로 즉위	840	무종(武宗) 즉위	840	헤이안쿄에 동시(東市)·서시(西市) 설치
		842	토번(吐蕃)이 내전 시작	841	《일본후기(日本後記)》 40권 완성
		846	헌종(憲宗)의 아들 선종(宣宗) 즉위	842	승화(承和)의 변(變)
846	장보고, 청해진에서 반란	857	산서(山西) 오태산(五台山)의	847	엔닌, 《입당구법순례행기(入唐求法巡禮行記)》 완성
867	진원, 상주 가은현(문경시 가은읍)에서 출생 / 보조국사, 완주군에 송광사(松廣寺) 건립	858	불광사(佛光寺) 완공	857	오기력(五紀曆) 채용
		859	강전태(康全泰)의 난 발생	861	도다이사(東大寺) 대불(大佛) 수리 끝남
873	황룡사 9층탑 개건	868	의종(懿宗) 즉위, 각지의 농민 반란 발생 / 방훈(龐勛)의 난 발생		

한국		중국		일본	
877	왕건, 송악군에서 출생	873	희종(僖宗) 즉위	864	천태종 산문파(山門派)의 시조 엔닌 사망
885	아자개가 사불성을 근거로 장군이라 칭함	874	왕선지(王仙芝)의 반란 발생	866	오텐문(應天門)의 정변
888	위홍(魏弘)·대구(大矩)화상, 삼대목(三代目) 저술	875	황소(黃巢)의 난 발생, 절도사 함락	867	교토에 상평창(常平倉) 설치
889	원종(元宗)·애노(哀奴), 사벌주(沙伐州) 농민 봉기	880	황소, 제위에 오름	871	정관식(貞觀式) 반포
891	견훤, 무리 결집 / 궁예, 북원 점령	885	희종(僖宗), 사천(四川)에서 환경(還京)	880	후지와라노 모토쓰네(藤原基經), 태정대신(太政大臣)이 됨
892	견훤, 무진주 점령한 후 왕을 칭함	888	소종(昭宗) 즉위	888	아형(阿衡) 사건
894	최치원, 시무 10여조 상소	889	주전충(朱全忠)을 동평군왕(東平都王)에 봉함	892	《유취국사(類聚國史)》 200권 완성
895	궁예(弓裔), 주고구려 건국				
896	왕건과 아버지 용건, 궁예에 귀부 / 발어참성(勃禦塹城) 축성				
898	궁예, 송악으로 천도				
899	왕건에게 정기대감 벼슬 하사 / 북원의 양길, 비뇌성 전투에서 궁예에게 참패				

한 국		중 국		일 본	
900	견훤, 무진주에서 후백제 건국 견훤, 오월국에 사신 파견 궁예, 왕건에게 광주·충주·청주 등 정벌 명령 왕건, 아찬이 됨	907	주전충, 황제에 즉위하여 후량(後梁) 건국 5대 10국 성립 거란의 야율아보기, 칸[可汗]이 됨	902 905	장원(莊園) 정리령 공포 《고금 와카집(古今和歌集)》 편찬
901	견훤, 연호를 정개(正開)라 함 견훤, 대야성(합천)을 공격				
903	왕건, 금성을 나주로 개정 왕건, 양주 호족 김인훈을 구원				
904	왕건, 알찬에 임명 궁예, 국호를 마진(摩震), 연호를 무태(武泰)라 함 공주장군 홍기, 궁예에 귀부			908	엔기격(延喜格) 시행
905	궁예, 철원으로 천도				
907	후백제, 신라의 일선군(一善郡) 이남 공격	916	야율아보기, 황제를 칭함	927 935	엔기식(延喜式) 50권 편찬 다이라노 마사카도(平將門)의 난 시작
911	궁예, 국호를 태봉(泰封), 연호를 수덕만세(水德萬歲)로 개정	923 926	후당(後唐) 건국 거란, 발해를 멸망시킴	938	구야(空也)가 염불종(念佛宗) 창건
912	견훤의 사위 지훤, 무진주에서 왕건의 군대 격퇴	934	후촉(後蜀) 건국		

한 국		중 국		일 본	
913	견훤, 궁예와 덕진포에서 전투 왕건, 파진찬(波珍飡) 겸 시중 (侍中)이 됨				
916	견훤, 대야성 공격 실패				
918	왕건 즉위. 고려 건국 웅주·운주 등 10여 주현이 백제 에 귀부				
919	견훤, 오월에 사신 파견 순군리 임춘길의 모반 발발 고려, 철원에서 송악으로 도읍 고려, 평양성 축조 거란, 발해인 사민(使民)				
920	신라, 고려에 사신 파견 견훤, 대야성·구사성 함락. 진 례성까지 진격				
921	견훤, 동진대사 정보 점검 왕건, 대흥사 창건. 이언을 왕사 로 삼음				
922	명주(溟州) 장군 순식(順式) 고 려에 투항	936	후진(後晉), 거란에 연운 16주 할양	939	후지와라노 스미토모(藤原純 友)의 난 시작

	한국		중국		일본
924	태조, 서경에 재성(在城) 축성 거란, 발해의 요동을 공격				
926	발해 멸망				
927	견훤, 신라 금성에 침입 신라 경애왕 자살 견훤, 공산(公山)·동수(桐藪)에서 왕건 대파				
934	발해 세자 대광현, 고려에 투항	937	거란, 국호를 요(遼)로 개정		
935	견훤, 고려에 투항 신라 경순왕, 고려에 항복(신라 멸망)				
936	신라, 일리천(一利川)에서 고려에 패배(후백제 멸망) 고려, 후삼국 통일 태조, 정계(政誡)·계백료서(戒百僚書) 반포				
940	전국 주부군현(州府郡縣)의 명칭 개정	946	요(遼), 후진(後晉)을 멸망시킴		
946	정종, 불명경보(佛名經寶)·광학보(廣學寶) 설치			957	니치렌(日延), 오월에서 귀국

한 국		중 국		일 본	
947	광종, 광군사(光軍司) 설치	954	후주(後周), 세종(世宗) 즉위	958	건원대보(乾元大寶) 주조
956	광종, 노비안검법(奴婢按檢法) 시행	958	후주(後周), 남당(南唐)을 토벌	967	엔기식(延喜式) 반포
958	광종, 쌍기의 건의로 과거제 실시	960	조광윤, 송(宋) 건국	969	안나(安和)의 정변
960	광종, 백관의 공복 제정 개경을 황도(皇都), 서경을 서도(西都)라 함	963	절도사 교체를 제도화(更戍法)		
		964	주(州)에 통판(通判) 설치		
963	광종, 귀법사(歸法寺) 창건, 제위보(濟危寶) 설치	965	차(茶) 전매법 실시		
		971	로(路)에 전운사(轉運使) 설치 광주(廣州)에 시박사(市舶司) 설치	970	기온고료에(祇園御靈會) 개최
977	경종, 공음전시(功蔭田柴)를 정함	974	《구오대사(舊五代史)》 완성		
		976	태종(大宗) 즉위		
983	성종, 12목 설치	977	술 전매제 실시		
987	성종, 노비환천법(奴婢還賤法) 제정	979	북한(北漢) 멸망, 중국 통일	984	파전법(破錢法) 제정
		983	요, 국호를 거란으로 개정		
		984	여진 부족, 거란에 복속		

10세기 인물 열전 - 쇠유리부터 능창까지 22인의 삶

● 2002년 3월 15일 초판 1쇄 인쇄
● 2002년 3월 20일 초판 1쇄 발행
● 글쓴이 ─────── 사단법인 부경역사연구소 중세 1연구부
● 펴낸이 ─────── 박혜숙
● 편집 ─────── 노경인, 김주영
● 기획 ─────── 김유나
● 영업 및 제작 ─── 양선미
● 관리 ─────── 정옥이
● 인쇄 ─────── 백왕인쇄
● 제본 ─────── 정민제본
● 펴낸곳   도서출판 푸른역사
        ⊕ 140-170 서울시 용산구 동자동 5-1 성사빌딩 207
        전화: 02)756 · 8956(편집부) 02)756 · 8955(영업부)
        팩스: 02)771 · 9867
        E-Mail: bhistory@orgio.net
        등록: 1997년 2월 14일 제13-483호

· 잘못 만들어진 책은 교환해드립니다.